I0779079

Présences, résurgences et oublis du religieux dans
les littératures française et québécoise

CANADIANA

LITERATUREN/KULTUREN – LITERATURES/CULTURES – LITTERATURES/CULTURES

Herausgegeben von Klaus-Dieter Ertler und Wolfgang Klooß

BAND 18

Redaktionskomitee / Editorial Board / Comité de rédaction:

Petr Kylousek (Brno)
Gilles Dupuis (Montréal)
Piotr Sadkowski (Torún),
Hans-Jürgen Lüsebrink (Saarbrücken)
Martin Küster (Marburg an der Lahn)
Helga E. Bories-Sawala (Bremen)
Kerstin Knopf (Bremen)
David Staines (Ottawa)
Jutta Zimmermann (Kiel)
Astrid Fellner (Saarbrücken)
Kirsten Dickhaut (Koblenz/Landau)

Gilles Dupuis / Klaus-Dieter Ertler /
Alessandra Ferraro (éds.)

Présences, résurgences et oublis du religieux dans les littératures française et québécoise

Information bibliographique de la Deutsche Nationalbibliothek
La Deutsche Nationalbibliothek a répertorié cette publication dans
la Deutsche Nationalbibliographie; les données bibliographiques
détaillées peuvent être consultées sur Internet à l'adresse
http://dnb.d-nb.de.

Imprimé avec l'aide de l'Université de Graz
et du Centro di Cultura Canadese dell'Università degli Studi di Udine.

ISSN 1613-804X
ISBN 978-3-631-66087-4 (Print)
E-ISBN 978-3-653-05596-2 (E-Book)
E-ISBN 978-3-631-70286-4 (EPUB)
E-ISBN 978-3-631-70287-1 (MOBI)
DOI 10.3726/978-3-653-05596-2

Table des matières

**Représentation de la judéité et oubli du religieux dans
la fiction contemporaine**

Avant-propos

Ce volume recueille les actes du colloque « Présences, résurgences et oublis du religieux dans les littératures française et québécoise », qui s'est tenu à l'Université de Graz les 12 et 13 décembre 2014. Après le colloque d'Udine en 2009, consacré à l'influence de l'œuvre critique de Pierre L'Hérault, et celui de Montréal en 2011 qui portait sur le phénomène de la polygraphie, il s'agit de la troisième rencontre internationale organisée par le Centre de recherche interuniversitaire sur la littérature et la culture québécoises (CRILCQ) de l'Université de Montréal, le Zentrum für Kanada-Studien de Université de Graz et le Centro di Cultura Canadese de l'Université d'Udine, dans le cadre de l'entente de coopération scientifique signée par les trois centres en 2009.

Comme pour le précédent colloque, la littérature québécoise – qui reste au cœur des analyses de ce recueil – est considérée en parallèle avec la littérature française, puisque les deux littératures, au-delà de la langue qu'elles partagent, sont intimement reliées. La colonisation de la Nouvelle-France naît, en effet, dans le cadre de l'impulsion religieuse et messianique qui émane de la Contre-Réforme, de sorte que l'origine même de la littérature au Québec est liée au renouveau spirituel engendré par le mouvement contreréformiste. Les textes des débuts de la colonie, rédigés par des récollets, des jésuites, des ursulines et des hospitalières, pour des raisons pratiques ou bien de propagande, sont caractérisés par la porosité entre le religieux et le littéraire. Cet ensemble exige d'être considéré selon une perspective transatlantique : produits en Amérique, ils trouvent leur public en France. En utilisant les réseaux qui gravitent autour de la mission jésuite, la Compagnie de Jésus construit, à travers les récits personnels qui sont le fruit d'une commande ou les hagiographies, un *monumentum* de la mission au Canada.

Présences du religieux dans les littératures de la Nouvelle-France et de l'Ancien Régime

Ce que les textes de Klaus Ertler, d'Alessandra Ferraro et de Nicola Gasbarro soulignent, selon des perspectives différentes mais complémentaires, c'est un changement de mentalités survenu dans la colonie, produit grâce à ces missionnaires, qui prélude à une dégradation de l'univers religieux. Cette mutation fit en sorte que la religion fut perçue non plus comme le seul ordre du monde, mais comme un ordre parmi d'autres. En analysant les *Relations* des jésuites en Nouvelle-France, Klaus Ertler montre que la propagande missionnaire se sert d'une forme fragmentaire et sérielle, « qui servira de prototype non seulement au journalisme littéraire, mais aussi au renouvellement du roman moderne épistolaire ». Il en conclut que « les *Relations* constituent en quelque sorte une chaîne manquante entre les chroniques de la découverte et le journalisme des Lumières ».

Alessandra Ferraro insère les textes spirituels des fondatrices de la Nouvelle-France, Marie de l'Incarnation et Catherine de Saint-Augustin, dans le contexte de la Contre-Réforme et de ses répercussions dans les missions. En soulignant les contradictions que comportait l'écriture féminine à cette époque, elle analyse les tentatives d'un sujet qui est appelé à dire son « for intérieur » devant un juge divin, selon une perspective sincère et transparente. Dans l'écriture de ces religieuses émergent des éléments énonciatifs qui permettent de considérer ces textes comme des embryons du genre autobiographique qui éclora au siècle suivant.

Dans un contexte où la relation de l'homme à Dieu est la seule qui domine l'univers, en réglant les rapports entre les hommes et entre l'homme et la nature, la rencontre avec l'altérité radicale du nouveau pays inocule des germes qui conduiront à une déstructuration profonde d'une pensée jusque-là profondément théologique. Nicola Gasbarro montre comment, pour mener à bien son évangélisation des « sauvages » de la Nouvelle-France, le jésuite Lafitau a contribué à l'invention d'un Dieu pluriculturel à la suite d'un long processus qui passe à travers l'interaction et l'échange entre civilisations. Lesdits sauvages sont représentés sous les traits d'Adario par le baron de Lahontan, personnage du philosophe déiste qui incarne le passage de la généralisation anthropologique des missionnaires à l'universalisation du Siècle des Lumières.

Les deux contributions suivantes se déplacent en France, sous l'Ancien Régime puis au tournant de la Révolution française. Kirsten Dickhaut prend en considération *L'École des femmes* (1662) de Molière, où le système axiologique fondé sur la loi du Père, du Roi et de Dieu est remise en cause. Elle s'attache à l'analyse de *L'École des femmes*, texte qui vise et dénonce l'idéologie religieuse comme instrument d'oppression, mais où « le devoir de la femme, tel qu'il est mis en scène à partir des maximes théoriques dans la pièce, est substantiellement identique avec celui enseigné par l'église catholique ».

Pour sa part, Pierre Glaudes se penche sur le roman le plus américain de Chateaubriand, *Atala*, qui met de nouveau en scène les autochtones du Nouveau Monde. Pour Chateaubriand, les missionnaires sont les témoins chez les peuples non civilisés du « *génie du Christianisme* ». Dans ce texte, qui rappelle par certains aspects les écrits de la Nouvelle-France, s'esquisse à la suite de Rousseau un passage de la religion théologique, déiste, orthodoxe, à une religion naturelle, universelle et a-théologique. Glaudes montre comment *Atala* les fait basculer l'une dans l'autre, à travers la description des « harmonies » d'un monde lui-même divin, qui culmine dans le mythe du « bon Sauvage ».

Rémanence du religieux et résurgence du sacré dans la littérature et la culture québécoises

Dans la deuxième section du présent recueil sont regroupées les analyses de textes et d'œuvres de la fin du XIXe et du XXe siècles, qui signalent la persistance du référent religieux ou un retour du sacré dans la culture québécoise. Hans-Jürgen Lüsebrink se penche sur la collaboration de deux artistes, le peintre Rodolphe Duguay et le poète Nérée Beauchemin, et sur la diffusion médiatique de leurs œuvres respectives dans les Almanachs, médium populaire au Québec au XIXe jusque dans la première moitié du XXe siècle. Appartenant au courant dit « régionaliste », ces deux artistes « marginaux » tournent le dos à la modernité européenne en inscrivant résolument leur travail dans le sillage de l'héritage catholique, perçu à l'époque comme la version authentiquement « canadienne-française » de la modernité québécoise.

Les trois contributions qui suivent s'intéressent à des auteurs phares de cette modernité, annoncée dans sa version cette fois spécifiquement « québécoise » et « laïque » par *Refus global*, mais instaurée seulement par la Révolution tranquille. Élisabeth Nardout-Lafarge analyse la référence religieuse dans les deux derniers romans de Réjean Ducharme, *Va savoir* et *Gros mots*. Elle révèle comment cette référence complexe joue à plusieurs niveaux (moral, lexical, figural) dans le texte ducharmien, en réactivant, par le biais d'un renvoi à des valeurs (l'amitié, l'amour, le don) exposées sans l'ironie mordante que l'on prête habituellement à l'auteur, une forme de sacré qui reste enfouie dans la mémoire populaire.

Gilles Dupuis se tourne quant à lui vers le *Triptyque des temps perdus* de Jean Marcel afin de voir comment l'auteur, médiéviste de formation et romancier à temps perdu, inscrit en creux le Québec moderne dans son œuvre de fiction, qui remonte aux origines du Christianisme et à la fin de l'Empire romain. Il avance que le legs catholique « antique », plus universel que son héritage canadien-français, constitue le truchement ou le relais par lequel Marcel relie les enjeux politiques de la modernité québécoise aux considérations religieuses, sacrées voire païennes de l'Antiquité gréco-romaine.

De son côté, Sylvie Vignes s'attaque à deux romans d'Anne Hébert et de Robert Lalonde parus la même année : *Les fous de Bassan* et *Le dernier été des*

Indiens. Au-delà de la coïncidence temporelle, elle montre comment par des voies différentes mais convergentes – l'univers protestant chez Hébert, la spiritualité autochtone chez Lalonde –, ces deux auteurs pratiquent diverses formes de transgression par rapport au dogme catholique, allant du blasphème jusqu'au spectre de l'excommunication, tout en maintenant la référence au religieux en état de tension perpétuelle avec les forces obscures qui l'assaillent.

Les deux dernières contributions de cette section se penchent sur des auteurs contemporains, dont l'œuvre se situe au seuil du XXIe siècle : Nelly Arcan et Jocelyne Saucier. Dans son texte portant sur l'auteure de *Putain*, Valeria Sperti s'attache à ce qu'elle appelle « la religion du père » chez Arcan, en proposant une relecture de ses romans autofictionnels et une analyse du recueil posthume, *Burqa de chair*, plus précisément de son texte autobiographique « La Honte ». À partir de la notion d'une écriture « avouante », qui se situerait en psychanalyse entre aveu et désaveu, Sperti explique comment la pulsion confessionnelle chez Arcan est inséparable d'un sentiment de culpabilité paradoxal, inhérent à la personne de l'écrivaine, certes, mais aussi renforcé voire inculqué par l'héritage religieux et le façonnement médiatique de sa *persona*.

Enfin, pour clore cette section, Petr Kyloušek revisite un roman moins connu de Jocelyne Saucier, *Jeanne sur les routes*, paru en 2006. Il analyse, chez l'auteure de *Il pleuvait des oiseaux*, ce qu'il désigne comme une « tentation exemplaire », à savoir le paradoxe illustré par la protagoniste du roman à l'étude qui devient une « sainte communiste ». En adoptant une perspective poétique et noétique pour l'analyse de ce roman déroutant, Kyloušek indique comment deux discours en apparence incompatibles, soit l'acte de foi communiste et l'apostolat religieux, peuvent non seulement coexister dans le même être de fiction, mais se concilier dans une vision esthétique du monde et de la vie, à travers une mission « sacrée » qui est aussi une vocation.

Représentation de la judéité et oubli du religieux dans la fiction contemporaine

Le dernier volet de ce recueil est consacré à diverses représentations de la judéité dans la fiction contemporaine, aussi bien française que québécoise, ainsi qu'à l'oubli (ou du moins une certaine mise entre parenthèses) du phénomène religieux qui parfois les accompagne. En ouverture de ce volet, Piotr Sadkowsky examine la transtextualité du mythe biblique de Moïse dans *Éléazar ou La Source et le Buisson* de Michel Tournier, *Moïse fiction* de Gilles Rozier et *Amerika* de Sergio Kokis, textes qui « illustrent éloquemment la tension entre la possibilité et l'impossibilité de la rupture avec l'héritage religieux juif et chrétien dans le monde postmoderne ». La figure fondatrice de Moïse et de l'Exode pour le peuple juif est tour à tour traitée par la fiction dans une vision sacrée, athée ou agnostique du monde.

De son côté, Martine Emmanuelle Lapointe passe en revue plusieurs figures de la judéité qui se profilent dans le roman québécois contemporain. La communauté hassidique d'Outremont, à Montréal, est le centre des trois premiers romans analysés – *Babel prise deux ou Nous avons tous découvert l'Amérique* de Francine Noël, *Hadassa* de Myriam Beaudoin et *Le sourire de la petite juive* d'Abla Farhoud – où elle apparaît comme « l'altérité la plus radicale qui soit » mais qui, pour cette raison même, alimente le fantasme d'une « rencontre » interculturelle chez les écrivains non-juifs. Les écrivains d'origine juive, David Homel et Régine Robin, au contraire, fuient cette rencontre avec l'Histoire devenue stéréotype. Le roman de Catherine Mavrikakis, *Le ciel de Bay City*, apporte un contrepoint à cette lecture antagoniste, en se situant de part et d'autre de la frontière, voire sur la frontière qui sépare les communautés et les représentations de la judéité dans la fiction québécoise.

Yvonne Völkl nous ramène à la Nouvelle-France en se penchant sur la représentation d'un personnage qui a vécu à cette époque et qui se retrouve aussi bien dans les livres d'histoire que dans des œuvres de création au Canada : Esther Brandeau, première juive canadienne. Völkl examine en particulier la façon dont Pierre Lasry met en scène la vie d'Esther dans *Une Juive en Nouvelle-France* en recourant au genre du roman historique. Elle y aborde les questions concernant trois sujets constitutifs du roman, soit le travestissement (de sexe et de religion) de la protagoniste, les répercussions de son comportement (aussi bien en France qu'en Nouvelle-France), ainsi que ce qui constitue son long apprentissage (en accord avec les conventions du *Bildungsroman*) lié à l'expérience de son travestissement. Enfin, la postérité de l'héroïne est évaluée du point de vue littéraire et artistique pour la mémoire culturelle du Canada.

Pour clore ce volet et l'ensemble du recueil, Jean-Paul Dufiet aborde la question de la « création », dans le double sens du mot (absolu : la Création divine ; relatif : les créations humaines), dans le théâtre du dramaturge français d'origine juive, Jean-Claude Grumberg. Juif athée, Grumberg, indique Dufiet, procède à une « désacralisation du religieux », allant jusqu'à ridiculiser l'idée « d'un réenchantement religieux du monde » qui effectue un retour spectaculaire à notre époque. Bien que soutenu par une vision du monde athée, voire fondé par son incroyance même, le théâtre de Grumberg n'en demeure pas moins ancré dans la culture juive. En tournant en dérision la Création par la voix de Dieu, le dramaturge, qui devient personnage dans certaines de ses pièces, se substitue à lui et compense l'inachèvement de son Œuvre par la création littéraire ou théâtrale, bref par l'œuvre de Jean-Claude Grumberg. La renaissance de l'Auteur, aurait dit Barthes, doit se payer de la mort de Dieu.

La perspective diachronique et transatlantique proposée pour l'analyse des textes considérés dans leur relation au fait religieux, nous aura permis de suivre le parcours, sinueux et parfois paradoxal, de l'autonomisation progressive du champ littéraire. La prise en compte des stratégies d'affirmation, de contournement, d'oubli ou de détournement du religieux qu'ont adoptées les auteurs français et québécois étudiés, aura contribué à faire émerger les points de contact entre leurs œuvres. Dans ce jeu fécond de miroirs et de reflets, la relation au religieux s'est imposée comme un enjeu, parfois sous-jacent mais pourtant central, de la littérature contemporaine.

Gilles Dupuis
Klaus-Dieter Ertler
Alessandra Ferraro

Présence du religieux dans les littératures de la Nouvelle-France et de l'Ancien Régime

Klaus-Dieter Ertler
(Graz)

Formes du discours religieux dans les *Relations de la Nouvelle-France* (1611–1673)

Le système de communication des jésuites basé sur le rapport épistolaire a profondément marqué le XVIIe siècle[1]. Le corpus canadien de 1611 à 1673 en constitue un exemple important dans la mesure où il révèle un jeu interculturel très complexe qui ne touche pas seulement les échanges pragmatiques les plus évidents, mais une mise en scène de la religion catholique « ad majorem Dei gloriam » et en même temps une stratégie d'oblitération permanente des discours religieux autochtones. Dans leurs lettres, les pères jésuites ont réussi à créer une forme particulière de discours littéraire, dont l'influence sur le système journalistique et romanesque européen ne passa pas inaperçue.

Pour la plupart sous forme de relations, de lettres ou de chroniques, ces « nouvelles » (au sens actuel de la société d'information) sur les hauts faits des conquérants, sur les cultures autochtones ou sur le travail des missions relèvent en principe du genre historique, ethnologique ou théologique. Mais par leur recherche rhétorique et stylistique, elles appartiennent également au champ littéraire proprement dit. Les lettres jésuites préfigurent la mise en écriture de la communication quotidienne, en suivant le principe de représentation à la fois instructive et en quelque sorte divertissante, où les aspects du langage parlé prennent une place importante. Parallèlement à leur caractère religieux, le précepte horacien de « prodesse et delectare » se voit réalisé selon la tradition jésuite de mettre en valeur « l'utile et le doux », non seulement par les sujets exotiques représentés, mais aussi par une architecture particulière de la composition.

Il est évident que dans les *Relations*, le principe dialogique occupe une place prépondérante dans la mesure où les pères missionnaires se sont considérés explorateurs d'un monde inconnu, dominé par l'esprit de la superstition et du mal. Le dialogue sert donc non seulement d'instrument de découverte et de compréhension, mais aussi d'évangélisation et d'instruction morale, ce qui lui confère une double fonction communicationnelle. Il semble tenir les deux partenaires – européen et amérindien – au même niveau pour démontrer le discours irrationnel de l'« Autre » amérindien et affirmer le système axiologique

---

1   *Cf.* Ertler 2000, 143–155.

du missionnaire. Les textes qui en résultent relèvent donc de la situation pragmatique de la rencontre s'inscrivant dans une logique de factualité, sans pour autant renoncer à la fiction lorsqu'il s'agit d'expliquer la vision du monde autochtone. Cette oblitération de la culture locale passe aussi par la construction d'une série d'enchâssements discursifs qui créent une atmosphère amène pour mieux dévaloriser les concepts autochtones.

À part le principe du dialogue truqué et l'enchâssement, les textes révèlent aussi des aspects qui seront importants pour la presse naissante, à savoir un dosage subtil de la morale par les formes comme l'exemplum, le rêve, l'allégorie, les jeux de masques ou la transposition culturelle selon les règles poétiques horaciennes.

L'un des indicateurs en est le conflit des discours qui se manifeste entre les instances officielles responsables du système philosophique portant sur l'explication de la genèse du monde et sur la gestion métaphysique. Le discours sur la médecine y fait également son apparition. On pourrait même avancer l'hypothèse que ces discours préfigurent la presse moraliste du 18e siècle, dont les représentants les plus en vue ont été parfois leurs adversaires déclarés. À l'instar du prototype de *l'Encyclopédie raisonnée* sous forme du *Dictionnaire de Trévoux*, on pourrait voir dans les *Relations de la Nouvelle France* un germe portant ses fruits dans une écriture journalistique dont le modèle a pris la relève dans les réseaux des lecteurs, et dont les feuilles comme *Le Misanthrope* (1711) de Justus van Effen[2] et du *Spectateur français* (1721–1724) de Marivaux[3] ont été des représentants. Autrement dit, le conflit des discours sur la métaphysique crée ici une architecture communicationnelle esthétique, basée sur un caractère fragmentaire et sériel qui servira de prototype non seulement au journalisme littéraire, mais aussi au renouvellement du roman moderne épistolaire.

Ce sont surtout les premiers rédacteurs des *Relations de la Nouvelle-France* (1611/1616, 1627, 1632–1673), Pierre Biard, Paul Lejeune ou Jean de Brébeuf, qui ont observé leur nouvel entourage boréal avec une étonnante acuité. Le propre de leurs écrits ayant toujours été de se mettre à l'écoute de la voix de l'Autre (autochtone), ces narrateurs ne se limitent pas à rapporter simplement leurs observations eurocentriques. Ils réservent surtout un espace non négligeable à la voix de ceux qu'ils qualifient de façon peu flatteuse de « Sauvages ». Ainsi deux voire plusieurs systèmes d'interprétation du monde se chevauchent et s'interpénètrent, chacun véhiculant une panoplie rhétorique destinée à neutraliser l'autre.

---

2   Van Effen 1711–1712 [1986].
3   Marivaux 2001, 107–267.

Par conséquent, le réservoir d'argumentation se trouve essentiellement au sein des constructions mythiques de ces systèmes d'interprétation.

Dans chacune des sociétés impliquées, il y a un détenteur de la « Vérité » : du côté européen-catholique, le père jésuite représente le personnage qui dispose d'un accès privilégié à l'espace métaphysique. Ce qui signifie que, de par sa fonction de missionnaire, il sert de guide aux personnes non initiées aux mystères de la foi catholique, « ramenant les brebis égarées au bercail, les conduisant au bonheur éternel, au ciel, et qu'il peut sauver une multitude de peuples des tourmentes de l'enfer ». Selon la doxa jésuite, la vérité se trouve dans la conscience, non dans le monde extérieur. La conscience doit être le théâtre de ce monde, avec le renforcement de la « consolatio » (positive/intérieure) et une répression de la « desolatio » (négative/extérieure). En filigrane discursive et théologique se dessinent les concepts de la liberté individuelle des *Exercices spirituels* d'Ignace de Loyola, où le 'pour-soi' domine dans la pensée en relation avec Jésus-Christ et où le chrétien trouve les concepts-clés dans la mission.

Les cultures etchemine, algonquine, montagnaise/innue ou wendat/huronne possèdent, elles aussi, leur détenteur de la parole sacrée, le chaman local, appelé dans les textes de façon condescendante le « sorcier » ou le « magicien ». Celui-ci établit le contact avec l'au-delà en recourant au rêve et au dialogue avec les forces invisibles de l'univers. Ce sont donc les tâches de la guérison et de l'exploitation économe de la nature, en particulier la chasse et la pêche, qui incombent au chaman.

Ainsi les deux systèmes s'affrontent au niveau des représentants officiels de la parole apparemment vraie et immuable. C'est pourquoi la description des peuples en soi ne recèle pas les mêmes irrévérences que la présentation du sorcier qui subit constamment les critiques du narrateur jésuite. Il n'est donc pas étonnant que les lettres, témoignant généralement d'une grande bienveillance à l'égard des peuples autochtones, réfléchissent cette situation polémique du père cherchant à prendre la place et la fonction sociale du guérisseur.

Les stratégies argumentatives propres aux textes des *Relations* en disent long, non seulement sur la qualité de rapport des 'Robes noires' avec leur entourage, mais aussi sur leurs habitudes rhétoriques et leur mode de conceptualisation du quotidien. La représentation du monde par les Autochtones correspond à ce que Kirsten Dickhaut a appelé, dans un contexte européen, « la prolifération des illusions […] liée à la connotation démoniaque »[4], prolifération qui se voit ancrée certainement dans leur système discursif.

Les Relations de Pierre Biard

Pierre Biard, qui arriva en Acadie en 1611, quelques années après la fondation de Port-Royal situé sur la côte sud-ouest de la Nouvelle-Écosse, ne cache point sa hargne devant la situation qu'il trouve chez les peuples souriquois/etchemins[5]. Dans le chapitre VII intitulé « De la médecine des Sauvages », le narrateur de la *Relation de 1616* dénigre les activités des chamans :

> Or ceux qui professent entre eux la médecine, sont les mesmes, qui maintiennent Testât de la Religion, sçauoir est, les *Autmoins*, qui en charge representeroyent nos Prestres d'icy, & nos Médecins. Mais en vérité, ils ne sont Prestres, ains vrais sorciers ; ny Médecins, ains Triacleurs [charlatan ; vendeur de « thériaque : médicament contre les morsures vénimeuses »] monsongers, & trompeurs. Toute leur science est la cognoissance de quelque peu de simples laxatifs, ou astringents, chauds, ou froids, lenitifs ou corrosifs, pour le foye, ou pour le roignon, & le hazart de bonne fortune, voila tout. Mais leurs malices, & tromperies sont grandes, desquelles ie vous presenteray icy vn eschantillon ; vous asseurant n'y auoir rien de feint, ou controuué en tout ce que ie vous en raconteray, quoy qu'il semble incroyable[6].

Il en va de même pour les affaires religieuses. Nous lisons dans le chapitre suivant « De leur testament, leurs obsèques et enterremens, et de leur Religion », que les Autochtones connaissaient d'autres sacrifices semblables faits au Diable, pour avoir bonne fortune à la chasse, pour la victoire, pour le bon vent, etc. ; qu'ils croyaient aussi aux rêves, de sorte que « nulle sorte de folie ne leur manquait »[7].

La construction de la *Relation de 1616* s'appuie sur un système « rationnel » de l'Europe contemporaine, selon lequel le rôle du médecin se trouvait fonctionnellement différencié de celui du prêtre, et où la science se voyait tout à fait valorisée et le hasard exclu de toute activité professionnelle. Ici, le narrateur a recours au schéma manichéen du représentant de la culture supérieure visant à éradiquer toute forme d'erreur chez les peuples « sauvages ». Dans l'organisation sociale des autochtones, en revanche, existaient les fonctions du prêtre et du médecin,

---

4   Kirsten Dickhaut : « Kunst der Täuschung ». Programme de conférence, Graz, 3–6 décembre 2014.

5   Le missionnaire resta deux ans au Canada avant qu'il ne fût enlevé par les Anglais pour être rapatrié en France. Il ne retraversa plus l'Atlantique et mourut en 1662.

6   Biard 1616, 80/81.

7   *Ibid.*

mais elles étaient occupées par des « sorciers » et des « triacleurs mensongers et tricheurs ». La stratégie argumentative contient ainsi une connivence entre narrateur et lecteur d'une même culture – en l'occurrence la culture française – pour dénigrer la méthode des Autres par la simple énumération de leurs pratiques dites diaboliques et erronées. Le point d'Archimède de la présentation de l'organisation sociale des Autres est donc constitué par les concepts de la vérité et de la raison, comme une sorte d'enregistrement objectif et neutre. Dans cette observation, le narrateur omet pourtant de penser à sa propre tache aveugle, telle qu'elle sera dévoilée un siècle plus tard par Rica et Usbek dans les *Lettres persanes,* où l'observateur ultra-rationnel européen sera jaugé au second degré par les observateurs persans[8].

Les jugements du narrateur jésuite sont d'autant plus révélateurs qu'ils émanent d'un système de pensée et d'action qui ressort paradoxalement au monde métaphysique et mythique et dont les propres points de référence se dérobent à une approche rationnelle. Par conséquent, le narrateur tient à se présenter sous un jour équitable et objectif et à laisser son lecteur, socialisé à la manière française, juge de ces actes dits « sauvages ». C'est ce que souligne aussi Jack Warwick dans son article sur « la question de l'humanisme chrétien et les bons Sauvages » en constatant que « l'observation directe comporte nécessairement les structures mentales de l'observateur [et qu'elle] doit être située dans le contexte de leur vision globale du monde et de leurs besoins polémiques »[9].

Les Relations de Paul Lejeune

Pourtant, ce n'est pas par cette missive de 1616 que Pierre Biard a donné suite à l'entreprise des *Relations de la Nouvelle France.* Ce ne sera qu'à partir de 1632[10] qu'une édition régulière en sera entreprise, dont les dix premières années sont couvertes par l'œuvre du Père Paul Lejeune, fondateur de ce genre littéraire[11]. Bien que ses premiers écrits – les *Relations de 1632 et 1633* – soient rédigés dans un ton intimiste et privé, les relations suivantes ne manquent pas d'exhorter, en usant

---

8   *Cf.* Montesquieu 1964.

9   Warwick 1972, 25–26.

10 Nous laisserons de côté la lettre de Charles Lalemant, *Relation de ce qui s'est passé en la Nouvelle France ou Lettre du P. Charles Lalemant, Supérieur de la Mission de Canada, de la Compagnie de Jésus, au Père Hiérosme Lalemant son frère.* Cette lettre, datée du 1er août 1626, est souvent appelée *Relation de 1626.*

11 Paul Lejeune, né en 1591, arriva à Québec en 1632 et y resta – avec quelques interruptions – jusqu'en 1649. Le missionnaire mourut à Paris en 1664.

de persuasion, le grand public français afin de le gagner à la cause des missions canadiennes. Ses biographes, comme Léon Pouliot, le caractériseront sous un jour très favorable : « On pourrait dire, en un sens vrai, qu'il est le fondateur de la mission de la Nouvelle-France. Ses *Relations* (1632–1641) ont imposé le Canada à l'attention de la France, mais d'une imposition sympathique et amoureuse […] »[12]. La connivence entre le Jésuite et son public démontre la concordance de valeurs qui s'établit entre le narrateur et les lecteurs. Cela signifie aussi que le rejet jouait au même niveau et que le monde « sauvage, digne de mission européenne », semblait – du moins à première vue – d'une étrangeté difficile à pénétrer.

> […] ie voyais ces masques qui courent en France à Caresme-prenant. Il y en auoit qui auoient le nez peint en bleu, les yeux, les sourcils, les iouës peintes en noir, & le reste du visage en rouge ; & ces couleurs sont viues & luisantes comme celle de nos masques : d'autres auoient des rayes noires, rouges & bleues, tirées des oreilles à la bouche : d'autres estaient tous noirs hormis le haut du front, & les parties voisines des oreilles & le bout du menton, si bien qu'on eut vrayement dit qu'ils estoient masquez. Il y en auoit qui n'auoient qu'vne raye noire, large d'vn ruban, tirée d'vne oreille à l'autre, au trauers des yeux, & trois petites rayes sur les iouës[13].

La comparaison du narrateur ne manque pas de clarté. En assimilant les traits culturels du peuple autochtone au monde carnavalesque, le texte exprime une position qui n'est pas étrangère au système de valeurs du lecteur français. Dès que la démarcation d'un espace connu et familier est transgressée, comme c'est le cas ici, l'on entre dans les sphères de l'inconnu, du mal, du diabolique. Dès lors, aucune compréhension ni tolérance de la structure d'interprétation du monde de l'Autre ne sera possible. Tout ce qui faisait partie de la culture autochtone se voit éliminé d'un seul trait, puisque tout est devenu masque. La voix du missionnaire, venant d'un contexte culturel autre, n'a pas d'emprise sur cette constellation haute en couleur qui se présente tout à coup devant ses yeux. Le rendez-vous est emblématique pour toute observation interculturelle : les systèmes observateurs de chaque côté enregistrent cette rencontre abrupte avec l'Autre selon un mode inhérent à leurs expériences, la situant au sein du propre horizon de valorisation et en construisant un récit – qu'il soit oral ou écrit.

Un an plus tard, dans la *Relation de 1633*, Paul Lejeune émet des jugements plus prudents à l'égard des Montagnais/Innus, dont il vient d'apprendre les us et coutumes. Après de nombreuses rencontres avec la population locale, il relativise

---

12 Pouliot 1957. Une étude thématique très utile sur les textes de Paul Lejeune a été publiée par Deffain 1995.

13 Lejeune 1632, 17–18.

la valorisation de leur aspect extérieur et plaide pour une compréhension globale des différentes expressions culturelles. Ceci l'amène à une réflexion générale sur le jugement même, digne du traité le plus lucide sur la tolérance, abstraction faite des questions religieuses. C'est surtout la carnavalisation[14] de la population indigène qui est revue sous un jour bien différent :

> Tout ainsi qu'vn homme en Europe se compose & s'habille honnestement quand il veut aller en quelque honneste maison ; de mesme les Sauuages se font peindre la face quâd ils font quelques visites […].

> Ou que le iugement des hommes est foible ! les vns logent la beauté où les autres ne voyent que la laideur. Les dents les plus belles en France sont les plus blanches, aux Isles des Maldiues la blancheur des dents est vne difformité, ils se les rougissent pour estre belles : & dans la Cochinchine, si i'ay bonne mémoire, ils les teignent en noir. Voyez qui a raison[15].

Or l'ouverture d'esprit et la tolérance se réfèrent exclusivement aux domaines qui ne touchent pas les préoccupations immédiates du missionnaire. Ainsi, dans tout ce qui concerne les questions de l'âme et la construction du mythe dont il est le représentant, Paul Lejeune – en tant que narrateur du texte – reste intraitable : « ie croy que la pluspart de ces consulteurs de Manitou, ne sont que des trompeurs & charlatans »[16]. Tout en s'intéressant aux différentes interprétations du monde de son nouvel entourage, il ne cesse d'insister sur la vérité de son système.

Lorsque le lecteur sécularisé du XXIe siècle se penche sur ce texte, il découvre – en tant qu'observateur au second degré – la construction logique de l'argumentation jésuite. Comment ne pas déceler dans les rapports que Paul Lejeune établit entre un mourant et un baptême le signe d'une mythification de la sphère métaphysique ? Ne veut-il pas chasser le péché originel du mourant à l'aide d'un baptême, administré à la dernière minute ? Ne tâche-t-il pas de préparer le monde « sauvage » aux délices d'un monde paradisiaque ? La présence de son concurrent chaman à cet instant crucial de la vie d'un mourant l'agace, ce que les nombreux exemples de polémique ne sont pas sans souligner.

> [L'enfant] auoit vne grosse fièvre qui le brusloit, & ce charlatan pour le guérir battoit & tournoit vn instrument remply de petites pierres, fait iustement comme vn tambour de Basque. Il chantoit auec cela à gorge desployée : en vn mot luy & son compagnon pour oster la fiéure a ce petit garçon faisoient vn bruit capable de la dôner à vn home bien sain. Le sorcier s'approchoit du malade, le souffloit par tout le corps, à ce que ie

---

14 *Cf. ibid.*
15 Lejeune 1633, 27/28.
16 *Ibid.*, 81.

pouuois coniecturer, car ie ne le voyois pas, mais i'entendois son souffle tiré du profond de l'estomach : il battoit ce tambour à ses oreilles, cependant il y auoit vn grand silence parmy les autres Sauuages qui estoient dans la mesme cabane. Sa médecine donnée il m'appelle, & me dit que ie visse l'enfant, & que ie luy en disse mon aduis : pour luy qu'il croyoit qu'il auoit ie ne sçay quoy de noir dans le corps, & que c'estoit cela qui le faisoit malade, voila le résultat de ce grâd bruit. [...] Helas que les hommes qui ne cognoissent pas Dieu sont ignorans, voire mesme dans les choses naturelles ![17]

La narration développe les sphères d'influence du Bien et du Mal. Le narrateur, se croyant au-dessus de tout soupçon, applique au monde sauvage les modes de valorisation européens contemporains. À mesure qu'il se définit culturellement, il se détache de son opposant. D'abord, le lecteur découvre les motifs de son déplacement vers l'enfant malade. Ce n'est pas pour le guérir mais pour l'aider à retrouver le bien éternel que les deux Jésuites se mettent en route. Sur l'isotopie de la conception positive dont ils sont les représentants, se greffent toutes sortes d'éléments pertinents mettant en valeur la défense de pénétrer dans la sphère de l'Autre, du Mal, du détenteur des arcanes médicaux. Par son discours cimenté dans ce raisonnement, le narrateur s'estime bien placé pour déclasser l'Autre en le ravalant en raison de ses actions au rang de barbare, d'inculte, d'ignorant et de sauvage. L'isotopie du mal se voit incarnée par le représentant de la superstition, appelé par le narrateur « ce beau médecin, ce charlatan, ce sorcier ». La polémique atteint son apogée dans la réponse tout à fait logique du chaman, selon laquelle ses propres actions s'inscriraient dans un ensemble culturel cohérent, dont il ne serait pas l'auteur mais plutôt l'exécuteur. Mais à la fin, le narrateur fuit de nouveau dans le domaine de la logique métaphysique et invoque Dieu comme ultime instance de décision.

Dans ce passage représentant la lutte entre les deux administrateurs de biens métaphysiques, l'observateur au second degré peut facilement constater l'intrusion du monde européen dans les affaires les plus intimes de la communauté autochtone. Le fait de ridiculiser les rites sacrés et ancestraux aux yeux de toute la communauté constitue l'une des caractéristiques essentielles du comportement des pères jésuites. Le récit dévoile donc, plus qu'il ne le souhaite, les stratégies argumentatives et les pratiques rhétoriques du narrateur afin de retirer au guérisseur sa légitimisation. Par manque de réflexion sur son propre statut, le narrateur jésuite ne se rend pas compte des puissantes analogies existant entre son propre rôle et celui du guérisseur, leurs buts respectifs étant d'enlever par des moyens divergents ce « je ne sais pas quoi de noir dans le corps » de l'enfant.

---

17 *Ibid.*, 159–162.

Selon la grille d'interprétation en vigueur, les deux procédés connaissent aussi un cheminement différent.

L'exemple le plus explicite de cette lutte pour le pouvoir symbolique se trouve dans la *Relation de 1634,* où le narrateur-missionnaire raconte ses expériences d'un séjour linguistique de plusieurs mois pendant l'hiver chez les Montagnais/Innus. Par l'intermédiaire de son informateur autochtone, Pierre Pastedechouan, Paul Lejeune partage une cabane avec quelque vingt personnes et développe une rivalité avec le chaman local, Carigonan. Celui-ci est pourtant le frère de Pastedechouan, ce qui les met tous trois dans une situation inconfortable. Or l'entreprise du missionnaire ne sera pas couronnée de succès, car il n'arrive ni à parfaire sa faculté de communication en langue montagnaise/innue, ni à implanter dans ce peuple sa mythologie européenne.

Guy Laflèche s'est penché sur cette constellation particulière en l'appelant, suivant le titre de son édition critique, *Le missionnaire, l'apostat, le sorcier.* Il insiste sur le fait que le rêve de puissance poursuivi par le missionnaire a été non seulement contrarié par les activités de Carigonan, mais aussi par les insuffisances linguistiques de Paul Lejeune, qui cherchait à se manifester dûment au sein de la communauté montagnaise/innue. Selon Guy Laflèche, « il n'est pas parvenu à ébranler sérieusement le langage qu'il apprenait. Bien entendu, il ne pouvait en être autrement : en niant la valeur opératoire de ce qu'il apprenait, il pouvait tout apprendre et il a tout appris […] sauf la puissance et en particulier celle de changer un seul iota à ce qu'il apprenait […] »[18].

Les *Relations* de Jean de Brébeuf

Le missionnaire possédant la plus grande autorité chez les peuples autochtones de cette époque a été sans contredit Jean de Brébeuf[19]. En 1635, ce n'est pas la première fois qu'il se rend en pays wendat/huron. Il parlait leur langue couramment et disposait ainsi d'un accès plus direct aux valeurs symboliques, ce qui n'était pas le cas pour Pierre Biard à Port-Royal ou Paul Lejeune dans la région de Québec. Son statut parmi les communautés près du lac Huron était reconnu, on lui avait même donné le nom autochtone d'Echon. Aussi évoluait-il avec plus de facilité dans ces régions, en imposant son système d'interprétation catholique du monde sans buter sur de grands obstacles.

---

18 Laflèche 1973, XXXVI.

19 Au cours de sa première mission, Jean de Brébeuf arriva en Huronie en 1626 pour y rester jusqu'en 1629. En mars 1649, il fut massacré avec son collègue Gabriel Lalemant par les Iroquois.

> Nos Hurons comme vous voyez ne sont pas si massifs qu'on croiroit biè, ils me semblent
> auoir le sens cômun assez bon, & ie les recognois vniuersellemêt fort dociles. Il y en a
> neantmoins d'opiniastres, & attachez à leurs superstitiôs & mauuaises coustumes ; ce
> sont notamment les vieillards : car horsmis ceux là, qui ne sont pas en grand nombre,
> tout le reste ne sçait rien en leur croyance[20].

Les « sorciers » n'ayant plus la même force d'opposition, ses descriptions témoignent d'une évolution moins crispée que celles des autres auteurs. Par conséquent, il peut écrire en position de force, comme celui dont les stratégies de
persuasion réussissent face à des adversaires qui ne peuvent plus rien détruire.
Le caractère sédentaire de ces communautés ainsi que les facultés linguistiques
de Brébeuf fournissent l'explication de ce phénomène.

Sa *Relation de la Huronie de 1635* témoigne d'un procédé argumentatif
similaire en ce qui concerne la délégitimation du système d'interprétation ad-
verse. Comme dans maints exemples, l'interrogateur-narrateur européen met
à l'épreuve la cohésion logique du système mythologique autochtone sans s'interroger sur son propre système. Chez les Montagnais/Innus, une telle structure
argumentative aurait facilement mené à la rupture du dialogue entre les deux
mondes et au refus de toute argumentation du genre : « Robe noire, tu n'as point
d'esprit ! » En Huronie, les polémiques sur les systèmes mythologiques respectifs
se déroulent pourtant avec moins d'agressivité :

> Ie suis souuent aux prises auec eux, où ie les conuaincs & les mets en contradiction, de
> telle sorte qu'ils aduouent ingenuement leur ignorance, & les autres se mocquent d'eux ;
> neantmoins ils ne se rendent pas, ayant pour tout refuge, que leur Pays n'est pas comme
> le nostre, qu'ils ont vn autre Dieu, vn autre Paradis, en vn mot d'autres coustumes.

> Ils nous racontent que cette femme nommé Eataentsic tomba du Ciel dedans les eaux,
> dont estoit couuerte la terre, & que peu à peu la terre se descouurit. Ie leur demande
> qui a créé ce Ciel, où cette femme n'a peu se tenir, & ils demeurent muets ; comme aussi
> quâd ie les presse de me dire qui auoit produit la terre, veu qu'elle estoit au fond des eaux
> auparauant la cheute de ceste femme. Vn certain me demanda assez subtilement sur ce
> propos, où estoit Dieu auant la création du monde. La response me fut plus facile, après
> S. Augustin, qu'à eux l'intelligence de la question qu'ils me faisoient[21].

La réponse vague et l'esprit de supériorité exprimé dans la réponse du
missionnaire démontrent le manque d'empathie lorsqu'il s'agissait de détruire
le système de l'adversaire. Mais en Huronie, les données sociologiques permettaient une plus grande adhésion des Autochtones au catholicisme que ce ne fut

---

20 Brébeuf, 1635, 196/197.
21 *Ibid.*, 197/198.

le cas ailleurs. Les *Relations de 1635 et 1636* de Brébeuf témoignent donc d'une plus grande pertinence dans la description des événements. Comme nous venons de le constater, la maîtrise de la langue wendat/huronne et le statut social de l'auteur y jouaient pour beaucoup, bien que le dogmatisme exacerbé produisît de nombreuses coupures sémantiques.

Dans le chapitre premier de la seconde partie de la *Relation de 1636,* consacré au sujet « Ce que pensent les Hurons de leur origine », les constructions narratives autochtones sur la genèse du monde sont rendues d'une façon cohérente et empathique. L'auteur, sous le prétexte de séparer le bon grain de l'ivraie, croit reconnaître en filigrane les structures authentiques de la création du monde et insiste sur l'explication selon laquelle leur mauvaise conduite les aurait détournés du vrai Dieu. Bien que repérant des traces de similitude entre les deux systèmes mythologiques, il ne pousse pas la tolérance au point de mettre les deux approches sur un pied d'égalité. Ainsi les stéréotypes relevant des structures anthropologiques de l'imaginaire[22] existant de part et d'autre subissent différentes valorisations selon leur appartenance au système autochtone ou bien au système européen : le ciel, le/la protagoniste de la création, l'arbre et son fruit, la chute, le déluge ou les animaux captifs dans la caverne/l'arche de Noé. Qu'une femme, Aataentsic, soit à l'origine de la nation huronne/wendat et du monde, n'aura pas manqué d'étonner le représentant de Rome en « Huronie ».

Bien que l'approche de Brébeuf diffère considérablement – comme nous l'avons vu – des autres œuvres jésuites, le procédé argumentatif dans ses *Relations* y est pourtant assez similaire, surtout en ce qui touche la connivence du narrateur avec son public européen. Les deux instances communicationnelles, narrateur et lecteur, semblent (ou sont censés) connaître les Saintes Ecritures comme référence principale et délégitiment toute autre explication mythologique sur la Genèse du monde. Certes, la description du système d'interprétation wendat/huron fait partie de la curiosité jésuite. Mais le but en est moins de découvrir les particularités d'une culture étrangère à des fins seulement ethnographiques, qu'une ambition de maîtriser les nouveaux symboles afin de faire œuvre de mission dans les peuples à partir de leur propre culture. Ainsi la réception des textes par le lecteur sécularisé se concentre avant tout sur les traces de l'autre discours, celui qui se trouve en filigrane de l'armature orthodoxe, pour mieux percevoir le raisonnement du monde autochtone. Sous cet angle, le narrateur missionnaire donne ainsi au lecteur une grande quantité d'informations sur ce qu'il voulait surtout éviter : la restauration du système mythologique ou religieux

---

22 *Cf.* Durand 1969.

des Autochtones ainsi que – par ricochet – la critique de son propre discours. Le lecteur sécularisé ne suivra donc plus simplement les isotopies axiologiques offertes par le texte mais en explorera et exploitera, au contraire, les constructions rhétoriques recyclées, dont on trouve, dans le vaste corpus des *Relations des Jésuites de la Nouvelle-France,* de fort nombreuses indications.

Conclusion

Dans le transfert d'expériences ethnologiques, les écrits jésuites emploient une stratégie narrative bien définie dans la mesure où ils ont recours à une forme de lettre informative et littéraire, ouvrant l'accès aux cultures de l'autre tout en oblitérant la validité des discours autochtones. Leur méthode s'appuie certainement sur le modèle ignacien des *Exercices spirituels,* mais recourt largement aux modèles antiques de la poésie horacienne, dont les indications « du prodesse et du delectare » se voient réalisées sous forme de lettres enchâssées et fracturées, de dialogues, de rêves, afin de motiver un large public dans la Métropole à les suivre sur le chemin de la gloire en direction des lointaines contrées outre-atlantiques. Initiés aux pratiques du théâtre et de leur fonction esthétique, les pères maîtrisent le discours pédagogique dans le but de poursuivre leur entreprise coloniale, opérant *ad majorem Dei Gloriam.* Les *Relations* deviennent ainsi non seulement un véhicule de *propaganda fide,* mais également un modèle au profit du journalisme moraliste du siècle suivant. Ils mettent en route un système de communication inédit jusqu'alors, fonctionnant au niveau mondial et touchant parfois un grand public. Toute proportion gardée, les lettres préparent aussi en quelque sorte le modèle de communication du *Spectator* (1711–1712 ; 1714) de Richard Steele et Joseph Addison, dont les feuilles périodiques sont caractérisées par une grande vitesse de distribution et par l'éloge de l'efficacité qu'elles contiennent, tout autant que les valeurs basées sur la sociabilité et la dimension morale. N'oublions pas leur influence sur la popularisation du discours du savoir – sur la médecine par exemple – ou leurs références rhétoriques à l'Antiquité européenne. On pourrait même avancer l'hypothèse que les « Relations des jésuites » – à l'instar des « spectateurs » – sont les précurseurs du « world wide web », avec tout ce que cela signifie sur le plan de la mondialisation, de la distribution du savoir et de la gestion de ses formes littéraires.

Nombreuses sont également les œuvres littéraires issues de cette expérience d'écriture, en particulier au Québec, où le roman historique a été marqué par la fictionalisation de la colonisation de la Nouvelle-France, comme par exemple *La robe noire* de Damase Potvin[23] ou même le film australo-canadien homonyme du metteur en scène Bruce Beresford, produit en 1991. Les *Relations* constituent en quelque sorte un chaînon manquant entre les chroniques de la Découverte et le journalisme des Lumières, porteur de nombreux vecteurs qui pointent en direction du Québec moderne.

Bibliographie

BIARD, Pierre : *Relation de la Nouvelle France, de ses terres, naturel du païs et de ses habitans; item du voyage des Pères Jésuites ausdictes contrées, et de ce qu'ils y ont faict jusques à leur prinse par les Anglois. Faicte par le P. Pierre Biard, Grenoblois de la Compagnie de Jésus.* Lyon : L. Muguet 1616. [BNF: 8°-Lk^{12}-728].

BRÉBEUF, Jean de : *Relation de ce qui s'est passé aux Hurons, en l'année 1635. Envoyée à Kebec au Père le Jeune, par le P. Brebeuf. In: Relation de ce qui s'est passé en la Nouvelle France en l'année 1635. Envoyée au R. Père Provincial de la Compagnie de Jésus en la Province de France. Parle P. Paul le Jeune de la mesme Compagnie, Supérieur de la résidence de Kebec.* Paris : S. Cramoisy 1636 [BNF:8°-Lk^{12}–732 (3) Rés.].

– *Relation de ce qui s'est passé dans le Pays des Hurons. En l'année 1636. Envoyée à Kébec au R. P. Paul le Jeune, Supérieur de la Mission de la Compagnie de Jésus, en la Nouvelle France. In: Relation de ce qui s'est passé en la Nouvelle France en l'année 1636. Envoyée au R. Père Provincial de la Compagnie de Jésus en la Province de France. Parle P. Paul le Jeune de la mesme Compagnie, Supérieur de la Résidence de Kébec.* Paris : S. Cramoisy 1637. [BNF: 8°-Lk'^{2}-732 (4) Rés.].

CAMPEAU, Lucien (éd.) : *Monumenta Novæ Franciæ*, II, *Établissement à Québec (1616–1634)*. Québec/Rome : Les Presses de l'Université Laval/Monumenta Hist. Soc. Iesu 1979.

CAMPEAU, Lucien (éd.) : *Monumenta Novæ Franciæ*, III, *Fondation de la Mission Huronne (1635–1637)*. Québec/Rome : Les Presses de l'Université Laval/ Monumenta Hist.Soc.Iesu 1987.

– *Monumenta Novæ Franciæ*, I, *La Première Mission d'Acadie (1602–1616)*. Québec/Rome : Les Presses de l'Université Laval/Monumenta Hist. Soc. Iesu 1967.

DEFFAIN, Dominique : *Un voyageur français en Nouvelle-France au XVIIe siècle. Étude littéraire des relations du Père Paul Le Jeune (1632–1641)*. Tübingen : Niemeyer 1995 (= Canadiana romanica 9).

---

23 Potvin 1932.

Durand, Gilbert : *Les structures anthropologiques de l'imaginaire. Introduction à l'archétypologie générale.* Paris : Bordas 1969.

Ertler, Klaus-Dieter : « *Les Relations* des jésuites et la construction de l'observateur européen face au monde indigène ». In: Marc André Bernier, Clorinda Donato et Hans-Jürgen Lüsebrink (éd.): *Jesuit Accounts of the Colonial Americas. Intercultural Transfers, Intellectual Disputes, and Textualities.* Toronto : University of Toronto Press, 276–290.

– « Le conflit des mythes dans les Relations de la Nouvelle France au XVIIe siècle ». In: Liliane Matic (éd.): *Mit u delima kanadskih stvaralaca/Le Mythe dans les œuvres des auteurs canadiens/The Myth in the Works of Canadian Authors. Actes du Xe Colloque à Novi Sad (23.–27.5.1996).* Novi Sad : Feljton 2000, 143–155.

Laflèche, Guy : *Le Missionaire, l'Apostat, le Sorcier, édition critique de la Relation de 1634 de Paul Lejeune.* Montréal : Presses de l'Université de Montréal 1973.

– *Les Saints Martyrs Canadiens. Le martyre de Jean de Brébeuf selon Paul Ragueneau.* Montréal : Les Éditions du Singulier, Québec 1991, vol. 3.

Lejeune, Paul : *Brieve Relation du voyage de la Nouvelle France, fait au mois d'avril dernier par le P. Paul le Jeune de la Compagnie de Jésus. Envoyée au R. P. Barthélémy Jacquinot, Provincial de la mesme Compagnie en la Province de France.* Paris : S. Cramoisy 1632. [BNF: 8°-Lk¹²–935 (Rés.)].

– *Relation de ce qui s'est passé en la Nouvelle France en l'année 1633. Envoyée au R. P. Barth. Jacquinot, Provincial de la Compagnie de Jésus en la province de France. Par le P. Paul Lejeune de la mesme Compagnie, Supérieur de la résidence de Kebec.* Paris : S. Cramoisy 1634. [BNF: 8°-Lk¹²-732 (1) Rés.].

– *Relation de ce qui s'est passé en la Nouvelle France, en l'année 1634. Envoyée au R. Père Provincial de la Compagnie de Jésus en la Province de France. Par le P. Paul le Jeune de la mesme Compagnie, Supérieur de la résidence de Kebec.* Paris : S. Cramoisy 1635. [BNF: 8°-Lk¹² 732 (2) Rés.].

Marivaux : *Le Spectateur français.* Paris [juin/juillet] 1721-[oct.] 1724. In: Frédéric Deloffre et Michel Gilot (éd.): *Journaux et œuvres diverses,* Paris 2001, 107–267.

Montesquieu : *Lettres persanes.* Paris : Flammarion 1964.

Potvin, Damase : *La Robe Noire. Récit des temps historiques où fut fondé la Nouvelle-France.* Paris/Lille : Le Mercure universel 1932.

Pouliot, Léon : *Paul Le Jeune, S. J., 1591–1664.* Montréal et Paris : Fides 1957 (= Collection Classiques Canadiens 7).

Relations des Jésuites contenant ce qui s'est passé de plus remarquable dans les missions des Pères de la Compagnie de Jésus dans la Nouvelle-France. Éd. par les abbés Bois, Ferland, Plante et Laverdière. Ouvrage publié sous les auspices du gouvernement Canadien. Québec : Augustin Côté 1858, 3 vol. (*Relations des Jésuites.* Montréal : Editions du Jour 1972, 6 vol.).

STEELE, Richard / Joseph Addison : *The Spectator. To be continued every Day* (1ª serie) London [1er mars] 1711–[6 de diciembre] 1712, 555 nr. – The Spectator. (2e série) [Joseph Addison, Eustache Budgell, Thomas Tickell], Londres [18 juin] 1714-[20 décembre] 1714, nr. 556–635. – *The Spectator,* éd. avec introduction et notes de Donald Frederic Bond. Oxford : Oxford University Press 1987 [1965], 5 vol.

THWAITES, Reuben Gold (ed.): *The Jesuit Relations and Allied Documents. Travels and Explorations of the Jesuit Missionaries in New France 1610–1791. The Original French, Latin, and Italian Texts, with English Translations and Notes. Illustrated by Portraits, Maps and Facsimiles.* Cleveland: The Burrows Brother Company 1896–1901, 73 vol. (New York : Pageant Book Co. 1959, 36 vol.).

VAN EFFEN, Justus : *Le Misanthrope: Contenant Des Réflexions Critiques, Satyriques & Comiques, sur les défauts des hommes.* Den Haag [19 mai] 1711-[26 décembre] 1712. Éd. nouv. par James Lewis Schorr. Oxford : Voltaire Foundation 1986.

WARWICK, Jack : « Humanisme chrétien et bons Sauvages ». In : *XVIIᵉ siècle* 97 (1972), 25–26.

Alessandra Ferraro

(Udine)

Récits auto/biographiques de religieuses dans la littérature de la Nouvelle-France (Marie de l'Incarnation et Catherine de Saint-Augustin)

Trafic des vies entre France et Nouvelle-France

L'étude de l'historienne américaine Nathalie Zemon Davies, qui se penchait sur les figures de la juive Glickl bas Judah Leib, de la catholique Marie de l'Incarnation et de la protestante Maria Sibylla Merian, considérées comme des témoins de la variété des horizons économique, religieux, intellectuel et mental de l'Europe du XVIIe siècle, a inauguré un nouveau tournant dans les études sur les fondatrices de la Nouvelle-France qui dépasse les frontières du Québec. À la même époque, un vaste courant d'études de *genre* se développe qui vise à relire l'œuvre des religieuses catholiques en Europe et dans le Nouveau Monde. Des analyses, par exemple, ont tiré de l'oubli, en les publiant, un bon nombre d'écrits de moniales d'Amérique du Sud qui écrivaient en portugais ou en espagnol[1]. Une entreprise analogue, marquée plus par une empreinte philologique dans un contexte catholique que par la perspective du *gender*, a fait connaître en France les textes des religieuses de Port-Royal, de Madame Guyon, mais également d'un certain nombre de mystiques mineures (comme, par exemple, Louise du Néant) qui ont « envahi », selon le mot de Brémond, le XVIIe siècle, mais qui ont vite disparu, et pour longtemps, du panorama culturel et littéraire d'une France de plus en plus séduite par les Lumières.

Dans le cas du Québec, dont la vie est caractérisée par une intense laïcité née à la suite d'une réaction contre une longue période dominée par un catholicisme obscurantiste, l'avènement des *gender studies* aura contribué à réévaluer le rôle des femmes au début de la colonisation. Il suffit de penser, par exemple, aux analyses des textes littéraires de quelques pionnières de la Nouvelle-France que Chantal Théry réunit dans un volume dont le titre – *De plume et d'audace, femmes de la Nouvelle-France* – met l'accent sur la production d'un groupe de religieuses et laïques sur la base de leur sexe et en raison du fait qu'elles ont vécu la même aventure de la mission au Canada au XVIIe siècle.

---

1 Voir par exemple Arenal / Schlau 1989, Myers 2003.

Malgré le renouvellement de l'intérêt pour ce corpus, les écrits des fondatrices demeurent d'un accès difficile et l'étude de l'œuvre liée à des groupes de recherche de théologiens ou d'historiens qui ont relancé l'intérêt pour Marie de l'Incarnation, Madame de la Peltrie, Jeanne Mance et Marie Morin, focalise l'attention surtout sur les actions et sur la spiritualité de ces femmes. Leurs écrits sont alors considérés comme des documents historiques et des témoignages religieux et spirituels[2]. Tandis que les *Relations des jésuites* ont été au centre d'analyses littéraires nombreuses dont Réal Ouellette a été l'initiateur[3], il n'en va pas de même pour les ouvrages des femmes de la Nouvelle-France même si l'on souligne souvent les qualités littéraires de leur écriture[4].

Nous nous concentrerons sur la production autobiographique de deux figures de moniales, une ursuline et une hospitalière, Marie de l'Incarnation et Marie Catherine de Saint-Augustin[5], missionnaires nées en France et décédées au Québec au XVIIe siècle après avoir laissé des relations spirituelles et des épîtres. Leurs biographies nous présentent le parcours, exceptionnel pour l'époque, de deux femmes qui abandonnent leur univers familial – Marie en quittant un enfant adolescent et Catherine ses parents encore toute jeune, bien avant l'âge prévu à l'époque pour prendre le voile – pour vivre une aventure sans retour qui les conduira à se confronter avec l'altérité radicale représentée par les Sauvages et avec les difficultés liées à l'implantation de la foi dans un contexte peu hospitalier.

La première relate son parcours mystique, tandis que la seconde raconte un véritable supplice auquel elle est soumise, obsédée qu'elle est par des visions démoniaques. Tout en gardant un extérieur paisible et serein que confirment de nombreux témoignages de l'époque[6], l'hospitalière vivait dans les tourments infligés par des créatures diaboliques qui cohabitaient en elle. On remarquera que l'expérience des deux femmes est radicalement opposée, l'une relatant

---

2   Centre d'études Marie-de-l'Incarnation (CÉMI). Crée en 1993 à la suite d'une entente entre les Ursulines de Québec et la Faculté de théologie et de sciences religieuses de l'Université Laval. Depuis septembre 2009, le nouveau projet de recherche porte sur *Croire et agir à l'aube de la modernité: regards pluriels sur Marie Guyart de l'Incarnation.*

3   Pioffet 1997.

4   Motsch/Holtz 2011.

5   Considérée parmi les fondateurs de l'Église canadienne, Catherine de Saint-Augustin a été béatifiée par le pape Jean-Paul II en 1989. Née en 1632 à Saint-Sauveur-le-Vicomte, en Normandie, sous le nom de Catherine de Longpré, elle est entrée en 1644 chez les hospitalières de Bayeux. Elle a débarqué en Nouvelle-France en 1648 où elle est morte de maladie, en 1668.

6   Pépin 2001.

un parcours qui la mène à jouir des plus hautes grâces divines, l'autre à vivre en la présence constante du démon. Les deux expériences partagent, toutefois, le même caractère extraordinaire et servent aux hagiographes pour attester la sainteté de celles qui les ont éprouvées. En même temps, pour leur caractère exceptionnel, ces expériences nécessitent une médiation qui garantisse qu'elles soient conformes aux préceptes de l'église.

Les textes de ces pionnières font partie d'un même corpus parce que, dans le contexte de la mission, les religieuses et les femmes pieuses ne pouvaient pas s'arroger le rôle d'auteures. Leurs lettres, journaux, relations, annales, en effet, n'étaient pas destinés à la publication, mais à une circulation limitée, manuscrite, à l'intérieur de cercles restreints. Dans leur cas, ces écrits constituent le matériau brut que d'autres médiateurs, des hommes d'église, vont réélaborer pour leur mise en œuvre et leur diffusion. À l'époque, pour une femme et encore moins pour une religieuse, il était impossible de paraître en tant qu'auteure. Il est utile à ce propos de situer l'écriture féminine de la Nouvelle-France dans le contexte plus ample de l'Europe de la Contre-Réforme où le contrôle de l'apparat ecclésiastique s'exerce en particulier sur les manifestations de la spiritualité des femmes, dont la voix se fait entendre alors de plus en plus puissamment. Chaque religieuse ou dévote devait avoir un directeur comme guide spirituel en mesure de discerner son esprit et, en même temps, il lui était interdit d'assumer le rôle d'auteur d'un texte, même si celui-ci était commandé par un ecclésiastique. Depuis le Moyen Âge, l'écriture des religieuses constitue un témoignage de leur sainteté mais elle ne peut s'exercer que si un homme d'église demande cet écrit et si, ensuite, il en cautionne la conformité.

De plus, il s'agit de textes qui sont profondément marqués par les conditions matérielles d'une rédaction à laquelle les moniales se consacraient en soustrayant du temps à leurs besognes quotidiennes. Commise souvent dans des lieux communs peu aptes à la concentration et soumise à des contraintes temporelles liées au départ des bateaux pour la France, l'écriture porte des marques formelles évidentes de ces limitations. Les textes sont des manuscrits, qui ont subi les aléas du temps et des voyages, dont le style n'est pas soigné, soit par manque d'instruction des auteures, soit par le peu de temps qu'elles pouvaient y consacrer. Il s'agit d'écrits dont le but, pragmatique, était très éloigné de la recherche esthétique propre au littéraire. Marie de l'Incarnation souligne souvent ces caractéristiques de la composition, qui s'est faite dans des conditions matérielles difficiles, ce qui la dispense du respect des règles de la construction textuelle, comme dans le cas de la lettre biographique, rédigée à l'occasion de la mort de sa consœur bien-aimée Marie de Saint-Joseph :

> Ce n'est qu'un petit abrégé, fait à la hâte et avec précipitation, aussi est-il sans ordre
> et, je m'attends bien qu'on y remarquera plus d'affection que de conduite, mon cœur
> s'étant seulement porté à produire à nos chères mères ses véritables sentiments au sujet
> d'une personne qui leur était si chère, et qu'elles avoient donné de si bonne grâce à la
> Mission du Canada[7].

La lecture du corpus féminin de la Nouvelle-France pose, par ailleurs, plusieurs problèmes reliés entre eux d'une manière inextricable. De plus, cet ensemble de textes exige d'être considéré selon une perspective transatlantique : rédigés au Québec par des femmes, ils constituent la charpente d'œuvres publiées en France par des hommes d'église. Les acteurs et actrices de cette épopée religieuse présentent leur vie extraordinaire aux autres chrétiens comme des exemples à suivre dans leur parcours commun vers la sainteté. Les bienfaits de la *Vie* de Catherine de Saint-Augustin sont ainsi décrits par la Supérieure de l'Hôtel-Dieu de Québec dans ses *Annales* :

> Car cette lecture produisit quantité de bons effets : elle inspira l'amour des souffrances
> à plusieurs personnes affligées, elle fit naître un grand désir du Ciel à plusieurs âmes
> tièdes, elle réveilla la ferveur dans plusieurs Communautés, elle augmenta la confiance
> aux miséricordes de Dieu, et enfin tous ceux qui lurent cette *Vie* y trouvèrent tant
> d'onction et conçurent un respect pour la sainteté de cette bonne religieuse défunte
> qui leur rendit croyable tout ce qui est porté[8].

Le succès des biographies à l'époque s'explique, selon Michel de Certeau, parce que « la *Vie* a valeur de modèle, à la fois parce qu'elle est discours (*discorso*), c'est-à-dire une articulation chronologique d'avènements factuels, et parce qu'elle est une exégèse théologique de l'expérience autre »[9]. Elle remplace, alors, l'ancienne exégèse spirituelle dans la construction d'une science expérimentale, « construite sur un nouveau rapport entre des 'expériences', des réseaux de relation ou des 'correspondances', et un corpus traditionnel »[10].

Du Canada à la France, on assiste à un véritable « trafic des vies » transocéanique qui, si dans les cas les plus éclatants il se transforme en un ouvrage imprimé, n'est le plus souvent que rapporté dans les relations annuelles que les Jésuites envoient dans la mère patrie ou dans les milliers de lettres que transportent les bateaux pendant la bonne saison. En utilisant les réseaux qui gravitent autour de

---

7   Marie de l'Incarnation 1971, 497; Lettre CXLVII.
8   Juchereau de Saint-Ignace 1939, 236.
9   Certeau 2005, 207.
10   *Ibid.*

la mission jésuite, la Compagnie de Jésus construit, à travers les récits personnels sur commande ou les hagiographies, un *monumentum* de la mission au Canada.

On remarquera, en outre, que ces publications sont directement liées aux controverses théologiques qui avaient leur théâtre en France et qui voyaient, d'un côté, s'opposer les récollets aux jésuites quant à leur rôle dans l'entreprise canadienne, mais surtout de l'autre, comme je l'ai montré pour Marie de l'Incarnation[11], à la querelle du quiétisme. Marie de l'Incarnation échappera aux foudres de Bossuet, qui parviendra à considérer la bienheureuse comme la « Thérèse » du Canada, grâce à l'encadrement théologique de ses écrits par son fils, assistant du supérieur général de la congrégation bénédictine de Saint-Maur à Paris. Il en ira différemment pour les textes de Catherine de Saint-Augustin : la *Vie de la mère Catherine de Saint-Augustin* paraît alors que la mystique commence à susciter beaucoup de méfiance, jusqu'à ce que la condamnation du quiétisme finisse par la discréditer. Dès 1691, le récollet Chrestien Le Clercq accuse le père Ragueneau d'avoir donné crédit à l'hospitalière et reproduit ses visions naïves[12].

Des vies trafiquées : quand l'hagiographie cannibalise l'autobiographie

Puisque, comme l'écrit Michel de Certeau, la légitimité, qui est aussi sociale, de ces textes dérive de l'effet des corrections apportées par les clercs[13], il est particulièrement utile de se demander quelle est la part du montage éditorial dans ceux-ci.

On remarquera, par exemple, que la majorité des écrits de Marie de l'Incarnation n'ont pas été publiés sous son nom. Ce désir de conserver le secret sur ses écrits, fait qui n'était pas inhabituel à une époque et dans un contexte religieux où le moi était « haïssable » (Pascal), est lié au risque de commettre cette faute en écrivant sur soi et donc de ne pas respecter le précepte de l'humilité. La *Relation* de 1633 reste secrète jusqu'à sa mort et elle ne circule que sous forme anonyme et non imprimée. L'œuvre la plus célèbre, qui se base sur la *Relation* de 1654 et introduit d'autres citations des textes de Marie de l'Incarnation, est la *Vie* rédigée quelques années après sa mort par son fils, Claude Martin, qui apportera des modifications importantes aux originaux, qu'il a parfois démembrés pour la

---

11   Ferraro 2013.
12   Le Clercq 1691, 26–27.
13   Certeau 2013 27–29.

composer[14]. Il avoue, d'ailleurs, avoir apporté des corrections lexicales ou syntaxiques lorsque le récit de l'expérience mystique lui paraît obscur[15]. La voix de Marie est ainsi réduite au statut citationnel, prise dans un système de notes et de gloses qui la déforment et qui en modifient la fonction[16]. Les *Relations des jésuites* intègrent des larges fragments de ses lettres historiques, soit ouvertement, soit sans la nommer[17]. *Les Constitutions du R. P. J. Lalemant pour les Ursulines du Canada, 1647–1681*, rédigées par elle, furent attribuées à son directeur spirituel. La *Relation de 1651–52* du Père Ragueneau insère au chapitre dix « La vie de la mère Marie de Saint-Joseph » rédigée par Paul Lejeune sur la base d'une lettre[18] que l'ursuline avait envoyée à son fils après la mort de sa consœur, mais qui est détournée par le jésuite à son insu, comme elle le raconte à son fils :

> J'avais donné charge qu'on vous envoyât une copie du récit que j'ay fait à nos mères, de la vie et de la mort de notre chère défunte. On me mande qu'on ne l'a pas encore fait, parce que cet écrit est tombé entre les mains du R. Père le Jeune. Ce bon père en a pris ce qu'il a voulu pour mettre dans la *Relation*, sans que je l'en eusse prié. Il m'a beaucoup obligée de le faire, mais il m'eût fait un singulier plaisir de ne point faire paraître mon nom. Moi qui ne savais rien de tout cela, étant Lectrice au réfectoire, je me suis trouvé justement à commencer par cette histoire. J'eus de la confusion et la quitté pour la faire lire à une autre[19].

D'une manière analogue, nous l'avons vu, les écrits de Catherine de Saint-Augustin, un *Journal* et ses lettres, ont servi au jésuite Paul Ragueneau, son ancien confesseur de 1650 à 1662, pour composer sa *Vie* (1671) sur l'ordre de Monseigneur de Laval, l'évêque de Québec, qui avait demandé à la religieuse de témoigner de ses visions. Le jésuite, directeur de conscience expérimenté et clerc apprécié par les hiérarchies de l'époque, n'était pas nouveau à ce genre d'entreprise, ayant été l'éditeur des relations manuscrites rassemblant tous les textes qui devaient servir au procès de canonisation des jésuites martyrs au Canada. Il

---

14 Voir, par exemple, l'analyse de la correspondance de Marie de l'Incarnation et des multiples déformations subies dans sa publication de la part de Dom Claude (Griselle 1906 ; 1909).

15 Martin 1677, XIX; *Préface* à la *Vie*.

16 Ferraro 2010.

17 Les *Relations des jésuites* intègrent des passages considérables des écrits de Marie de l'Incarnation, sans la nommer comme auteure (Zemon Davis 1997, 279, n° 135). Voir, par exemple, la lettre LX de l'été 1642, qui relate la vie au séminaire des Ursulines, adressée au père Vimont, et que le Supérieur de la mission reproduit dans sa *Relation* de 1642 (Vimont 1643, 31–35).

18 Ragueneau 1651, 37–57 ; *Relation*.

19 Marie de l'Incarnation 1971, 521; *Lettre* CLIII.

avait également rédigé les récits du martyre contenus dans les *Relations* de 1649 et 1650[20]. Rentré en France en 1662, ce dernier continua de recevoir des lettres relatant la conduite intérieure de Catherine et les intégra dans un ouvrage qui, bouleversant l'ordre chronologique, se focalise sur les combats que la religieuse a livré contre des démons, les apparitions du Christ, de la Vierge et de plusieurs saints dont elle avait été le témoin. Ces quelques lignes liminaires de la *Vie de la mère Catherine de Saint-Augustin religieuse hospitalière de la Miséricorde de Québec en la Nouvelle-France*, résument la qualité et les conditions dans lesquelles s'est fait le montage éditorial :

> Cette *Vie* est composée presque toute entière sur un journal, pris de certains papiers que ses Directeurs et Confesseurs lui avaient commandé d'écrire, touchant ce qui s'était passé en elle, et ce qui s'y passait tous les jours, pour y avoir recours en temps et lieu. Elle n'avait pas été écrite pour la rendre publique, mais seulement pour en envoyer quelques manuscrits aux maisons qui sont en France de l'Institut des Religieuses Hospitalières de Dieppe. Quelques personnes de piété et de mérite en ayant eu communication, ont jugé qu'elle serait très utile pour la direction particulière des âmes que Dieu conduit par des voies extraordinaires[21].

Invitée par Monseigneur de Laval à relater son expérience et donc à utiliser le « je » de l'écriture, cette moniale ne peut pourtant pas être considérée comme créatrice de son œuvre. Cette œuvre, filtrée afin d'être normalisée, sera exploitée en France pour attester la bonté de la mission au Canada et pour en justifier le financement.

Il s'ensuit qu'il est difficile et parfois impossible de reconstituer d'un point de vue philologique des textes qui ont été déchiquetés, démembrés, insérés à l'intérieur d'ouvrages hagiographiques au moment d'être mis sous presse, et ce, à une époque où le respect envers le texte cité était à peine à ses débuts. De plus, l'original a souvent disparu dans les nombreux incendies des couvents canadiens – c'est le cas du premier manuscrit de la *Relation* de 1654 de Marie de l'Incarnation et du *Journal* de Catherine de Saint-Augustin – ou des archives religieuses en France pendant la Révolution. Tous ces textes n'ont été connus du public qu'à travers le filtre masculin imposé par l'Église de la Contre-Réforme, ce qui pose un problème tant philologique qu'interprétatif puisque ces textes sont enchâssés à l'intérieur d'un récit hagiographique. Nicholas Paige relève cependant une attention nouvelle chez ces biographes, parmi lesquels on peut inclure Claude Martin et le père Ragueneau, pour le témoignage authentique

---

20 Laflèche 1979.
21 Ragueneau 1671, 1–2.

qui y est rapporté dans les textes comme une relique. En effet, ils reproduisent en signalant leur source de longs passages autographes à l'intérieur de leurs hagiographies en tant que preuve directe de la sainteté de deux religieuses, ce qui nous permet d'écouter leur vraie voix[22]. La *Relation* de 1654 de Marie de l'Incarnation constitue un hapax, étant donné que nous possédons une copie du manuscrit original qui témoigne de l'exceptionnalité de sa voix. Pour Catherine de Saint-Augustin, il est nécessaire d'extraire de la *Vie* les passages autographes, tels que les a rapportés son hagiographe.

Récits au féminin de l'expérience extérieure

Tout en s'en différenciant par son approche, moins profonde que celle de Marie de l'Incarnation, et par son style, moins fluide et efficace, l'expérience directe de l'intimité personnelle est relatée par Catherine de Saint-Augustin avec un style et un langage qui détonnent par leur naïveté, si on les compare à ceux de son hagiographe.

La moniale raconte que Dieu lui a donné comme directeur le père Jean de Brébeuf lui-même, natif lui-aussi de Bayeux et mort depuis 1649. Ce missionnaire devenu martyr et vénéré au Canada, n'avait jamais, de son vivant, rencontré mère Catherine de Saint-Augustin. La religieuse dit avoir souvent reçu, à partir de 1662, la visite de ce bienheureux jésuite chargé de la guider, de la consoler et parfois de la modérer dans ses mortifications. Mais certains jours, lui-même semble se dérober. Pour entrer en contact avec lui, Catherine lui parle avec la simplicité d'une enfant :

> Que je suis aise, mon Père, que vous ayez un peu de joie et de satisfaction maintenant, de me voir ainsi crucifiée : fâchez-vous contre moi tant qu'il vous plaira ; je vous regarderai et vous aimerai toujours comme mon bon et charitable Père[23].

Ailleurs elle raconte ses réactions devant une vision du Diable transformé en Jésus-Christ crucifié :

> Pour lors il me vint en pensée : mais on dira que je suis folle d'aller dire une chose qui peut-être n'est qu'une pure imagination ; n'importe, répondis-je, que l'on pense ce

---

22 Paige estime que ce genre d'écrits religieux de l'époque, qui constituent la majorité de textes publiés, atteste un changement de mentalité qui permettra à l'autobiographie de se définir comme genre littéraire autonome.

23 Ragueneau 1671, 207.

> que l'on voudra ; ce n'est pas à moi à examiner tout cela. C'était lorsque ce crucifié me
> parlait, que je pensais toutes ces choses, à part moi[24].

L'ancien confesseur démonte la structure temporelle du journal dans laquelle la religieuse relate sa souffrance et ses combats intérieurs contre des démons qui veulent l'éloigner du droit chemin et des apparitions de saints et figures pieuses qui lui viennent en secours. Il puise dans ce récit ainsi que dans plusieurs lettres pour construire un parcours orienté qui souligne la sainteté de la moniale, victorieuse sur le mal. Il écrit pour présenter son ouvrage :

> Nous verrons dans la suite de cet Ouvrage que la Vie de celle dont nous parlons, n'a été
> qu'un enchaînement de toutes sortes de tentations, et avec une violence qui fait même
> horreur à ceux qui l'entendent. Mais la grâce de Jésus-Christ dans ces combats y est
> vue d'autant plus glorieusement victorieuse, que tous les démons d'Enfer s'étaient plus
> déchaînés contre elle, qui n'était tentée si fortement et si longuement, qu'à cause qu'elle
> était toujours fidèle à Dieu[25].

Le registre pathétique et le recours au discours direct utilisés par Catherine de Saint-Augustin dramatisent le récit d'un moi qui, racontant au présent, ignore, au contraire, l'issue du combat :

> Depuis ce temps je me suis sentie accablée sous un poids épouvantable, et j'avoue que
> je ressens la rigueur de la justice divine d'une façon si terrible, que tous les tourments
> imaginables me semblent très doux au prix de celui-ci ; et cependant on veut que j'aie un
> entier agrément pour cet état. Les démons me tourmentent extrêmement pour me faire
> consentir à l'impureté, et je me suis trouvée souvent comme une personne qui expire
> dans une espèce de rage pour la grande violence que je souffre ; parce qu'il ne faut rien
> accorder de ce que l'on demande de moi, quoi que souvent ce soit très peu de chose[26].

Le récit ultérieur du jésuite encadre la parole naïve de cette âme en proie à des tourments réels et nouveaux pour les reconduire au sein d'une série d'expériences canoniques approuvées par l'Église et expérimentées par d'autres saints.

> Il est à remarquer que c'est ainsi que Dieu a fait voir les peines de l'enfer à plusieurs
> Saints qui vivaient encore en terre, comme à sainte Françoise Romaine, à saint Anuphe,
> à saint Josaphat, à sainte Christine le modèle admirable des âmes souffrantes ; et à sainte
> Thérèse qui vit le lieu qui lui était préparé, selon qu'elle le décrit dans sa Vie, qu'elle
> composa elle-même par l'ordre de ses Supérieurs et Directeurs ; qui tous sont demeurés
> d'accord que cette grande Sainte n'avait jamais péché mortellement, quoiqu'elle en parle

---

24   *Ibid.*, 167.
25   *Ibid.*, 78.
26   *Ibid.*, 282.

en telle sorte dans sa vie, qu'on jugerait, selon ce qu'elle en dit, qu'elle eut été coupable de grands crimes[27].

Le jésuite intervient en tant que représentant de l'Église pour des fins didactiques, pour confirmer l'exemplarité de la vie de la religieuse et pour montrer au lecteur le droit chemin. Il adopte une forme modelée sur la rhétorique, ornée d'images et d'hyperboles, solennelle et sentencieuse. Les références intertextuelles y abondent. Si le fond respecte le récit de Catherine de Saint-Augustin, le ton est plus pompeux. Le religieux est imprégné des catégories théologiques et par les doctrines littéraires de son époque et sa formation technique influe sur sa manière de penser en marquant souvent l'organisation formelle de son récit. Il est mû par des préoccupations pédagogiques que n'a pas la religieuse.

Nous avons déjà montré ailleurs quel soin prend Claude Martin dans sa préface aux *Retraites* de Marie de l'Incarnation pour justifier l'écriture spontanée et tendre par laquelle elle relate son rapport à Dieu, dangereusement proche, aux yeux de son hagiographe, de l'oraison mentale au centre des controverses théologiques de l'époque, ensuite condamnée par l'église[28].

La même préoccupation guide le Père Ragueneau quand il présente les visions de celle dont il avait été le confesseur. Il écrit : « C'est une demande très raisonnable que de vouloir savoir quelle assurance on peut avoir de la vérité de tant de visions, apparitions et révélations si extraordinaires et si fréquentes dont cette *Vie* est remplie »[29]. Et il ajoute que cette question concernant la validité de ces visions est d'autant plus pertinente dans le cas des filles, proies faciles des leurres : « D'ailleurs il n'est que trop véritable que l'imagination, principalement des filles qui sont portées à la piété, se trompe aisément, et qu'elles croient fort légèrement avoir vu et entendu ce qu'elles se sont imaginé »[30].

Tout comme la préface des *Retraites* par Claude Martin, le récit cadre de Paul Ragueneau dans la *Vie de Catherine de Saint-Augustin* ainsi que la mise en œuvre du *Journal* et des lettres de cette dernière entrecoupent et déforment le texte en émoussant son originalité. Les interventions du jésuite ont comme fonction de ramener l'inouï à la tradition, l'exceptionnel à la règle et l'écart à la norme ecclésiastique. Ce souci est témoigné par son appel constant à des expériences analogues de saints de l'Antiquité, ce qui imprime au texte une double tonalité. Le récit naïf et émerveillé, qui fait parfois état des doutes que la moniale éprouve

---

27 *Ibid.*, 94.
28 Ferraro 2013.
29 Ragueneau 1671, 10.
30 *Ibid.*

elle-même par rapport à son expérience extraordinaire, est intercalé dans le discours didactique du jésuite. Ce dernier puise dans la tradition des exemples susceptibles de confirmer la validité de son expérience. Si la parole de Catherine ne doit que témoigner d'une expérience, celle de Paul Ragueneau doit persuader en s'appuyant sur l'érudition et sur l'exemplarité de cette expérience.

L'examen des modalités d'expression de cette parole féminine permet de mettre en relief l'originalité de l'écriture de Marie de l'Incarnation et de Catherine de Saint-Augustin. Leur caractère, inédit, ressort d'une manière très nette lorsque les deux moniales évoquent selon une perspective subjective leur propre itinéraire intérieur, exceptionnel. Pour raconter ce qu'elles ont vécu, elles forgent, par tâtonnements, un langage nouveau en mesure d'exprimer les émotions qu'elles éprouvent et les expériences qu'elles vivent. Moins nourries que les jésuites, leurs contemporains, de rhétorique latine, les religieuses forgent une parole subjective et intime, marquée par l'oralité parce que moins modelée sur les livres que sur la conversation quotidienne[31]. Leur correspondance, ainsi que leurs écrits spirituels, sont caractérisés par une énonciation « discursive »[32] où les acteurs actualisent le langage dans un processus interactif et dialogique. La rencontre avec le divin a lieu pour ces moniales à travers l'expérience subjective, ce qui marque au cours des XVIe et XVIIe siècles un tournant important, l'époque précédente étant connotée par la cosmologie et la théologie. Même quand il s'agit de relater une expérience avec le surnaturel, qu'il s'agisse de Dieu et des saints ou bien des démons, elles le font sur le mode d'un dialogue intersubjectif présent et réel entre les entités surnaturelles et le sujet dans lequel on reconnaît l'appareil formel du discours qui caractérise toute forme linguistique « autobiographique ».

Leurs textes, qui n'étaient pas destinés à appartenir à la littérature, y rentrent de plein droit, puisqu'ils représentent des tentatives – plus ou moins réussies en raison de la qualité de l'écriture – d'un sujet qui est appelé à raconter son for intérieur devant un juge divin, selon une perspective sincère et transparente. Il s'agit de pré-textes qui en racontant, selon le mot de Michel de Certeau, « l'itinéraire du sujet vers son centre »[33], préparent la voie au récit autobiographique qui éclora au siècle suivant.

---

31 Timmermans 1993.
32 Benveniste 1970.
33 Certeau 1966, 15.

Bibliographie

ARENAL, Electa / Stacey Schlau : *Untold Sisters : Hispanic Nuns in Their Own Works*. Albuquerque: University of New Mexico Press 1989.

ARMELLE, Nicolas : *Le Triomphe de l'Amour divin dans la vie d'une grande servante de Dieu*. Ed. par Dominique et Murielle Tronc. Mers sur Indre : Centre Saint-Jean-de-la-Croix 2011.

BENVENISTE, Émile : « L'appareil formel de l'énonciation ». *Langages*, 217, 1970, 12–18.

BERGAMO, Mino : *Le Triomphe des humiliations, lettres de Louise du Néant*. Venise : Saggi Marsilio 1994.

BRÉMOND, Henri : *Histoire littéraire du sentiment religieux en France depuis les guerres de religion jusqu'à nos jours*. t. VI. Paris : Bloud et Gay 1926.

CERTEAU, Michel de : « Cultures et spiritualités ». *Concilium*, 19, novembre 1966, 11–16.

– *La fable mystique (XVIe–XVIIe siècle)*. Éd. par Luce Giard. Paris : Gallimard 2013.

COUSSON, Agnès : *L'Écriture de soi. Lettres et récits autobiographiques des religieuses de Port-Royal. Angélique et Agnès Arnauld. Angélique de Saint-Jean Arnauld d'Andilly. Jacqueline Pascal*. Paris : Honoré Champion 2012.

FERRARO, Alessandra : «Une voix qui perce le voile : émergence de l'écriture autobiographique dans la *Relation* de 1654 de Marie de l'Incarnation». *Ponti/Ponts. Langues, littératures, civilisations*, 9 (Saintetés), 2010, 57–69.

– « Dal discorso mistico all'autobiografia: le *Relations* (1633–1654) di Marie de l'Incarnation ». Dans : Rita Librandi (éd.) : *Lingue e testi delle riforme cattoliche in Europa e nelle Americhe (secc. XVI–XXI). The Languages and Texts of the Catholic Reforms in Europe and the Americas (XVI–XXI Cent.)*. Firenze : Cesati 2012, 405–417.

– « 'Ce n'est pas seulement un langage de femme': la voix féminine étouffée de Marie de l'Incarnation ». *Oltreoceano*, 7, 2013, 67–81.

GRISELLE, Eugène : « Deux lettres autographes de la Vénérable mère Marie de l'Incarnation et de la mère Marie de Saint-Joseph, ursulines de Québec ». *Études*, CVII, 1906, 577–599.

– *La vénérable mère Marie de l'Incarnation première supérieure des ursulines de Québec. Supplément à sa correspondance*. Paris : Savaète 1909.

GROULX, Lionel : « Une petite Québécoise devant l'histoire, mère Catherine de Saint-Augustin ». *Cahiers d'histoire*, 5, 1953, 5–26.

Guyon, Jeanne : *La vie par elle-même et autres écrits biographiques*. Éd. par Dominique Tronc. Étude littéraire par André Villard. Paris : Honoré Champion 2001.

– *Œuvres mystiques*. Éd. par Dominique Tronc. Paris : Honoré Champion 2008.

Juchereau de Saint-Ignace, Jeanne-Françoise : *Les Annales de l'Hôtel-Dieu de Québec, 1636–1716*. Éd. par Dom Albert Jamet. Québec : Hôtel-Dieu de Québec 1939 [rééd. 1984].

Laflèche, Guy (éd.) : *La Vie du père Paul Ragueneau de Jacques Bigot*. Montréal : VLB Éditeur 1979.

Lallemant, Jerôme : *Les Constitutions du R. P. J. Lalemant pour les ursulines du Canada, 1647–1681*. Ed. par Gabrielle Lapointe. Québec : Les Ursulines de Québec 1974.

Le Clercq, Chrestien : *Premier établissement de la foy dans la Nouvelle France*. t. II. Paris : Amable Auroy 1691.

Maillard, Jean : *Louise du Néant. Triomphe de la pauvreté et des humiliations (Vie et Lettres)* 1732. Éd. par Claude Louis Combet. Grenoble : Jérôme Millon 2006 [1987].

Marie des Vallées : *Le jardin de l'amour divin*. Éd. par Dominique et Murielle Tronc. Paris : Arfuyen 2013.

Marie de l'Incarnation : *Retraites de la Vénérable mère Marie de l'Incarnation, religieuse ursuline, avec une exposition succincte du "Cantique des cantiques"*. Éd. par Claude Martin. Paris : Louis Billaine 1682.

– *Relation (1654). Écrits spirituels et historiques*, II. Éd. par Albert Jamet. Paris/ Québec : Desclée De Brouwer/L'Action sociale 1930.

– *Correspondance (1634–1677)*. Éd. par Dom Guy Oury. Sablé-sur-Sarthe : Solesmes, Abbaye Saint-Pierre 1971.

Martin, Claude : *La Vie de la Vénérable mère Marie de l'Incarnation, première supérieure des ursulines de la Nouvelle-France, tirée de ses lettres et de ses écrits*. Paris : Louis Billaine 1677.

Myers, Kathleen Ann : *Neither Saints nor Sinners : Writing the Lives of Women in Spanish America*. Oxford : Oxford University Press 2003.

– *Word from New Spain: the Spiritual Autobiography of María de San José (1656–1719)*. Liverpool: Liverpool University Press 1993.

– / Amanda Powell (éds.) : *A Wild Country out in the Garden : The Spiritual Journals of a Colonial Mexican Nun*, Indiana University Press 1999.

Motsch, Andreas / Grégoire Holtz (éds.) : *Éditer la Nouvelle-France*. Québec : Presses de l'Université Laval 2011.

OUELLET, Réal (dir.) : *Rhétorique et conquête missionnaire : le jésuite Paul Le-jeune*. Sillery : Septentrion 1993.

PAIGE, Nicholas: « Genèse d'une mentalité littéraire: les leçons de la transmission de l'autobiographie religieuse au XVIIe siècle ». *Cahiers de l'Association Internationale des Études françaises,* vol. 49, 1997, 243–259.

PEPIN, Denise: *Chroniques … pour une meilleure connaissance de Catherine de Saint-Augustin, d'après les témoins de son temps.* Montréal: Éditions du Long-Sault 2001.

PIOFFET, Marie-Christine: *La Tentation de l'épopée dans les* Relations *des jésuites.* Québec: Septentrion 1997.

RAGUENEAU, Paul : *Relation de ce qui s'est passé en la mission des pères de la Compagnie de Jésus aux Hûrons et aux païs plus bas de la Nouvelle France, depuis l'esté de l'année 1649 jusques à l'esté de l'année 1650, envoyée au R. P. Claude de Lingendes,… par le R. P. Paul Ragueneau.* Paris : S. et G. Cramoisy 1651.

– *La Vie de la mère Catherine de Saint Augustin, Religieuse hospitalière de la Miséricorde de Québec en la Nouvelle France.* Paris : Florentin Lambert 1671.

TIMMERMANS, Linda : *L'accès des femmes à la culture (1598–1715).* Paris : Champion 1993.

THÉRY, Chantal : *De plume et d'audace. Femmes de la Nouvelle-France.* Montréal : Triptyque 2006.

VIMONT, Barthélémy : *Relation de ce qui s'est passé en la Nouvelle-France en l'année 1642.* Paris : Cramoisy 1643.

ZEMON DAVIS, Natalie : *Juive, catholique, protestante. Trois femmes en marge au XVIIe siècle.* Traduit de l'anglais par Angélique Levi. Paris : Seuil 1997.

Nicola Gasbarro
(Udine)

L'invention pluriculturelle de Dieu en Nouvelle-France. Un récit des relations complexes entre sociétés indigènes et missionnaires jésuites

> Traverser l'histoire et l'ethnologie avec
> quelques questions, voilà tout mon propos.
> (Michel de Certeau)

Pour l'historien des civilisations l'analyse de la présence d'un dieu en Nouvelle-France, et surtout du Dieu chrétien, ne peut pas être l'objet d'une thèse anthropologique ou d'une démonstration philosophique plus ou moins bien fondée sur des sources historiquement sûres ou sur des données ethnologiquement croyables. Dans ce cas, il ne peut s'agir que d'une construction, en même temps réelle et symbolique, de la vie des relations entre civilisations et, par conséquent, d'une sorte de récit interculturel. Comment mettre en branle un tel récit sans posséder la compétence linguistique nécessaire ? J'ai choisi ici une perspective anthropologique : nous cernerons quelques éléments de la vie quotidienne, en laissant à votre compétence intellectuelle la formalisation de sa structure ; nous focaliserons notre attention sur les paroles sociales, en laissant de côté l'imaginaire du récit.

Deux prémisses sont nécessaires. La première est anthropologique : tout récit (mythique, littéraire, philosophique, etc.) correspond à la transposition imaginaire des règles sociales et donc à un dessein symbolique (réaliste, hypothétique, utopique, idéologique, etc.) d'un ordre culturel donné du monde. L'autre prémisse, qui découle de la première, concerne directement les différents niveaux d'interprétation : la rhétorique inévitable, dont tout récit se nourrit, est nécessairement marquée par l'écart entre l'orthopratique de la vie et l'orthodoxie de la formalisation, entre le système complexe des rapports sociaux et la nécessité urgente d'une simplification symbolique, entre la dispersion des contingences et des différences et la nécessité contraignante et réductrice d'un ordre narratif. Tout récit doit réduire les contingences pour donner une perspective de sens à la vie sociale et à son imaginaire : cette fiction minime et cette fonction de haute signification sont à la base de toutes les autres rhétoriques de la forêt, comme Lévi-Strauss l'a bien montré à travers l'analyse structurale des mythes[1].

Michel de Certeau s'est penché sur la rhétorique des récits missionnaires qui occulta la présence indigène : le pouvoir linguistique et l'hégémonie symbolique du récit missionnaire et son pouvoir de sens s'opposent au silence des indigènes et à leur position subalterne dans le domaine social et culturel. Le récit de l'altérité, de toutes les altérités (historiques et anthropologiques), n'est que la description d'une absence, ou du moins d'une présence trop marginale pour mettre en valeur l'histoire des hommes et le langage du sens. La position subalterne des sauvages au point de vue ontologique et historique entraîne la marginalité du discours ethnographique, à partir de l'hégémonie du sujet culturel de l'histoire et de l'anthropologie :

> Plus largement, des problèmes voisins apparaissent dans le rapport que le récit ethnographique entretient avec l' « autre société » dont il parle et qu'il prétend faire entendre. En effet, le discours démonologique, le discours ethnographique ou le discours médical prennent à l'égard de la possédée, du sauvage, ou du malade une même position : « Je sais mieux que toi ce que tu dis » c'est-à-dire « Mon savoir peut se mettre à la place d'où tu parles »[2].

À partir du prêtre réformé Jean de Léry[3] jusqu'à Joseph-François Lafitau[4] (jésuite lui-aussi comme Certeau), l'ethnographie marque le passage d'un système social et symbolique caractérisé par l'*oralité*, la *spatialité*, l'*altérité* et l'*inconscience* du monde sauvage à l'univers occidental qui se fonde sur l'*écriture*, la *temporalité*, l'*identité* et la *conscience*. C'est la logique absolue et hiérarchique de l'Occident qui préside à ce processus de civilisation ; c'est elle qui organise le discours sur l'altérité entre fiction occidentale du récit et silence des sauvages et qui lui confère en même temps une forme :

---

1   Lévi-Strauss 1958.
2   Certeau 1975, 256.
3   *Ibid.*, 215–248. Jean de Léry (1534–1611) reste au Brésil de 1556 à 1559 pour fonder une colonie protestante en Amérique du Sud ; il y rédige une *Histoire d'un voyage faict en la terre du Brésil*, publiée en 1578. L'œuvre marque l'origine de l'ethnographie missionnaire calviniste.
4   Certeau 1985. Joseph-François Lafitau (1681–1746) jésuite français missionnaire en Nouvelle-France vit avec les Hurons et les Iroquois et en étudie la religion et la structure sociale. Il publie en 1724 *Mœurs des sauvages Amériquains comparés aux mœurs des premiers temps,* sans aucun doute la première œuvre anthropologique qui s'insère dans une perspective comparative. *Cf.* Gasbarro 2014.

> La place de l'autre est donc doublement « fable » : au titre d'une coupure métaphorique
> (fari, l'acte de parler qui n'a pas de sujet nommable) et au titre d'un objet à comprendre
> (la fiction à traduire en termes de savoir). Un dire *arrête* le dit – il est rature de l'écrit –
> et *contraint à en étendre la* production – il fait écrire[5].

La *fiction* n'est qu'un produit intellectuel d'un sujet collectif absolu qui invente une altérité fonctionnelle à son propre pouvoir : les missionnaires s'insèrent dans la logique générale du discours occidental et ils élaborent donc un savoir anthropologique colonial aussi bien au niveau politique qu'au niveau symbolique. En fin de compte, Lafitau livre ce savoir au Siècle des Lumières. Il en découle que l'anthropologie, aussi bien scientifique que laïque, n'est que la désacralisation du savoir missionnaire. Cela tient à deux raisons essentiellement : d'un côté, elle garde la structure logique et grammatologique de l'ontologie qui la précède ; de l'autre, elle tend à négliger la religiosité naturelle des systèmes sociaux. La critique postmoderne doit donc déconstruire la *fiction ethnographique* ainsi que la logique qui la gouverne et qui la rend possible, afin de tenter de restituer leur propre voix et leur propre présence dans l'histoire à des peuples que la modernité occidentale a réduits au silence. Elle doit, en outre, mettre en branle une archéologie (au sens où l'entend Foucault) capable de redonner un sens à l'univers religieux : « Plus généralement, toute société née et sortie d'un univers religieux (y a-t-il d'autres types de société ?) doit affronter les rapports qu'elle entretient avec son archéologie »[6].

Michel de Certeau reste un jésuite qui traduit en des termes chrétiens toute la pensée postmoderne ainsi que l'approche poststructuraliste des sciences historiques et sociales, à partir de Foucault[7]. Il s'agit, à notre avis, d'une perspective ontologique, encore liée à l'orthodoxie du récit et à la théologie implicite qui en souligne la fonction hiérarchique : Michel de Certeau est très critique, allant jusqu'à revendiquer une présence indigène, mais il ne peut pas en esquisser la possibilité anthropologique parce qu'il n'a pas réussi à se sortir de la rhétorique hégémonique du récit fondamentalement missionnaire et de sa construction ethnographique. Il ne s'agit donc pas (ou pas seulement) de la relation hégémonique entre la langue de l'occidental et le silence de l'indigène, mais de l'impact – du pouvoir politique et du sens symbolique – qu'exerce l'orthodoxie théologique et linguistique exclusivement missionnaire sur l'orthopratique des rapports sociaux entre les missionnaires et les indigènes. L'origine historique de

---

5　Certeau 1975, 248.

6　*Ibid.*, 195.

7　Foucault 1966 et 1969.

l'ethnographie n'est pas la grammatologie générale[8] de l'Occident, mais l'ordre chrétien du monde que les missionnaires considèrent comme un don de Dieu, surnaturel et universel. Le silence des sauvages dépend donc de leur système de vie qui s'oppose au système de vie chrétien : c'est une *oralité* qui ignore *les saintes Écritures,* une *spatialité* (la forêt) imprévisible selon la *temporalité* linéaire de la Bible, une *altérité* radicalement différente de l'*identité* chrétienne dans sa dimension universelle ; c'est une *inconscience-incroyance* qui s'oppose à la *foi,* au sens que celle-ci donne à la vie, à la dimension à la fois individuelle et collective de chaque croyant.

Il ne s'agit donc pas de mettre en œuvre une déconstruction systématique de l'universalisme de la pensée, et/ou d'un « absolu » de l'ethnographie et de l'anthropologie, mais d'analyser les modalités et le processus de formalisation du récit. Il s'agit encore et surtout de mettre en évidence les écarts, les méprises, l'occultation des pratiques et des relations. Si les indigènes brillent par leur silence dans les récits des missionnaires, ils imposent cependant leur présence par leur pratique quotidienne ; ils hantent la pensée et le récit-fiction des missionnaires. Ils sont cachés dans les rituels diaboliques, dans les difficultés de communication et de relation, dans les obstacles, petits et grands, que rencontre l'évangélisation, dans la sauvagerie de leur conduite quotidienne, dans l'atavisme de leurs habitudes et de leurs mœurs, dans leurs rapports sociaux placés sous le signe d'une étrangeté qui stupéfie les missionnaires en les laissant interdits ; dans les excès de la différence – la vraie sauvagerie ! –, dans les transgressions que la pratique sociale impose toujours à la structure de la pensée, dans la normalité des péchés quotidiens. Il faut alors chercher cette pratique dans les plis du récit, le déplier afin de retrouver la logique théologique qui gouverne l'ordre social, l'ordre du discours et la grammaire du récit.

Dans cette perspective, Dieu n'est pas le principe implicite du sens et la religion n'est pas l'ordre incontournable de la société, comme l'affirment les missionnaires Jean de Léry et Joseph-François Lafitau (ainsi que Michel de Certeau), mais une structure que notre civilisation considère comme fondamentale, qui se situe aux origines de l'époque moderne et que les missionnaires essaient de transposer dans un univers nouveau, dans les forêts du Nouveau Monde. Pour une histoire qui s'ouvre à la comparaison entre les civilisations, l'anthropologisation du monde ne correspond pas à une donnée naturelle ; elle n'est pas non plus la conséquence nécessaire d'un ordre surnaturel, mais le résultat d'une occidentalisation progressive dont il faut reconstruire les présupposés, les étapes

---

8   Derrida 1967.

ainsi que les stratifications sociales. Dans notre cas, il est nécessaire de comprendre d'abord l'invention pluriculturelle de Dieu (et non pas son ontologie universelle) comme la conséquence de l'expansion du christianisme occidental ; ensuite, la généralisation historique et anthropologique de la religion (et non pas son immanence surnaturelle et implicite dans le social). Ce n'est qu'à ces conditions qu'il est possible d'analyser les influences qui ont affecté la pratique ethnographique. Il faut passer de l'universel et de l'absolu, sur lesquels se base toute la réflexion orthodoxe de Michel de Certeau, à l'orthopratique contingente de l'anthropologie qui analyse les civilisations et les identités collectives comme relations et relations entre relations.

Nous commencerons en abordant la généralisation que laisse Lafitau en héritage à l'anthropologie religieuse de l'Occident, en analysant avant tout sa formation pluriculturelle (missionnaire et indigène). Nous mettrons en évidence les indices et les perspectives que nous pouvons retrouver dans la pensée et dans la pratique narrative de notre civilisation. Il s'agit d'un récit qui devient paradigmatique parce qu'il renvoie à un ordre du monde et parce qu'il produit inévitablement d'autres récits qui apparaissent comme des variantes d'une structure fondamentale au point de vue culturel.

L'invention pluriculturelle de Dieu est alors le paradigme d'une formalisation plus large et plus profonde qui doit, à partir des pratiques de vie et des différences radicales, inventer un nouvel ordre du monde, en mesure de concilier l'évangélisation de l'Occident et les malheurs des sauvages, la théologie chrétienne et les rites de la forêt, la logique de la philosophie et les traditions locales, le récit des missionnaires et la mythologie indigène. La structure idéologique des missionnaires correspond à l'ordre chrétien du monde : la relation Dieu-hommes est prioritaire et hiérarchique par rapport aux relations hommes-hommes et hommes-nature. Il est impossible de penser un monde sans Dieu ; c'est pour cette raison qu'il faut trouver un Dieu des missionnaires et des sauvages, des âmes à sauver et des pratiques sociales à régler en suivant l'éthique, la nature et les cultures, sur la base de l'identité du genre humain et des grandes différences qui le traversent. La naissance de Dieu entre missionnaires et sauvages est donc un « fait social total » (Mauss), dont l'analyse peut nous aider à comprendre la genèse et le développement d'un ordre du monde à partir des relations pratiques de contingence et en contingence, d'une orthodoxie qui a dû s'éloigner de la dispersion différentielle des pratiques. Cette analyse peut nous donner une nouvelle perspective scientifique : à partir de la pluralité des pratiques et des différences radicales des rapports sociaux, il est peut-être possible d'imaginer un autre récit, une fois pour toutes, fondé plus sur l'orthopratique des relations entre différences que sur l'orthodoxie de l'identité universelle. Nous nous bornerons ici à indiquer les éléments marginaux, les petits « mots » de la pratique cachée par et dans la rhétorique du discours missionnaire, et ce dans l'attente d'une « langue » qui puisse repenser la structure et la logique du récit missionnaire et anthropologique.

Lafitau doit donc partir d'une prémisse théologique qui donne à son anthropologie la valeur de l'universalité :

> Dieu s'étoit trop manifesté à nos premiers Pères, pour qu'ils pussent le méconnoître, et le laisser ignorer à leur postérité. Il ne s'étoit pas contenté de se peindre à leurs yeux dans la beauté de ses ouvrages, et de leur parler au cœur par le témoignage de leur conscience : il se montra encore à eux, autant que Dieu peut se rendre sensible, les instruisant ou par lui-même, ou par le ministère de ses Anges, liant avec eux conversation comme d'homme à homme, ainsi que l'Écriture Sainte nous le représente, s'entretenant avec Adam et les autres Patriarches de l'ancienne Loi. [...] Ainsi les hommes eurent d'abord des idées claires de Dieu, autant que le permettoit l'État de Voyageurs où nous sommes. Ils eurent aussi un culte réglé, dont Dieu même leur avoit sans doute dicté les Loix desquelles ils ne devoient point se départir. Ces idées de Dieu et ce culte furent assez longtemps purs, et sans mélange selon les apparences, et malgré la dépravation du cœur des hommes, avant et après le Déluge, Dieu fut connu et honoré. Au milieu de la Gentilité même, il se conserva des cœurs fidèles. [...] Cette Religion pure dans ses commencemens souffrit de grandes altérations dans la suite des temps, dont il est difficile de marquer des Époques fixes. L'ignorance et la passion y causèrent un mélange qui confondit tout, soit par rapport à l'objet de la Religion, soit par rapport à son culte, soit par rapport à sa fin. Les idées de Dieu s'obscurcirent ; on fit entrer ses ouvrages en concurrence avec lui ; et par un renversement étrange, par un effet du péché bien funeste, au lieu que la beauté des créatures devoit élever l'homme à des connoissances plus parfaites du Créateur, la beauté du Créateur fut presque effacée par celle des créatures. Le culte de Dieu fut corrompu de la même manière par la superstition, et par les mauvaises inclinations du cœur, qui sanctifièrent, pour ainsi parler, jusqu'aux vices ; et au lieu de la félicité que Dieu avoit proposé à l'homme pour sa dernière fin, cet homme grossier et charnel s'en fit une, conforme à ses désirs et au dérèglement de ses appétits, guidez par les sens et par l'imagination[9].

La théologie biblique est ainsi à la base de l'universalisme théologique dans une sorte de révélation originaire qui concerne également les sauvages américains, mais du point de vue historique c'est la pratique missionnaire qui accomplit le miracle de la généralisation de la religion : même l'idolâtrie en devient une forme dégénérée, le fruit des passions des hommes et du choix du démon[10]. Il

---

9   Lafitau 1724, I, 115–119.
10   Bernand, Gruzinski 1988 ; Gasbarro 2009, 7–69.

suffit d'une nouvelle annonce – c'est là la fonction moderne des missionnaires chrétiens – pour ramener à la conscience rationnelle des sauvages des catégories religieuses qu'on avait abandonnées à cause de l'*inconscience* morale. La Révélation chrétienne devient révélation originaire et elle fonde l'universalisme de l'idée de Dieu :

> Ce ne sont pas seulement les Nations policées, qui ont ces marques de connoissance d'un premier Estre… Les mêmes vestiges se voient également chez toutes les Nations qui passent pour Barbares. Généralement toutes celles de l'Amérique, soit errantes, soit sédentaires, ont des expressions fortes et énergiques, qui ne peuvent marquer qu'un Dieu ; elles le nomment le grand Esprit, quelquefois le Maître et l'Auteur de la vie. Il n'est pas jusqu'aux Outaouacs, lesquels entre tous ces Peuples, paroissent les plus brutes et les-moins spirituels, qui dans leurs invocations et leurs apostrophes, ne le nomment souvent le Créateur de toutes choses[11].

Même les Hurons et les Iroquois, que Lafitau connaît très bien, ont une sorte de connaissance de Dieu :

> Ce grand Esprit connu chez les Caraïbes sous le nom de *Chemiin*, sous celui de *Manitou* chez les Nations Algonquines, et sous celui d'*Okki* chez celles qui parlent la langue Huronne, est désigné d'une manière plus singulière, et qui ne s'applique qu'à l'Estre supérieur, par le nom d'*A reskoui* chez les Hurons, et par celui d'*Agriskoue* chez les Iroquois. […] Les missionnaires n'ont jamais pû parvenir à connoître la racine de ce mot : les Iroquois ne le sçavent pas eux-mêmes, non plus que les Hurons, et c'est un des ces anciens termes consacrez par un long usage, dont ils ne voient plus l'origine, et dont par conséquent ils ignorent la signification propre. Cependant, comme ils s'en servent souvent dans leurs invocations, il y a apparence qu'il a été institué, pour représenter le Maître de toutes les choses et le Créateur de l'Univers[12].

Le passage de la pratique sociale à l'orthodoxie théologique est évident :

> Une femme Huronne instruite par un Missionnaire, qui lui faisoit un détail des perfections de Dieu, s'écria avec une espèce d'admiration : j'entens et je m'étoit toujours persuadée que nôtre *Areskoui* devoit être tel que le Dieu que tu viens me dépeindre[13].

Comme on peut le remarquer, la rhétorique de l'inférence précède la formalisation du récit, grâce à des glissements de perspective et de sens : de la nécessité logique à la structure théologique, d'un principe d'ordre pratique-rituel à la métaphysique occidentale, de la similitude des références à l'identité ontologique. La vie en commun et la communication entre les missionnaires et les indigènes

---

11 Lafitau 1724, I, 124.
12 *Ibid.*, 126–127.
13 *Ibid.*, 127.

rendent possible et imaginable une idée commune de Dieu et permettent d'en instituer le culte. Pour les missionnaires, les sauvages sont donc des hommes qui croient naturellement en Dieu, des hommes *naturaliter chrétiens*, bien plus naturellement des chrétiens et donc vraiment des hommes. Le consentement théologique est le fondement, et en tant que tel il marque la fondation d'un nouveau contrat social : les jésuites ont besoin de la foi des sauvages pour universaliser le Dieu des chrétiens, les sauvages ont besoin des jésuites pour rendre universelle leur appartenance au monde.

La Nouvelle-France est le lieu de l'invention pluriculturelle non seulement du Dieu de la foi, mais encore de l'Être suprême de la raison. Le Baron de Lahontan fait dire au sauvage Adario :

> Quoy ! Tu nous crois sans religion aprez avoir demeuré tant de temps avec nous ? 1. Ne sais-tu pas que nous reconnoissons un Créateur de l'Univers, sous le nom du grand Esprit ; ou du Maistre de la vie, que nous croyons être dans tout ce qui n'a point de bornes. 2. Que nous confessons l'immortalité de l'âme. 3. Que le grand Esprit nous a pourvus d'une raison capable de discerner le bien d'avec le mal, comme le ciel d'avec la terre, afin que nous suivions exactement les véritable Règles de la Justice et de la sagesse… Si vôtre Religion est différente de la nôtre, cela ne veut pas dire que nous n'en ayons pas du tout[14].

Pour les missionnaires les sauvages sont des théistes ; pour le Baron ils sont naturellement des déistes : la déesse raison fait des miracles à Paris et dans la forêt. Le dieu des sauvages est un grand Esprit qui est concevable même en France, bien qu'il n'ait rien du Dieu de la foi chrétienne et des missionnaires. La généralisation de la foi chrétienne et de la raison du Siècle des Lumières a transformé les sauvages en des croyants et en des philosophes, et cette transformation constitue le fondement de l'universalisme occidental. La vérité est attestée par les sauvages dans la forêt et elle est donc bien démontrée à Paris dans les cercles des théologiens et des philosophes. Comment cela a-t-il été possible du moment que le Dieu des Français ne coïncidait pas avec celui des sauvages ?

Nous savons que les difficultés des missionnaires en Nouvelle-France sont représentées surtout par les langues et la vie nomade, insupportable aux Européens ; d'autre part, les structures de la pensée des sauvages montrent une absence d'abstraction philosophique et théologique : leur pensée et leur langage sont soumis aux exigences de la pratique et aux imprévus de la vie. Même les

---

14 Lahontan 1704, 2–3. Il s'agit de Louis Armand de Lom d'Arce, Baron de La Hontan (1666–1716) qui a publié plusieurs mémoires de voyages.

Hurons, qui sont dans les meilleurs rapports avec les Français, s'opposent au message évangélique par une résistance d'ordre intellectuel et pratique :

> Il semble que ni l'évangile ni l'Écriture saincte n'ayent esté composez pour eux. Non seulement les mots leur manquent pour exprimer la saincteté de nos mystères, mais mesme les paraboles et les discours plus familiers de Jesus-Christ leur sont inexplicables. Ils ne sçavent ce que c'est que sel, levain, chasteau, perle, prison, grain de maoutarde, tonneaux de vin, lampe, chandelier, flambeau. Ils n'ont aucune idée des royaumes, des roys, et de leur majesté ; non pas mesme de pasteurs, de troupeaux et de bergerie. En un mot, l'ignorance qu'ils ont des choses de la terre semble leur fermer le chemin du ciel[15].

D'où l'impossibilité de l'évangélisation sans un processus de civilisation. Il revient donc aux missionnaires d'entreprendre une généralisation-universalisation de la religion et de la conscience religieuse considérée comme structure originelle et originaire de la communication humaine. Cette structure est en même temps subjective et objective : elle concerne la conscience intérieure de l'individu et la raison collective qui s'interroge au niveau empirique sur l'origine et la cause du monde. Il est possible d'en reconstruire la formation dans et par les sources missionnaires.

Aireskui semble être, du moins en remontant aux origines de la mission, un démon présent dans la pratique rituelle de la vie quotidienne : « Solemne est omnibus populis istis in venatione, piscatione, bello, morbibus et similibus ad daemonem quendam, quem Aireskui appellant confugere »[16]. Le génie du paganisme montre ses possibilités de production sociale et de sens symbolique, mais la conscience missionnaire y trouve la présence cultuelle du Dieu inconnu, dont parle saint Paul : « Au Dieu inconnu. Ce que vous honorez sans le connaître, c'est celui que je vous annonce » (Act. 17, 23). D'autre part, le culte doit présupposer la conscience rationnelle d'une causalité transcendante, et les Hurons ne sont pas supérieurs aux autres peuples de la Planète :

> A vray dire, tous le peuples de ces contrées n'ont retenu de leurs ancêtres aucune connoissance d'un Dieu et avant que nous y eussions mis le pied, ce n'estoient que de fables tout ce qui disoit de la création du monde. Toutes fois, quoy qu'il fussent barbares, il restoit en leur cœur un secret sentiment de la divinité et d'un premier principe, autheur de toutes choses, qu'ils invoquoient sans le connoistre. Dans les forests et dans leur chasses, sur l'eau et dans le danger d'un naufrage, ils le nomment Aireskoui soutanditenr et l'appellent à leur secours[17].

---

15 Lalemant 1640 dans Campeau 1989, IV, 736–737.
16 Jogues 1643 dans Campeau 1990, V, 614.
17 Ragueneau 1649 dans Campeau 1994, VII, 421–422.

Il ne s'agit pas ici de douter de la rationalité sauvage, mais de souligner l'invention métisse de son exercice. Il y a une évidence relationnelle : les missionnaires subordonnent la causalité empirique des sauvages à la logique d'Aristote ou de Saint Thomas pour atteindre un but théologique. Thomisme de la forêt !

Le père Bressani parle aussi de *Aireskoui soutanditenr,* en disant qu'on peut traduire *soutanditenr* par « miserere nobis »[18], légitimation rituelle d'une transposition théologique mise en action par les enseignements des missionnaires. La résistance des sauvages au message évangélique est évidente, mais les jésuites trouvent toujours les moyens de se faire entendre :

> Nous ayant entendu parler du grand architecte de l'univers, son cœur prend feu. Il nous vient aussitost trouver en particulier. Le voila touché : Plus on luy parle de Dieu et plus il en veut ouïr parler. Il gouste à longs traicts cette eau sacrée qui altère en rassasiant. Il devient importun, mais d'une importunité qui nous estoit fort agréable. On l'enseigne tous les jours deux fois. Et après une grosse heure d'instruction, il demandoit permission d'aller à la chapelle pour demander à Dieu la grâce de retenir ce qu'on luy avoit enseigné au sortir de là, il se retiroit pour l'ordinaire à l'escart dans le bois pour ruminer à part soy ce qu'il avoit appris. Retournant en sa cabane, il en faisoit part aux siens avec une ardente affection, accompagnée d'une ancienne modestie[19].

La catéchèse missionnaire utilise une pédagogie très pratique :

> Sane eos a creaturis ad creatoris cognitionem conabar deducere. Reiiciebam aniles quas habent de creatione orbis, quem a testudine conditam dicunt, fabulas ; solem quem nec ingenio, imo nec vita praeditum ostendebam, Deum aliquem esse crederent, intelligerent quanto dominator illius speciosior esset, illum Aireskoui non Deum, sed daemonem esse, qui se vitae authorem et conservatorem e tot bonorum quibus fruerentur largitorem mentiebatur. Si quam facile convincuntur tam facile crederent, res cito conficeretur. Sed princeps mundi qui virtute crucis ab omnibus pene orbis partibus eiectus est foras in has regiones tamquam in minutissimam arcem videtur confugisse[20].

L'invention pluriculturelle de Dieu exige une nouvelle ritualité. Écoutons la prière d'un jeune Algonquin :

> C'est vous, ô mon Dieu, qui m'avez fait et par conséquent je suis à vous. Vous pouvez disposer de moy comme je dispose des petits meubles que j'ay fait. Regardez-moy donc comme une chose qui vous appartient. Comme l'usage d'un aviron que j'ay fait appartient à moy, aussi faut-il que l'usage de mon corps et de mon âme et de toutes mes puissances que vous avez basties soit à vous. Je vous offert tout, et le corps et l'âme et

---

18   Bressani 1653 dans Campeau 1996, VIII, 429.
19   Le Jeune 1638 dans Campeau 1989, IV, 101–102.
20   Jogues 1643 dans Campeau 1990, V, 618.

toutes mes actions. Je me repose sur vous de ma chasse, me souvenant que vous estes mon Père[21].

Cet original *notre Père* de la forêt montre bien, au niveau symbolique, les conséquences culturelles d'une acculturation accomplie, d'une négociation sociale, d'une expérience extraordinaire des rapports entre les civilisations. Ce n'est pas que les sauvages de la Nouvelle-France n'aient pas un dieu : le Dieu dont parlent les récits missionnaires est un Dieu métis. L'ordre du monde hiérarchique du Christianisme influence la réflexion sur le sens originel et sur la notion d'appartenance dans la pratique sauvage du social et du symbolique. Le processus de généralisation historique et anthropologique est le fondement-fondation d'un nouveau universalisme de la foi et de la raison qui, à partir de l'évangélisation missionnaire, traverse l'Occident de la théologie, de la philosophie et de la littérature.

De cet immense bénéfice culturel que rapporte le voyage des missionnaires, nous nous bornons à cerner des perspectives d'ordre anthropologique et historique. Le premier miracle de l'universalisme produit la compatibilité du théisme et du déisme. Voltaire en a profondément conscience car il est convaincu que, en ce qui concerne l'existence de Dieu, « nous n'en pouvons avoir aucune certitude par la raison » :

> J'ose dire que que quand il nous est prouvé qu'un vaste édifice, construit avec le plus grand art, est bâti par un architecte quel qu'il soit, nous devons croire que à cet architecte quand même l'édifice serait teint de notre sang, souillé de nos crimes, et qu'il nous écraserait par sa chute. Je n'examine pas encore si l'architecte est bon ; si Je dois être satisfait de son édifice ; si je dois en sortir plutôt que d'y demeurer ; si ceux qui sont logés comme moi dans cette maison pour quelques jours en sont contents : j'examine seulement s'il est vrai qu'y ait un architecte, ou si cette maison, remplie de tant de beaux appartements et de vilains galetas, s'est bâtie toute seule.
>
> Le grand objet, le grand intérêt, ce me semble, n'est pas d'argumenter en métaphysique, mais de peser s'il faut, pour le bien commun de nous autres animaux misérables et pensants, admettre un Dieu rémunérateur et vengeur, qui nous serve à la fois de frein et de consolation, ou rejeter cette idée en nous abandonnant à nos calamités sans espérances, et à nos crimes sans remords[22].

L'*Encyclopédie* est l'expression paradigmatique du nouvel universalisme et de cette compatibilité entre la théologie et la philosophie. Il suffit de lire l'article *Dieu* :

---

21 Le Jeune 1638 dans Campeau 1989, IV, 103.
22 Voltaire 1764 dans Voltaire 1878, XVIII, 376.

> Il y a rien de plus facile que de connoître qu'il y a un *Dieu,* que ce *Dieu* a éternellement
> existé ; qu'il est impossible qu'il n'ait pas éminemment l'intelligence, et toutes le bonnes
> qualités qui se trouvent dans les créatures. L'homme le plus grossier et le plus stupide,
> pour peu qu'il déploye ses idées et qu'il exerce son esprit, reconnoîtra aisément cette véri-
> té. Tout lui parle hautement en faveur de la Divinité. Il la trouve en lui et hors de lui : en lui
> -1. parce qu'il sent bien qu'il n'est pas l'auteur de lui-même, et que pour comprendre com-
> ment il existe, il faut de nécessité recourir à une main souveraine qui l'ait tiré du néant ;
> -2. au-dehors de lui dans l'univers, qui ressemble à un champ de tableau où l'ouvrier
> parfait s'est peint lui-même dans son œuvre, autant qu'elle pouvoit en être l'image ; il ne
> sauroit ouvrir les yeux qu'il ne découvre par-tout autour de lui les traces d'une intelligence
> puissante et sans bornes. [...] Il n'est point vrai, quoi qu'en dise M. Bayle, que le magistrat
> législateur soit le premier instituteur de la religion. Pour s'en convaincre il ne faut que
> jeter les yeux sur l'antiquité grecque et romaine, et même barbare ; on y verra que jamais
> aucun législateur n'a entrepris de policer une nation, quelque barbare ou féroce qu'elle
> fût, qu'il n'y ait trouvé une religion : au contraire on voit que tous les législateurs, depuis
> celui des Thraces jusqu'à ceux des Amériquains, s'adresseront aux hordes sauvages qui
> composoient ces nations, comme leur parlant de la part des *dieux* qu'elles adoroient[23].

Les sauvages américains (Lafitau ?) sont désormais à l'intérieur d'un processus
de mondialisation de la raison et du savoir. D'autre part un déiste, comme le
sauvage Adario du Baron de Lahontan, n'est pas un athée. Il suffit de lire l'article
Athéisme pour s'en convaincre :

> il y a peu de gens qui pensent toujours conséquemment, surtout quand il s'agit d'un
> sujet aussi abstrait et aussi composé que l'est l'idée de la cause de toutes les choses, ou
> le gouvernement du monde. On ne peut regarder comme véritable athée que celui qui
> rejette l'idée d'une intelligence qui gouverne avec un certain dessein. Quelque idée
> qu'il se fasse de cette intelligence ; la supposât-il matérielle, limitée à certains égards,
> et tout cela n'est point encore l'athéisme. L'athéisme ne se borne pas à défigurer l'idée
> de Dieu, mais il la détruit entièrement[24].

La généralisation anthropologique trouve sa cohérence dans l'universalisation
du Siècle des Lumières : la foi en le Dieu des chrétiens ne repose pas sur la nécessité de croire à l'existence d'un Être Suprême en se basant sur la raison. L'une
et l'autre gouvernent deux ordres du monde bien distincts : la religion n'est pas
toujours une invention de la politique et la civilisation est bonne à penser sans
l'universalisme de la théologie. La civilisation de l'Occident ne peut pas se passer
de l'universalisme : ce n'est que grâce à une généralisation anthropologique du
monde que la religion peut sauver la catholicité de la foi et que la pensée philosophique peut cautionner le pouvoir et la puissance de la raison.

---

23 *Encyclopédie* 1751, IV, 976–977.
24 *Encyclopédie* 1751, I, 815.

Le miracle des missionnaires demeure essentiel dans la vision chrétienne de la vie et de l'histoire du XIXe siècle : pour Chateaubriand, ce sont les ambassadeurs de l'existence de Dieu et de l'immortalité de l'âme, les témoins chez les peuples les plus éloignés du *Génie du Christianisme*. Les missionnaires sont représentés comme des médiateurs à plusieurs niveaux dans *Atala* et *René*, deux récits symétriques et inverses de la même aventure pluriculturelle. Dans ces deux textes on retrouve toutes les structures qui ont caractérisé « la colonisation de l'imaginaire »[25] des premières expériences chrétiennes en Nouvelle-France : le métissage de la vie quotidienne, la construction pluriculturelle de la religion, les nouveaux rapports entre la nature et le surnaturel, les ravissements et les rêves de bonheur, le vague des passions et l'envol de l'imagination et, même, une structure impensable de la pitié qui redonne un sens à la vie, comme le dit le Père Souël au frère d'Amélie (et à nous) :

> Rien ne mérite, dans cette histoire, la pitié qu'on vous montre ici. Je vois un jeune homme entêté de chimères, à qui tout déplaît et qui s'est soustrait aux charges de la société pour se livrer à d'inutiles rêveries. On ne hait point, monsieur, un homme supérieur parce qu'on aperçoit le monde sous un jour odieux. On ne hait les hommes et la vie, que faute de voir assez loin[26].

L'invention pluriculturelle de Dieu et de la religion correspond à la première mondialisation qui introduit la morphologie du métissage social et des rapports entre les civilisations. Les « regards éloignés » de l'anthropologie et des littératures comparées ont encore besoin de cet apport de sens et de l'influence qu'il exerce sur la pensée pour faire face aux obligations éthiques que notre société nous présente. Dans notre civilisation qui vit à l'échelle mondiale, forcément placée sous le signe de la pluriculturalité, il nous faut étendre notre regard au monde des hommes pour narrer les aventures de la différence. L'histoire et la littérature, l'anthropologie et les sciences de l'homme doivent, à notre avis, accepter, d'un côté, le défi intellectuel et l'enjeu culturel de la mondialisation ; de l'autre, l'engagement civil et les pratiques politiques qu'implique toute imagination du futur. S'il est vrai que les récits naissent des contingences du présent pour donner un ordre à la vie sociale, il est aussi vrai que nous avons besoin de l'apport des récits pour essayer d'imaginer les perspectives de notre futur.

---

25 Gruzinski 1988.
26 Chateaubriand 1912, 78.

Bibliographie

BERNAND, Carmen et Serge Gruzinski : *De l'idolâtrie. Une archéologie des sciences religieuses.* Paris : Seuil 1988.

BRESSANI, Francesco Giuseppe : *Breve Relatione d'alcune missioni De' PP. della Compagnia di Gesù nella Nuova Francia.* Macerata 1653. Dans : Lucien Campeau 1996, VIII, 402–530.

CAMPEAU, Lucien : *Monumenta Novae Franciae*, vol. I–IX. Romae : Institutum Historicum Soc. Iesu 1967–2003.

CERTEAU, Michel de : *L'écriture de l'histoire.* Paris : Éditions Gallimard 1975.

– : « Histoire et anthropologie chez Lafitau ». Dans : Claude Blanckaert (dir.) : *Naissance de l'ethnologie ? Anthropologie et mission en Amérique XVI–XVII siècle.* Paris : Éditions du Cerf 1985, 63–89.

CHATEAUBRIAND, François-René de: *René.* Strasbourg : Ed. Heitz 1912.

DERRIDA, Jacques : *De la grammatologie.* Paris : Éditions de Minuit 1967.

Encyclopédie ou Dictionnaire raisonné des sciences, des arts et des métiers (sous la direction de Diderot et D'Alembert). Paris : 1751–1772.

FOUCAULT, Michel : *Les mots et les choses.* Paris : Éditions Gallimard 1966.

– : *L'archéologie du savoir.* Paris : Éditions Gallimard 1969.

GASBARRO, Nicola : « Per una storia della 'cosmologia culturale' delle missioni ». Dans : *Le culture dei missionari.* Roma : Bulzoni 2009, 7–69.

– : *Joseph-François Lafitau : Il viaggio della vita*, Milano : 24ORE Cultura 2014.

GRUZINSKI, Serge : *La colonisation de l'imaginaire. Sociétés indigènes et occidentalisation dans le Mexique espagnol.* Paris : Gallimard 1988.

JOGUES, Isaac : *Lettre au P. Jean Filleau*, Prov. Paris 1643. Dans : Lucien Campeau 1990, V, 592–625.

LAFITAU, Joseph-François : *Mœurs des sauvages Amériquains comparées aux mœurs des premiers temps.* Par le P. Lafitau de la Compagnie de Jésus, 2 vol. Paris : Saugrain l'aîné, Charles Estienne Hochereau 1724.

LAHONTAN, Louis Armand (baron de) : *Dialogues de Monsieur le Baron de Lahontan et d'un Sauvage, dans l'Amérique. Contenant une description exacte des mœurs et des coutumes de ces Peuples Sauvages. Avec les voyages du même en Portugal et en Danemarc, dans les quels on trouve des particularitez très curieuses, et qu'on n'avait point encore remarquées. Le tout enrichi de Cartes et de Figures* : Amsterdam : Chez la Veuve de Boeteman 1704.

LALEMANT, Jérôme: *Relation de ce qui s'est passé en la mission des Hurons, depuis le mois de juin de l'an 1639 jusques au mois de juin de l'année 1640.* Dans : Lucien Campeau 1989, IV, 650–741.

LE JEUNE, Paul : *Relation de ce qui s'est passé en la Nouvelle-France en l'année 1638*. Paris : Cramoisy 1638. Dans: Lucien Campeau 1989, IV, 73–180.

LÉVI-STRAUSS, Claude : *Anthropologie structurale*. Paris : Plon 1958.

RAGUENEAU, Paul : *Relation de ce qui s'est passé dans le Pays des Hurons, pays de la Nouvelle-France, ès années 1647 et 1648*. Paris : Cramoisy 1649. Dans : Lucien Campeau 1994, VII, 290–430.

VOLTAIRE, François-Marie Arouet : *Dictionnaire philosophique*. 1764. Dans : Voltaire : *Œuvres complètes*. Paris : Garnier 1878.

Kirsten Dickhaut
(Koblenz-Landau/Graz)

« Plaire et instruire » ou comment Molière présente les valeurs religieuses dans *L'École des femmes*

Le théâtre représente le genre le plus attaqué par l'Église au temps de Louis XIV[1]. Ainsi, il était impossible de représenter une pièce de théâtre sur scène – d'autant plus devant le roi – sans que le souverain lui-même et la censure n'autorisent la mise en scène et la publication qui avait lieu à l'époque après la première[2]. Parce que le roi était le représentant de Dieu sur terre[3], tout ce qui était autorisé de sa part était ou devait aussi être conforme aux préceptes de l'Église, du moins théoriquement[4]. Dans cette optique, les querelles suscitées par les pièces de Molière[5] démontrent à travers l'octroi ou le refus de l'autorisation du roi quelle importance y jouait l'argument religieux[6].

Notre relecture de *L'École des femmes* s'attache à montrer à quel point le devoir de la femme, tel qu'il est mis en scène à partir des maximes théoriques incluses dans la pièce, est substantiellement identique à celui enseigné par l'Église catholique. Il faut dès lors comprendre l'« école des femmes » comme une forme d'éducation qui vise les valeurs religieuses et doctrinaires, non dans le but d'être conformiste, mais comme une ruse, pour établir un genre au théâtre qui était jusque-là très critiqué par l'Église et concevoir une pièce capable de montrer sur scène les devoirs de la femme tels qu'ils sont enseignés par le catholicisme.

---

1 Fumaroli 1970, 1007–1030; Thirouin 2007 ; *Cf.* le projet sur « La Haine du théâtre » : http://obvil.paris-sorbonne.fr/projets/la-haine-du-theatre, ainsi que la bibliographie de François Lecercle : http://obvil.paris-sorbonne.fr/corpus/haine-theatre/bibliographie_querelle-france/.

2 Warning 1976; Chartier 1999; Forestier 2007.

3 Bloch 1924 ; Marin 1981 ; Apostolidès 1985 ; Maral 2012 ; Dickhaut 2014b.

4 Apostolidès 2005 ; Burke 2007.

5 Molière, *L'École des femmes* 2010, 393–481. *La Querelle de l'École des femmes* 1971. Jeanneret 2009, 45–56. *Cf.* aussi autour du *Tartuffe* (voir à ce propos la discussion rapportée dans Albert-Galtier 2000 ; Dickhaut 2009, Behrens 2011) et de *L'École des femmes,* Forestier, Bourqui, 1334–1355.

6 Magné 1972, 125–140; Magné 1973, 37–48 ; Baader 1976.

Ainsi, nous soutenons que la pièce met en scène une comédie qui saura à la fois « plaire et instruire »[7]. C'est par le plaisir qu'elle procure que la comédie peut revendiquer d'être aussi un moyen d'instruction.

L'École des femmes est la première grande comédie de Molière. Elle présente comme sujet l'éducation de la femme. La première eut lieu le 26 décembre 1662, en France, un jour après Noël[8]. Il y a donc plus de 350 ans que Molière a monté *L'École des femmes*. Aujourd'hui, sa pièce est jouée à tout moment de l'année, mais à l'époque, la période entre Noël et l'Épiphanie était considérée comme un moment propice au théâtre, comme le carnaval. Le sujet de l'éducation, donc de l'instruction, importait beaucoup à Molière puisque l'année précédente il avait déjà mis en scène *L'École des maris*, et qu'après la Querelle qui s'ensuivit, il écrivit encore *La Critique de l'école des femmes* et *L'Impromptu de Versailles*, toutes deux mises en scène en 1663[9]. Pourquoi portait-il un tel intérêt à l'éducation ? Selon Aristote, l'éducation permet de présenter un sujet qui – d'une manière métaphorique – est la tâche fondamentale de la tragédie. En représentant ce sujet sur un mode comique, d'une manière plaisante, Molière parvient à établir la comédie comme une pièce de théâtre sérieuse. Elle s'élève alors du point de vue poétologique au niveau de sa sœur tragique. Ainsi, son intérêt porté à la femme et au système éducatif est avant tout stratégique. Il sert à valoriser la comédie en profitant des valeurs établies par l'Église pour garantir son support, ou au moins éviter la critique de celle-ci. L'éducation est censée garantir que la comédie puisse non seulement faire rire, mais aussi susciter l'intérêt pour une réflexion sur la manière d'instruire.

1. Deux modèles d'éducation : éduquer par des leçons ou instruire par l'amour

Dans *L'École des femmes*, nous avons affaire à neuf personnages, dont trois présentent des caractères prononcés et se trouvent au centre de l'intrigue : Arnolphe, Agnès et Horace ; donc un personnage âge et un personnage jeune aiment la même femme : Agnès. C'est Arnolphe qui s'occupe à la campagne de

---

7   La valeur et la signification du « plaire et instruire » au sens d'Horace sont bien connues dans le classicisme français. Une étude systématique du rôle que joue la formule du « plaire et instruire » fait cependant toujours défaut dans la recherche. *Cf.* l'exception à cette observation : Piéjus 2007 ; Armogathe 2008 ; Dauvois 2008.

8   Magné 1973, 37 ; Teulade [et al.] 2013.

9   Forestier, Bourqui 2010 ; Teulade 2013.

l'éducation d'Agnès. Pour des raisons d'unité d'emplacement, toute l'action se passe dans un « lieu » de rencontre des protagonistes. Agnès, la pupille d'Arnolphe, a été élevée dans un couvent et se trouve maintenant dans la maison de son tuteur, loin du monde pour qu'elle puisse rester dans la plus grande ignorance et innocence. Le couvent représente dans la pièce le garant de l'éducation catholique pour la femme qui – d'après le portrait que nous en donne Agnès – est très limitée en connaissances et donc plutôt modeste. C'est ainsi qu'Arnolphe voudrait l'épouser.

Il souhaite pour lui une femme qui – comme l'explique la maxime – se laisse former « comme de la cire »[10] ; une femme, comme il le dit, « d'une ignorance extrême, et c'est assez pour elle, à vous en bien parler, de savoir prier Dieu, m'aimer, coudre et filer »[11]. Cette « ignorance extrême » est pour Arnolphe une sorte d'assurance vie, car il pense pouvoir ainsi éviter toute tromperie en se mariant avec une femme sotte. Elle sera suffisamment instruite pour lui si elle sait prier Dieu, aimer son mari, coudre et filer. Elle doit donc, selon le concept de l'*oiconomia*, s'occuper de la maison, de son mari et avant tout de sa pratique religieuse[12].

Le parallélisme entre 'prier Dieu' et 'aimer son époux' suffit à montrer que le rapport entre le mari et la femme est ici semblable à celui entre Dieu et l'homme[13]. Il témoigne des rapports de dépendance et de subordination dont se réjouit déjà Arnolphe. Pendant son absence, il ne peut contrôler les faits et gestes d'Agnès. Elle fait donc la rencontre d'Horace de son balcon, sans quitter la maison. Ils tombent amoureux, et comme dans toute comédie, *L'École des femmes* prendra soin, après maints obstacles, de marier les deux amants. En effet, à la fin de la pièce, le vrai père d'Agnès, revenant d'un voyage, produira un coup de théâtre et permettra, à l'instar d'un deus ex machina, son dénouement heureux : sorte d'happy-end pour les deux amoureux qui procure à la comédie sa fin 'classique'.

Nous avons ainsi affaire à deux modèles : Arnolphe incarne l'amant bien plus âgé, alors que Horace représente le jeune amant. Bien entendu, l'opposition entre les deux personnages n'est pas seulement physique, elle est avant tout d'ordre

---

10 Molière, *L'École des femmes*, acte III, scène 3, v. 810.
11 *Ibid.*, acte I, scène 1, vv. 99–102.
12 Brunner 1968, 103–127 ; Foucault 1976–1984 ; Flandrin 1983 ; Steinberger 1996 ; Jeanneret 2009 ; Steigerwald 2012.
13 Dickhaut 2014.

intellectuel. Le premier modèle est ridicule, le deuxième plaisant[14]. Avec ces deux caractéristiques, ils représentent aussi deux façons différentes de considérer la femme. Regardons donc les deux modèles, Arnolphe et Horace, de plus près en analysant leurs manières de voir Agnès qui représente le sujet de l'éducation religieuse. Pour Arnolphe, la femme est un être dangereux, parce qu'elle est un être double. La peur d'Arnolphe d'une femme instruite n'est pas une crainte individuelle, c'est toute une époque qui pense ainsi[15].

Nous pouvons observer cette façon de penser dans l'estampe intitulée *La vraye femme. Une figure à deux corps, d'un côté femme, de l'autre satyre*[16]. La mentalité de l'époque s'y reflète, car nous voyons un être qui est moitié femme, moitié diable. La 'vraie' femme est considérée « comme un être double [...] : le bien et le mal, le vice et la vertu, la bonté et la méchanceté »[17]. L'estampe (cf. figure 1) date de 1640 et porte un titre désignant une sorte de caméléon, avec une moitié diabolique, à gauche, et une moitié angélique, à droite avec l'éventail. Elle porte un balai (ou un fouet), signe de la sorcière, et l'arme est dirigée contre le mari, car – comme le dit l'ekphrasis –, « elle est l'ange dans l'église et diable à la maison »[18]. Arnolphe a peur d'une telle femme et c'est pourquoi il prend tant de précautions à modeler sa future femme, innocente et naïve, pour qu'elle ne puisse faire aucun mal, afin de ne pas laisser apparaître le côté diabolique de sa nature, compris à l'époque au sens propre et non pas, comme aujourd'hui, au sens figuré. Grâce à l'éducation, il pourra, pense-t-il, contrôler le côté mauvais de la femme.

---

14 Bensoussan 1995.

15 Ariès 1973 ; Chartier 1976 ; Timmermanns 1993 ; Davis, Farge 2002 ; Beauvalet-Boutouyrie 2003.

16 *Cf.* Beauvalet-Boutouyrie 2003, 49.

17 Beauvalet-Boutouyrie 2003, 48.

18 La vignette explique : « Ce Monstre horrible à double teste, Passant ne t'effraye il point : Et toutes fois ô grosse beste, Tu l'as tes costes assez souvent conjoint. Considère ce Monstre infame Qui n'entend aucune raison Tu verras que c'est une femme, Qui est l'Ange en l'Eglise et diable en la maison » Beauvalet-Boutouyrie 2003, 49.

Fig. 1 : *La vraye femme. Une figure à deux corps, d'un côté femme, de l'autre satyre (1642–43 ?), estampe, gravure au burin, Paris, Bibliothèque nationale de France, Département des Estampes et de la photographie, RESERVE QB – 201 (36) – FOL, in : Michel Hennin (Hg.), Estampes relatives à l'Histoire de France. Tome 36, Pièces 3193–3304; Paris : © BNF.*

Une fois qu'Arnolphe a découvert qu'Agnès et Horace s'aiment, donc qu'il se sent trompé par elle malgré toutes ses précautions, il la considère subitement aussi comme méchante, sorcière, diablesse. Il dit en aparté (donc au public) en parlant d'Agnès : « Ah ! Sorcière maudite, empoisonneuse d'âme »[19].

Ce n'est pas une simple métaphore, un juron, c'est véritablement l'expression littérale de sa pensée sur la femme, qui, comme sur la gravure, fait apparaître sa moitié satanique. Il se sent blessé comme s'il était déjà marié. Il se méfie de ces bêtes, des griffes de ces dames, car le côté méchant se voit aussi dans les aspects animaliers de son corps. Arnolphe explique aux spectateurs la nature bestiale des femmes dans un aparté :

> [Elles] ont de beaux canons, force rubans et plumes,
> Grands cheveux, belles dents, et des propos fort doux :
> Mais comme je vous dis la griffe est là-dessous,
> Et ce sont vrais Satans, dont la gueule altérée
> De l'honneur féminin cherche à faire curée[20].

Le diable[21] prend possession des femmes et détruit leur honneur. Arnolphe craint que la moitié méchante et satanique ne resurgisse et que la femme ne devienne diablesse comme sur la gravure en montrant l'autre côté de sa nature. Rappelons la position théologique de l'âge classique vis-à-vis de la femme :

> Le christianisme a très tôt intégré cette dimension dans son discours et, tout au long de l'époque moderne [donc l'âge classique], les clercs vont reprendre et véhiculer un discours ambigu et le plus souvent hostile, la femme étant certes valorisée par son rôle de mère [...], mais toujours identifiée comme un dangereux agent de Satan (à l'image d'Ève, qui fit tomber Adam). L'identification de la femme à Satan n'est donc pas nouvelle mais, formulée avec une malveillance particulière dès le début du XVIe siècle, elle est diffusée comme jamais auparavant grâce à l'imprimerie [et encouragée par la chasse aux sorcières][22].

Pour bannir ce danger, il est nécessaire de prendre deux mesures. Première-ment, la femme est donnée à l'homme parce qu'on considère qu'elle a besoin de l'homme pour être dirigée. Deuxièmement, l'éducation de la femme doit se

---

19 Molière, *L'École des femmes*, acte I, scène 1, v. 535.

20 *Ibid.*, acte III, scène. 1, vv. 651–656.

21 La question du diable et la perspective chrétienne sont souvent discutées, cependant la recherche tend toujours vers l'idée d'un Molière libertin. Un des rares articles qui se penche sur le christianisme des textes moliéresques est à côté de Bernard Magné le suivant : Pennone 2005, 181–206.

22 Szarota 1987 ; Beauvalet-Boutouyrie 2003, 7.

concentrer sur la morale chrétienne. Ainsi, instruire ne veut pas dire donner des informations ou former des compétences, mais avant tout limiter le danger que représente la femme en tant qu'être satanique. En tant que telle, ses actions doivent être contrôlées.

Les idées présentées par Arnolphe ne sont pas simplement l'expression d'une exagération provoquant le rire. Le comique vient ici d'une idée ridicule, considérée à l'époque de Molière cependant comme naturelle par la majorité mais à propos de laquelle on se dispute tout de même. L'homme a le pouvoir, et la femme dépend de lui. La comédie permet ici de problématiser de manière plaisante l'idée de la défense de l'instruction des femmes. Ce qui nous semble être le résultat d'une exagération voulue par Molière dévoile en réalité la règle de la pratique sociale du XVIIe siècle, le modèle religieux de l'*oiconomia*. Ce qui nous semble être 'normal', la liberté et l'instruction de la femme, était alors l'exception à la règle[23]. Mais il s'agit d'une exception qui était soutenue par le roi pour des raisons politiques :

> Il est sans doute vrai que, quels que soient, au plan individuel, les sentiments religieux de Molière, dont nous n'avons pas à débattre, *L'École des femmes* ne comporte pas d'attaque contre les croyances religieuses considérées pour elles-mêmes, au plan de leur validité philosophique, si l'on veut. Ce qui est visé et dénoncé sans équivoque, c'est l'idéologie religieuse comme instrument d'oppression, ici plus précisément comme instrument d'aliénation de la femme[24].

Dans ce contexte, la notion de badinage[25] devient centrale pour exprimer la relation des sexes telle que la voient Arnolphe et Horace. Pour Arnolphe, le badinage est un mot libertin qui ne désigne pas uniquement le jeu mais aussi l'amusement libertin[26]. Le terme date d'ailleurs de la même année que la comédie de Molière, qui pourrait même être la source de sa création[27]. Arnolphe explique le sérieux de la liaison matrimoniale en disant : « Le mariage, Agnès, n'est pas un badinage »[28]. La connotation du badinage renvoie clairement aux implications du diable. Or, ce qui fait rire le spectateur n'est pas le fait qu'Arnolphe réclame une attitude sérieuse par rapport au mariage, mais une réplique d'Horace qui

---

23   Voir à ce propos aussi la querelle de la femme : Defrenne 1992; Dejean 2002.
24   Magné 1973, 44 ; Dandrey 1992 ; 1996 ; 2002.
25   Art. 'Jeu', in : Corneille 1694, 562–564 ; 'Badinage', [Trévoux] 1721, 789–790.
26   La critique des contemporains se base souvent sur la critique du théâtre : Fumaroli 1970. La scène fondamentale pour la discussion reste toujours celle autour du 'ruban'.
27   Grand Robert, 1146.
28   Molière, *L'École des femmes*, v. 695.

dit que ce que M. de la Souche, Arnolphe de son prénom, craignait est en fait déjà une réalité :

> HORACE : Trouvez-vous pas plaisant de voir quel personnage.
> A joué mon jaloux dans tout ce badinage ?[29]

Malgré tous les efforts d'Arnolphe, le jeune homme se moque de lui et les jeunes gagneront à la fin de la comédie. Arnolphe ne peut que concentrer ses actions sur Agnès. La scène centrale, qui montre dans la comédie l'éducation de la femme, se présente d'une manière très simple. Mais cette scène est cardinale et a été ainsi intégrée dans le frontispice (fig. 2). Arnolphe proclame à Agnès ses droits et ses devoirs, donc les lois de la femme et les limites de sa liberté, tel que l'Église catholique l'exigeait. Il fait lire à Agnès les maximes du mariage.

> ARNOLPHE : Agnès, pour m'écouter, laissez là votre ouvrage.
> Levez un peu la tête, et tournez le visage.
> Là, regardez-moi là, durant cet entretien,
> Et jusqu'au moindre mot imprimez-le vous bien[30].

Molière met en scène, avec peu de mots, le programme de l'éducation d'Arnolphe. Selon les mœurs de l'époque, la personne assise était plus respectée que la personne debout. C'était l'ordre de la politesse, une vraie pédagogie[31] qui en est la pratique. C'est pourquoi Arnolphe est assis dans la représentation du frontispice et qu'il dirige Agnès quant à sa position soumise, soit l'attitude mentale et physique à prendre. Il est un artiste, tout comme Pygmalion, qui crée sa femme. Elle reste donc debout, comme si elle était punie, et Arnolphe la dirige, ainsi que ses pensées et son corps. C'est ce que tous voulaient : l'Église, donc Dieu, le petit Père du peuple et le futur mari.

« Laissez l'ouvrage », dit Arnolphe, ne vous occupez plus du travail, car coudre ou filer sont moins importants, bien sûr, que l'attention que la femme doit porter à l'homme. C'est une leçon de morale chrétienne qu'Agnès reçoit en lisant.

---

29 *Ibid.*, vv. 924ff.
30 *Ibid.*, acte III, scène 2, vv. 675–679.
31 Van Den Berg 1960 ; Lebrun, Venard, Quéniart 1981 ; Johnson 1982 ; Johnson 1982b, 165–182 ; Grafton 1994 ; Malachy 1999 ; Troger, Borbalan 2005 ; Herzel 2006, 183–92 ; Houle 2001, 46–54.

Fig. 2 : *François Chauveau (1613–76); gravure de 1663. Frontispice de l'édition originale de L'École des femmes; Paris : BNF.*

Cette situation ne comporte pas d'effet comique, bien au contraire. Le spectateur remarque que la scène est fondamentale, car existentielle, pour Agnès. Arnolphe exige qu'elle se concentre de telle façon qu'elle puisse retenir les mots de l'homme par cœur. Or malgré toutes les maximes de mariage qu'Agnès doit lire par la suite à haute voix, elle en est seulement triste, d'une tristesse rendue par ses larmes.

L'amour lui enseignera différemment et Agnès tombera amoureuse d'Horace tout en devenant lentement indépendante d'Arnolphe. Le choix entre l'image négative, autoritaire d'Arnolphe, et l'image positive et séduisante d'Horace, est facile à faire. Par le plaisir de voir un couple heureux, par le plaisir de participer à la joie de l'amour des autres, les spectateurs comprennent que la proposition d'Arnolphe d'épouser la jeune femme est ridicule. De son côté, Agnès apprend par l'amour à réclamer le droit de choisir elle-même son mari, qui sera Horace, le représentant du modèle plaisant. Mais ce n'est pas pour autant parce qu'Horace plaît qu'il ne soutient pas le système mis en place par la religion catholique, bien au contraire.

Comment est-ce que Horace voit l'éducation des femmes ? Par rapport à Agnès, il dit tout simplement :

> Il le faut avouer, l'amour est un grand maître,
> Ce qu'on ne fut jamais il nous enseigne à l'être,
> Et souvent de nos mœurs l'absolu changement
> Devient par ses leçons l'ouvrage d'un moment.
> [...].
> Et donne de l'esprit à la plus innocente :
> Oui, ce dernier miracle éclate dans Agnès[32].

Arnolphe s'est présenté comme le maître d'Agnès en lui procurant de la lecture, avant tout à base de morale chrétienne, pour savoir se comporter dans la maison de son mari. Horace, au contraire, ne lui enseigne pas ; il laisse enseigner. Il dit qu'Agnès a été instruite par l'amour. C'est crucial, car la comédie comporte 1800 vers et le vers 900, tout au milieu, dit : « l'amour est un grand maître ». Tout le passage semble métaphorique, mais sa signification est avant tout littérale. L'idée exprimée est donc centrale et fondamentale. L'instruction se fait par la pratique, par l'imitation des modèles, et par l'amour.

La phrase exprime trois aspects qui qualifient cette éducation : *d'abord*, que cette éducation par l'amour est certainement plaisante ; *ensuite*, qu'Agnès apprend avec un tel maître facilement et volontiers ; *enfin*, que c'est ainsi qu'elle a appris, comme le dit le texte, les leçons rapides. C'est l'ouvrage d'un moment

---

32 Molière, *L'École des femmes*, vv. 900–903, 909–910, acte III, scène 4, 442.

et le résultat est merveilleux ; c'est un vrai miracle, dit Horace. Une innocente se révèle être une femme d'esprit. Et ce constat est valable autant pour l'amour que pour la comédie, car tous deux donnent du plaisir. Or, l'amour est – ce qui importe à Molière – le centre de la morale chrétienne. Ainsi, il n'y a pas de contradiction entre l'homme qui interdit en disant que le mariage n'est pas un badinage et celui qui plaît. Bien au contraire, l'antithèse est entre l'homme qui instruit par la théorie, Arnolphe, et celui qui enseigne par la pratique, à savoir Horace[33].

Nous retenons donc pour conclure la première partie de notre analyse que Molière n'a pas choisi le sujet de l'éducation pour pratiquer un féminisme avant la lettre, mais pour dénoncer un anti-féminisme, bien entendu qui n'était ni nommé, ni pensé et ni pratiqué comme tel à l'époque[34]. Ce sujet se comprend dans un sens métaphorique : l'éducation, c'est l'instruction, la civilité. Le dramaturge développe sur scène les arguments pour une instruction par le plaisir amoureux. L'hypothèse que la comédie se moque de l'éducation autoritaire et recommande l'instruction naturelle par le plaisir se révèle convaincante puisque son représentant, Horace, emportera la victoire et se mariera avec Agnès. L'éducation par l'amour d'Agnès en donne la preuve, elle est galante. L'hypothèse se manifeste aussi sur le plan des débats de l'époque, en problématisant une éducation de type autoritaire.

En revanche, *L'École des femmes* ne comporte pas d'attaque contre les croyances religieuses ; ce qui est visé et dénoncé c'est, comme le formule Bernard Magné, « l'idéologie religieuse comme instrument d'oppression »[35]. Enfin elle se manifeste sur le plan de la comédie par son succès et par les louanges qu'en donnera encore Boileau, le futur auteur de l'*Art poétique*[36]. Il reste à savoir pourquoi s'établit une telle homologie d'intérêt entre le roi et Molière[37].

2. Plaire et instruire – valeur morale et esthétique

Comme nous l'avons vu, Arnolphe considère la femme comme étant moitié diable, moitié humaine ; Horace la trouve tout simplement belle. L'un éduque par les livres, l'autre laisse l'amour enseigner. Il n'est pas étonnant que derrière ces conceptions se retrouve aussi l'idée d'Arnolphe d'une éducation par les livres, telle que le frontispice la met en scène. C'est une représentation érudite

---

33 Viala 2008.
34 Querelles des femmes.
35 Magné 1973, 44.
36 Piéjus 2007 ; Schulze-Witzenrath 1978, 154–178.
37 *Cf.* à ce propos : Goubert 2014, 194: « L'église soumise au roi ».

qui déplaisait aux honnêtes gens de 'la cour et de la ville'[38]. Pour les courtisans de l'époque, l'éducation par les livres était le modèle ancien qui ne recherchait aucun plaisir dans l'instruction.

Molière, avec son paradoxe d'un plaisir qui instruit et d'une instruction qui fait rire et plaît, a réussi malgré les critiques. Il a ainsi démontré sur scène qu'il est possible d'enseigner la morale chrétienne par la pratique de l'amour. Il participe avec ses comédies au système des galants[39]. La problématique du rapport religieux est la réflexion théorique représentée par Arnolphe. C'est pourquoi il ridiculise les maximes du mariage. Mais encore une fois, ce n'est pas leur contenu mais le contenant qui déplaît. C'est la manière d'enseigner, et non les valeurs de la religion, qui est tournée en dérision sur la scène. Les valeurs sont toujours les mêmes, et pour l'Église, pour 'la cour et la ville', et pour Molière, mais c'est la manière d'enseigner d'Arnolphe qui déplaît à ces derniers. C'est une pratique sociale, une entente humaine que la comédie chérit qui rappelle ainsi l'éthique aristotélicienne.

C'est ainsi, aussi, que le modèle instructif et enseignant déplaît à Agnès, alors que le plaisant instructeur, Horace, l'enseigne aussi bien par l'amour, lui apportant du plaisir dans tous les sens du terme, ce qui reste bien ambigu. Autant Arnolphe échoue dans sa manière de vouloir enseigner par les livres, autant Horace réussit : il représente le plaisir instructif. C'est en même temps aussi la formule qui caractérise le but de la comédie, car le plaisant et non le ridicule est ce qui est recherché.

Une pédagogie déplaisante n'est pas promue à l'époque par le roi, d'une part pour éviter de renforcer le pouvoir de l'Église, d'autre part parce que la cour exige la galanterie en opposition au principe de la science. C'est la base de l'absolutisme du règne de Louis XIV[40]. Bernard Magné a pu démontrer à quel point l'intérêt de Louis XIV profite de la critique idéologique du religieux comme moyen d'oppression, signe de pouvoir que le souverain ne peut tolérer. Il reste toutefois la question pourquoi Molière a choisi le sujet de l'éducation pour sa première grande comédie. Le fait de vouloir plaire au roi et aux galants est-elle une réponse suffisante et adéquate ? Le rire royal exprime un acte souverain en faveur de la pièce, certes, mais il ne nous explique pas pourquoi le sujet importait tant non tant à l'auteur, mais à toute une époque pour qu'une comédie puisse en faire un sujet quasi commun.

---

38 Auerbach 1951.
39 Viala 2008.
40 Magné 1973.

L'une des façons de régner était une manière de former les courtisans, pour produire chez eux une attitude favorable. Comme nous le savons des études sur la *paideia*[41], le rôle que jouait la littérature dans l'enseignement était fondamental à l'époque. La comédie ne faisait pas exception. Bien au contraire, elle fait partie du système courtois[42]. C'est pourquoi elle était aussi l'un des sujets des Académiciens, avant tout de Guez de Balzac. Son influence sur les discussions du théâtre à l'époque est bien connue. Il est cependant surprenant à quel point ses lettres ont pu servir de modèle à Molière.

Ce qui est beau et ce qui est bon, ce sont les jugements des catégories qu'Arnophe et Horace représentent, le ridicule et le plaisant. Ce qui est beau et ce qui est bon, ce sont aussi les catégories – dans la perspective d'une réception platonicienne et d'une éthique aristotélicienne bien entendu – qui sont au centre de l'intérêt de Balzac. Pour lui, la comédie a une fonction avant tout instructive. Il lui ouvre une voix nouvelle, permettant au genre comique de réfléchir aux idées galantes, comme le statut de la femme, le rire comme propre de l'homme et le religieux. Balzac occupait, en tant que membre de l'Académie française, une position importante chez ses contemporains, ce qui rend l'hypothèse bien probable que Molière connaissait son texte de 1644 sur la comédie : « Du caractère et de l'instruction de la Comédie »[43].

Balzac écrit : « Il faut peu de livres pour être savant, mais il en faut beaucoup moins pour être sage ; et il est certain qu'il y a beaucoup de gens qui se servent d'ordinaire de la science contre la raison. Ils chargent toujours leur mémoire et ne songent jamais à former ni à cultiver leur jugement. Copistes, récitateurs, allégateurs éternels, ils ne disent rien, ils ne savent que redire »[44]. D'après ce jugement, il faut un régime en conformité avec le principe aristotélicien du « *mesotes* », le juste milieu, pour réussir et pour pouvoir utiliser sa raison à juste titre. Par ailleurs, il promeut le naturel, ainsi la comédie est-elle valorisée.

C'est pourquoi Balzac critique aussi « les femmes savantes » qui recherche trop le savoir et non la raison : « La pédanterie n'est pas supportable en un maître-ès-arts, comment le sera-t-elle en une femme ? »[45] Ce commentaire, au sens de l'éthique aristotélicienne, figure sous le titre de la comédie « *des femmes savantes* », dans laquelle Molière avait cité dans l'acte II, scène 7, à travers le discours

---

41 Jaeger 1936 ; Garin 1964–67 ; Bury 1993; Dickhaut 2010.
42 Bourdieu 1964 ; 1979 ; 1998.
43 Guez de Balzac 1808 ; *cf.* Sutcliffe 1959 ; Zuber 1968 ; Brooks 1971 ; Bury 1998.
44 Guez de Balzac 1808, 244.
45 *Ibid.*, 256.

de Chrysale « Malherbe et Balzac »[46]. Ce jeu des références montre qu'ils ne se connaissaient pas seulement mais qu'ils se lisaient aussi. Ceci est fondamental, car dans son texte sur la comédie, Balzac combine l'instruction et le genre comique pour démontrer la possibilité de la comédie de participer au système instructif, qui était jusque-là réservé au genre sérieux selon l'idéologie chrétienne.

La manière d'instruire est ainsi développée par Balzac en décrivant la fonction de la comédie :

> C'est ainsi que la moralité et l'instruction doivent être distribuées dans les divers endroits du poeme comique. Elles doivent s'espandre invisiblement et doucement comme le sang coule dans les veines et partout le corps ; mais elles ne doivent pas s'y jeter en foule et avec ardeur, comme le sang sort de ses vaisseaux naturels et se déborde une ébullition violente[47].

Par son argumentaire, Balzac nous fait comprendre que la comédie est le genre par excellence pour instruire par la dissimulation de l'éducation dans une pratique plaisante et récréative. C'est le modèle appliqué par Molière. La méthode d'Arnolphe est déconseillée, car il parle d'éducation et lit avec Agnès ce qu'il faut faire et ne pas faire, alors qu'Horace la lui fait sentir comme une caresse. Balzac explique :

> Il faut sentir l'instruction, mais il ne faut pas la voir. Il faut qu'elle soit dans toutes les parties du poeme, mais il ne faut pas qu'elle s'y montre ; il ne faut pas qu'elle dise elle-même : *j'y suis*[48].

C'est le modèle de Balzac que Molière applique. Cependant, il ne fait pas que le pratiquer, il le reprend littéralement en représentant le 'visible', c'est-à-dire l'instruction religieuse, dans le personnage d'Arnolphe, et le 'sensible', c'est-à-dire l'enseignement galant, dans son adversaire Horace. Ainsi les figures deviennent des porte-paroles de ces conceptions antithétiques et rappellent de la sorte le mode allégorique, mais sans le reproduire. Et que représentent-ils ? Ce ne sont pas des modèles à suivre parce que l'un prêche l'éthique de la religion chrétienne et l'autre l'amour galant, bien au contraire. Tous deux représentent l'amour chrétien et sont conformes au système, mais leurs manières – au sens propre – de l'être correspondent ou ne correspondent pas avec le système courtois. Horace est un courtisan, chez qui les manières sont naturelles ; Arnolphe ne les connaît pas et il les rejette.

---

46 Molière, *Les femmes savantes*, acte II, scène 7, v. 533.
47 Guez de Balzac 1808, 270.
48 Guez de Balzac 1808, 270.

C'est dans cette logique de porte-paroles que Balzac avait comparé la femme à la comédie : « Ils ont fait de la comédie ce que les maîtres font de leurs servantes quand ils les épousent : ils lui ont fait changer d'état et de condition : ils sont cause que ce n'est plus elle ». En empêchant le mariage d'Agnès avec Arnolphe, Molière évite ainsi que la comédie – qui ressemble donc à la femme – change d'état et de condition. Il arrive à lui ouvrir et à lui montrer la voie qui est la sienne – celle de la courtoisie, de la cour et des genres littéraires établis. Malgré tout, Arnolphe lutte désespérément contre l'établissement de la femme qui représente la comédie.

Tout est organisé comme dans le *Misanthrope*, comme nous l'explique le protagoniste portant son nom au début de la comédie : « Je veux qu'on soit sincère, et qu'en homme d'honneur, / On ne lâche aucun mot qui ne parte du cœur »[49]. La sincérité exigée par Alceste est comparable à celle que désire Arnolphe en amour. Il ne cherche pas des manières, des modes ou de la beauté. Le plaisir qui se trouve dans le badinage lui paraît étrange, voire suspect. Il se méfie des compliments[50]. Arnolphe : « Et tous ces compliments sont choses inutiles »[51]. Arnolphe ne comprend pas que ces « choses inutiles » font partie des besoins de l'homme et de la femme, à la cour autant que dans la civilisation. C'est pourquoi il ne comprend pas non plus que cette rhétorique dont il parle ne corresponde pas à celle qui est pratiquée à la cour. Il y a donc deux rhétoriques, une érudite et une naturelle. Les deux protagonistes de la comédie les incarnent. Ce sont les manières qui s'opposent, mais non les valeurs qu'ils véhiculent. D'une façon analogue, Balzac explique la différence :

> Ils ne se souviennent pas qu'il y a deux sortes d'éloquences, l'une pure, libre et naturelle, l'autre figurée, contrainte et *apprise* ; l'une du monde, l'autre de l'école ; l'une qui n'a rien que le sens commun ne puisse dicter, l'autre qui conserve l'odeur et la teinture des livres et des sciences[52].

Cette explication résume la pratique d'Arnolphe et d'Horace. Ainsi, l'intérêt de la pièce et de l'époque par rapport à l'instruction n'est pas de connaître le canon intellectuel à lire ; il n'est pas non plus question de remettre en cause le

---

49 Molière, *Le Misanthrope*, acte I, scène 1, vv. 34–35.

50 « Alceste : Ces affables donneurs d'embrassades frivoles, / Ces obligeants diseurs d'inutiles paroles, / Qui de civilités, avec tous, font combat, / Et traitent du même air, l'honnête homme, et le fat. / Quel avantage a-t-on qu'un homme vous caresse, / Vous jure amitié, foi, zèle, estime, tendresse, / Et vous fasse de vous, un éloge éclatant, / Lorsqu'au premier faquin, il court en faire autant ? Molière *Le Misanthrope*, v. 43–50.

51 Molière, *L'École des femmes*, Acte I, Scène 4, v, 279.

52 Guez de Balzac 1808, 273 ; *cf.* Bray 1974 (1931) ; Fumaroli 1981 ; Behrens 1982.

système de l'*oiconomia*, ni de mettre en scène une sorte de féminisme avant la lettre, même si l'effet produit peut promouvoir une telle lecture. La simple idée qui est représentée par *L'École des femmes* est d'une tout autre nature mais tout aussi fondamentale : il s'agit de montrer que le plaisir d'instruire correspond exactement à la pratique courtoise *et* aux principes de la comédie. Représenter sur scène cette congruence est un véritable coup de théâtre, car ainsi chacune des trois notions différentes est là pour valoriser l'autre : Horace donne du plaisir à Agnès en lui enseignant, ce qui donne du plaisir au spectateur. Ce plaisir est le propre de la galanterie *et* de la comédie. En confirmant le système de la cour par cette conception antithétique, tel que le souhaite le roi, Molière ne laisse plus de choix au spectateur, car le plaisir de la salle correspond à l'acceptation de la comédie qui instruit par le plaisir. C'est ainsi qu'il établit le genre de la comédie comme sérieux et qu'il met en scène une première 'grande comédie'.

Ce ne peut être qu'un atout supplémentaire que le tout corresponde en plus aux valeurs chrétiennes et se manifeste une fois de plus quand on regarde les arguments de Balzac qui écrit :

> Ces écrivains monstrueux ont sans doute oui parler de la doctrine du théâtre et de la partie morale de la comédie. Quelqu'un leur ayant dit que les poetes comiques enseignaient, et qu'ils étaient appelés docteurs, ils ont pris ce mot à la lettre, et se sont imaginé que, pour passer maîtres, il fallait dogmatiser et venir étaler sur la scène les plus subtiles connaissances qu'ils avaient acquises à l'école.

> Ils ont certes admirablement réussi en ce beau dessein. On trouve dans leurs poemes, tous les lieux communs, toute la crudité, toute l'indigestion de leurs études.

> Ils sont ridicules, ces faux sérieux, et sont ridicules, sans pouvoir faire rire, parce qu'ils sont ridicules, sans être plaisans : ils haranguent, ils prêchent, ils déclament, et ne se souviennent pas que la condamnation des déclamations en amour est formelle, dans ce vers d'un homme qui a été, tout ensemble, poete amoureux et déclamateur :

> 465 Quis nisi mentis inopsteneradeclamatamica ? (PubliusOvidiusNaso, *Arsamatoria*)[53].

Dans la tradition de la morale chrétienne, il est bien connu de vouloir guérir la maladie d'amour par les conseils d'Ovide. La réception d'Ovide permet de réguler les discours de l'amour. Lui aussi, comme les courtisans, conseille d'éviter ce que pratique Arnolphe. Le naturel devient donc le principe de la galanterie, de la comédie et de l'instruction, mais ce qui est remarquable, c'est la prise en compte des valeurs chrétiennes dans ce modèle naturel pour établir le genre comique en

---

53 Guez de Balzac 1808, 272, 273.

tant que mode réfléchi, comme un théâtre d'idées. C'est ce que Molière soutient aussi dans *La Critique de l'École des Femmes* :

> Mais lorsque vous peignez les hommes, il faut peindre d'après nature ; on veut que ces portraits ressemblent ; et vous n'avez rien fait si vous n'y faites reconnaître les gens de votre siècle. En un mot, dans les pièces sérieuses, il suffit, pour n'être point blâmé, de dire des choses qui soient de bon sens, et bien écrites : mais ce n'est pas assez dans les autres ; il y faut plaisanter ; et c'est une étrange entreprise que celle de faire rire les honnêtes gens[54].

La comédie est capable de plaire aux nobles tout en décrivant la nature de l'homme[55]. C'est pourquoi elle peut être considérée comme un genre moraliste, car elle est toujours pleine de 'bon sens' et 'bien écrite', ce qui était pour la cour une nouveauté. Jusque-là, en effet, le genre comique qui brillait par le bon sens était connu et conçu comme tragi-comédie. La comédie nouvellement établie peut alors faire concurrence à la tragédie. Que Molière ait seulement réfléchi dans les préfaces sur le genre comique et qu'il n'ait pas écrit d'apologies de la comédie correspond à cette pratique qui ne veut pas que les idées soient dites, mais qu'elles soient, tout naturellement.

Bibliographie

GUEZ DE BALZAC, Jean-Louis : « Du caractère et de l'instruction de la Comédie ». Dans : Pensées de Balzac, de l'Académie française, précédés d'observations sur cet écrivain et sur le siècle ou il a vécu par M. Mersan. Paris : Potey 1808, 264–272.

MOLIÈRE : « La Critique de l'École des femmes ». Dans : Molière : *Œuvres complètes*. Georges Forestier, Claude Bourqui (dir.) : Paris : Gallimard 2010, 485–518.

– « L'École des femmes ». Dans : Molière : *Œuvres complètes*. Georges Forestier, Claude Bourqui (dir.) : Paris : Gallimard 2010, 393–481.

– « Le Misanthrope ». Dans : Molière : *Œuvres complètes*. Georges Forestier, Claude Bourqui (dir.) : Paris : Gallimard 2010, 635–729.

– « Les femmes savantes ». Dans : Molière : *Œuvres complètes II*. Georges Forestier, Claude Bourqui (dir.) : Paris : Gallimard 2010.

---

54 Molière, *La Critique de l'École des femmes*, scène 4.
55 *Cf.* Kablitz 1996 ; Schulz-Buschhaus 2001 ; Herzel 2006.

Bibliographie sélective sur l'époque de Molière et l'histoire de l'éducation

« Badinage ». Dans : *Dictionnaire universel françois et latin: contenant la signification et la définition tant des mots de l'une ; l'autre langue.* 2ᵉ éd. Tome premier, A-Colytea. Paris : [Trévoux], 1721, 789–790.

« Éducation ». Dans : Alain Rey (dir.) : *Le Grand Robert.* Paris : Robert 2001.

« Instruire, Instruction ». Dans : Alain Rey (dir.) : *Le Grand Robert.* Paris : Robert 2001.

« Jeu ». Dans : Thomas Corneille (dir.) : *Le dictionnaire des arts et des sciences.* Tome premier, A-L. Paris 1694, 562–564;

« Plaire, Plaisir, Plaisant ». Dans : Alain Rey (dir.) : *Le Grand Robert.* Paris : Robert 2001.

« Plaire », « Instruire ». Dans : *Dictionnaire de Furetière.* Paris : 1690.

ARIÈS, Philippe : *L'Enfant et la vie familiale sous l'Ancien Régime.* Paris : Seuil 1973.

AUERBACH, Erich : « La cour et la ville ». Dans : Erich Auerbach : *Vier Untersuchungen zur Geschichte der französischen Bildung.* Bern : Francke 1951, 12–50.

BEAUVALET-BOUTOUYRIE, Scarlett : *Les femmes à l'époque moderne.* Paris : Belin 2003.

BENSOUSSAN, David : « Plaire ». Dans : Alain Montandon (dir.) : *Dictionnaire raisonné de la politesse et du savoir-vivre. Du Moyen-Age à nos jours.* Paris : Seuil 1995, 689–710.

BERTRAND, Dominique : « Ridicule ». Dans : Alain Montandon (dir.) : *Dictionnaire raisonné de la politesse.* Paris : Seuil 1995, 781–800.

BLOCH, Marc : *Les rois thaumaturges. Étude sur le caractère surnaturel attribué à la puissance royale particulièrement en France et en Angleterre.* Paris : Librairie Istra 1924.

BOURDIEU, Pierre : *La domination masculine.* Paris : Minuit 1998.

– /Jean-Claude Passeron : *Les héritiers : les étudiants et la culture.* Paris : Minuit 1964.

BOURDIEU, Pierre : *La Distinction. Critique sociale du jugement.* Paris : Minuit 1979.

BRUNNER, Otto : « Das 'Ganze Haus' und die alteuropäische 'Ökonomik' ». Dans : Otto Brunner (dir.) : *Neue Wege der Verfassungs- und Sozialgeschichte.* Göttingen : Vandenhoeck & Ruprecht 1968, 103–127.

BURKE, Peter : *Louis XIV : Les stratégies de la gloire.* Paris : Seuil 2007.

Bury, Emmanuel : « Paideia et honnêteté. Les archétypes antiques de la civilité ». Dans : Alain Montandon (dir.) : *Convivialité et politesse*, Clermont-Ferrand : Assoc. des Publ. de la Fac. des Lettres et Sciences Humaines 1993, 27–47.

Chartier, Roger : *L'Éducation en France du XVIe au XVIIIe siècle*. Paris : SEDES 1976.

Davis, Natalie Zemon/Arlette Farge (dir.) : *Histoire des femmes en Occident*. T. III. Paris : Poche 2002.

Dickhaut, Kirsten: « 'repasser par la mémoire' – Zur historischen Figuration der 'politesse' in Honoré d'Urfés *Astrée*. » Dans : Kirsten Dickhaut/Stephanie Wodianka (dir.) : *Geschichte – Erinnerung – Ästhetik. Tagungsakten anläßlich des 65. Geburtstags von Dietmar Rieger*. Tübingen : Narr 2010, 195–211.

Flandrin, Jean-Louis : *Un temps pour embrasser. Aux origines de la morale sexuelle occidentale (VIe–XIe siècle)*. Paris : Seuil 1983.

Foucault, Michel : *Histoire de la sexualité*. 3 tomes. Paris : Gallimard 1976–1984.

Garin, Eugenio : *Geschichte und Dokumente der abendländischen Pädagogik*. 3 Bde. Hamburg : Rowohl 1964–1967.

Goubert, Pierre : *L'avènement du Roi-Soleil 1661*. Paris : Folio 2014.

Grafton, Anthony : *Defenders of the text. The traditions of scholarship in an Age of Science, 1450–1800*. Cambridge/Mass. : Harvard Univ. Press 1994.

Herzel, Roger : « 'Natural' Acting in *La Critique de l'École des femmes* and *L'Impromptu de Versailles* ». *Seventeenth Century French Studies* 28, 2006, 183–92.

Hess, Remi : « Éducation ». Dans : Alain Montandon (dir.) : *Dictionnaire raisonné de la politesse*. Paris : Seuil 1995, 305–328.

Houle, Martha M. : « The Marriage Question, or, the Querelle des hommes in Rabelais, Molière and Boileau ». Dans : *Dalhousie French Studies* 56 (2001), 46–54.

Jeanneret, Michel : « De l'École des filles à *l'École des femmes* ». Dans : Giovanna Angeli (dir.) : *La letteratura di transgressione nell'Ancien Régime*. Florence : Alinea Editrice 2009, 45–56.

Jaeger, Werner : *Paideia. Die Formung des griechischen Menschen*. Berlin : Walter de Gruyter [1936] ⁴1959, 3 tomes.

Lebrun, François/Marc Venard/Jean Quéniart : *Histoire de l'enseignement et de l'éducation. II. 1480–1789*. Paris : Labat 1981.

Maral, Alexandre : *Le Roi-Soleil et Dieu*. Paris : Perrin 2012.

Marin, Louis : *Le Portrait du roi*. Paris : Minuit 1981.

PIÉJUS, Anne (dir.) : *Plaire et instruire. Le spectacle dans les collèges de l'Ancien Régime*. Actes du colloque de Paris. Bibliothèque nationale de France, 17–19 novembre 2005. Paris : Jouve 2007.

TIMMERMANS, Linda : *L'accès des femmes à la culture (1598–1715)*. Paris : Champion 1993.

TROGER, Vincent/Ruano-Jean-Claude Borbalan : *Histoire du système éducatif*. Paris : Presses universitaires de France 2005.

VAN DEN BERG, Jan Hendrik : *Metabletica. Über die Wandlung des Menschen. Grundlinieneinerhistorischen Psychologie*. Göttingen : Vandenhoeck & Ruprecht 1960.

Bibliographie sélective des études sur Balzac, Molière, le théâtre et *L'École des femmes*

ALBERT-GALTIER, Alexandre : « Un Comédien en colère : Masques et grimaces de Molière dans La Querelle de l'*École des femmes* ». *Cahiers du Dix-Septième : An Interdisciplinary Journal* 7/2, 2000, 91–104.

APOSTOLIDÈS, Jean-Marie : *Le prince sacrifié. Théâtre et politique au temps de Louis XIV*. Paris : Minuit 1985.

ARMOGATHE, Jean-Robert : « Plaire, instruire et édifier : les traits spécifiques de la rhétorique de la chaire ». *Littérature* 149, 2008/1, 45–55.

BAADER, Renate : « Religion und Preziosität in der *École des femmes* ». *Germanisch-Romanische Monatshefte* 26 (1976), 205–212.

BEHRENS, Rudolf : « La maison en crise et les avatars du pouvoir domestique. Une constellation de la 'comédie érudite' italienne et ses échos chez Molière (*Le Tartuffe*) ». *Papers on French Seventeenth Century Literature* XXXVIII 75, 2011, 427–440.

– *Problematische Rhetorik. Studien zur französischen Theoriebildung der Affektrhetorik zwischen Cartesianismus und Frühaufklärung*. München : Fink 1982.

BRAY, René : *La Formation de la doctrine classique en France*. Paris : Nizet 1974 [1931].

BROOKS, Frank H. : « Taste, Perfection and Delight in Guez de Balzac's Criticism ». *Studies in Philology* 68/1, 1971, 70–87.

BURY, Emmanuel : « Balzac et Boileau ». *Littérature classiques* 33, 1998, 79–91.

CARMODY, Jim : « Rethinking Realism in Molière's *The school of Wives* : Scenographie Variations on the Place de Ville ». *Theatre Journal* 41/1, 1989, 5–15.

CHARTIER, Roger : *Publishing Drama in Early Modern Europe. The Panizzi Lectures 1998*. London : British Library 1999.

DAUVOIS, Daniel : « Nicole et l'esthétique théâtrale de la présence ». *Cahiers philosophiques* 113, 2008/1, 25–39.

DANDREY, Patrick : *Molière ou l'esthétique du ridicule*. Paris : Klincksieck 2002.

– « *"L'Amour est un mal, le guérir est un bien"* : la nature du mal d'amour au XVIIe siècle ». *Littératures classiques* 17, 1992, 275–294.

– « Molière et la médecine de l'Amour ». Dans : *Aspects du classicisme et de la spiritualité. Mélanges en l'honneur de Jacques Hennequin*, réunis et préparés par Alain Cullière. Centre Michel Baude de l'Université de Metz, Genève : Klincksieck 1996, 67–82.

DEFRENNE, Madeleine : « *L'École des femmes* de Molière, une école de théâtre ». *Papers on French Seventeenth Century Literature* I, 1992, 73–86.

DE JEAN, Joan : *The Reinvention of Obscenity. Sex, Lies, and Tabloids in Early Modern France*. Chicago : Chicago Press 2002.

DICKHAUT, Kirsten : « Fest-Spiele als höfische Gefüge. Castiglione, Versailles, *Les Plaisirs de l'île enchantée*, Paris und Molières *Tartuffe ou l'Imposteur* ». Dans : Kirsten Dickhaut, Jörn Steigerwald, Birgit Wagner (dir.) : *Soziale und ästhetische Praxis der höfischen (Fest-)Kultur im 16. und 17. Jahrhundert*. Wiesbaden : Harrassowitz 2009, 187–216.

– « Liebesdarstellung. Ästhetische Modellierungen von Liebe und Narrativität in der Frühen Neuzeit ». Dans : Kirsten Dickhaut (dir.) : *Liebessemantik. Frühneuzeitliche Darstellungen der Liebe in Italien und Frankreich*. Wiesbaden : Harrassowitz, 2014 134–186.

– « La Magie du Soleil et le Portrait du Roi : Sur la signification culturelle des effets spéculaires pour Vaux-le-Vicomte et le Songe de Vaux de Jean de La Fontaine. » *Papers on Seventeenth Century Literature* 41.80, 2014b, 65–81.

DONNEAU DE VISÉ, Jean [et al.] : *La Querelle de l'École des femmes*, comédies, édition critique par Georges Mongrédien. 2 tomes. Paris : Marcel Didier 1971.

FALAKY, Fayçal : « Le rire tragique : Une étude de *l'École des femmes* de Molière ». *Chimères : a journal of French and Francophone literatures and cultures* 30, 2007, 13–27.

FORESTIER, Georges/Claude Bourqui : L'école des femmes. Dans : Molière : *Œuvres complètes*. Paris : Gallimard 2010, 1334–1355.

FORESTIER, Georges/Edric Caldicott/Claude Bourqui (dir.) : *Le parnasse du théâtre. Les recueils d'œuvres complètes de théâtre au XVIIe siècle*. Paris : PUPS 2007.

FOUCAULT, Michel : *Histoire de la sexualité II. L'usage des plaisirs*. Paris : Seuil 1984.

FUMAROLI, Marc : « La querelle de la moralité du théâtre avant Nicole et Bossuet ». *Revue d'histoire littéraire de la France* 9, 1970, 1007–1030.

– (dir.) : « Rhétorique du geste et de la voix à l'âge classique ». *XVIIe siècle* 132, 1981.

HERZEL, Roger : « 'Natural' Acting in La Critique de *l'École des femmes* and *L'Impromptu de Versailles* ». *Seventeenth-Century French Studies* 28, 2006, 183–192.

JEANNERET, Michel : « De *l'École des filles* à *l'École des femmes* ». *La letteratura di transgressionenell'Ancien Régime*, 2009, 45–56.

JOHNSON, Barbara : « Teaching Ignorance : *L'École des femmes* ». *Yale French Studies* 63, 1982, 165–182.

– *The Pedagogical Imperative : Teaching as a Literary Genre*. New Haven : Yale French Studies 1982.

KABLITZ, Andreas : « Lachen und Komik als Gegenstand neuzeitlicher Theoriebildung : Rezeption und Verwandlung antiker Definitionen von *risus* und *ridiculum* in der italienischen Renaissance ». Dans : Lothar Fietz (dir.) : *Semiotik, Rhetorik und Soziologie des Lachens*. Tübingen : De Gruyter 1996, 123–153.

MAGNÉ, Bernard : « Présence et fonction de l'idéologie religieuse dans *l'École des femmes* ». *Études sur Pezenas et sa region* IV, 3, 1973, 37–48.

– « *L'École des femmes* ou la conquête de la parole ». *Revue des sciences humaines* 145, 1972, 125–140.

MALACHY, Thérèse : « La politesse amoureuse et le problème de la liberté de Corneille à Molière ». *Franco-Italia* 15–16, 1999, 311–317.

PENNONE, Florence : « Aspects démoniaques de Don Juan ou les ambiguïtés d'un personnage entre comique et tragique ». *Colloquium Helveticum : cahiers suisses de littérature générale et comparée* 36, 2005, 181–206.

RUBIN, David Lee : « Image, argument, and esthetics in *La critique de l'École des Femmes* ». *Romance Notes* 15, Suppl. 1, 1973, 98–107.

SCHULZ-BUSCHHAUS, Ulrich : « Zwischen Höflichkeit und Prestigekalkül. Poetiken der höfischen Gesellschaft. » Dans : Gregor Vogt-Spira, Jürgen Klein, Bettina Rommel : *Domänen der Literaturwissenschaft. Einundzwanzig Beiträge zum neuen Millenium*. Tübingen : Stauffenburg 2001, 260–275. http://gams.uni-graz.at/usb (01.08.2015).

SCHULZE-WITZENRATH, Elisabeth : « Sprachhandlung und hohe Komödie in Molières *École des femmes* ». *Poetica* 10, 1978, 154–187.

STANTON, Donna C. : « The Fiction of Préciosité and the Fear of Women ». *Yale French Studies* 62, 1981, 107–134.

STEIGERWALD, Jörn : « Disprekante Vaterfiguren. Haus, Familie und Liebe in Molières *École des femmes* ». *Romanistische Zeitschrift für Literaturgeschichte* 25/1, 2012, 25–47.

STEINBERGER, Deborah : « Molière and the Domestication of French Comedy : Public and Private Space in *L'École des Femmes* ». *Cahiers du Dix Septième* 6/2, 1996, 131–139.

STENZEL, Hartmut : « Écriture comique et remise en ordre politique. Molière et le tournant de 1661 ou de *L'École des maris* à *L'École des femmes* ». *Papers on French Seventeenth Century Literature* I, 1992, 87–98.

SUTCLIFFE, Frank Edmund : *Guez de Balzac et son temps. Littérature et politique.* Paris : Nizet 1959.

SZAROTA, Elida Maria : « Das Mündel. Vorbemerkungen zu Molière. – Isabelle in Molières *L'école des maris* (1661), Agnès in Molières *L'École des femmes* (1662) ». Dans : Elida Maria Szarota : *Stärke, dein Name sei Weib!*, Berlin, New York : De Gruyter 1987, 137–142.

TEULADE, Anne [et al.] (dir.) : *Comédie et héroïsme féminin*. Paris : Belin Atlande 2013.

THIROUIN, Laurent : *L'Aveuglement salutaire. Le réquisitoire contre le théâtre dans la France classique.* Paris : Cerf 2007.

VIALA, Alain : *La France galante. Les littéraires.* Paris : PUF 2008.

WARNING, Rainer : « Elemente einer Pragmasemiotik der Komödie ». Dans : Wolfgang Preisendanz (dir.) : *Das Komische.* München : Fink 1976, 279–333.

ROGER Zuber : « *Les Belles Infidèles* » et la formation du goût classique. Paris : PUF 1968.

Pierre Glaudes
(Paris)

Nature, passion et religion.
La question des harmonies dans *Atala* de Chateaubriand

Lorsqu'*Atala* paraît, lancé par Chateaubriand comme un « ballon d'essai »[1] permettant d'observer les réactions des lecteurs avant que ne soit publié le *Génie*, ce court « poème, moitié descriptif, moitié dramatique » (18[2]), est destiné à s'intégrer dans la section « poétique du christianisme » de l'apologie, comme le précise la lettre de l'auteur rendue publique par *Le Journal des débats* et *Le Publiciste* entre la fin mars et le début avril 1801 (14). Cette section est divisée, à l'origine, en quatre parties : les trois premières sont consacrées à la poésie, aux beaux-arts et à la littérature, terme qui recouvre ici la prose d'idées, philosophique, historique, morale, « poésie » renvoyant, pour l'essentiel, aux fictions narratives et dramatiques ; la quatrième, dans laquelle *Atala* doit trouver sa place, porte sur les « harmonies de la religion chrétienne avec les scènes de la nature et les passions du cœur humain ».

Bien que la structure définitive du *Génie* ait été légèrement remaniée et que Chateaubriand, dans l'ouvrage publié un an plus tard, ait finalement scindé en deux sections l'ample développement consacré à la « poétique du christianisme », l'un portant sur la poésie proprement dite, l'autre sur les beaux-arts et la littérature, *Atala* demeure à la place qui lui avait été assignée originellement. La *Défense du Génie du christianisme*, que Chateaubriand ajoute en 1803 à la deuxième édition de l'ouvrage[3], précise la fonction du récit dans l'apologie. *Atala*, comme *René*, a valeur d'*exemplum* : le récit illustre par la fiction les vérités énoncées dans le *Génie*, il met les séductions de la création littéraire au service d'une visée argumentative relevant d'une rhétorique de la persuasion, il est investi d'une

---

1   Sainte-Beuve 1946, 159.
2   Les références données entre parenthèses dans le texte renvoie à l'édition des *Œuvres romanesques et voyages* de Chateaubriand citée en bibliographie.
3   Le passage de cette *Défense* consacré à *Atala* et à *René* sera repris dans la préface qui ouvre en 1805 l'édition séparée des deux ouvrages (113–114).

potentialité démonstrative qui ne se limite pas seulement à sa partie narrative, mais qui s'étend aussi à ses descriptions.

Atala a donc pour objet de manifester par les charmes sensibles de la prose fictionnelle les effets poétiques de la doctrine chrétienne sur la nature et sur les passions humaines, ce que Chateaubriand désigne du nom d' « harmonies morales »[4], c'est-à-dire ces harmonies qui se rapportent à la fois aux croyances, aux dévotions et aux dogmes chrétiens, aux scènes qu'ils suscitent dans l'univers, aux aspects de la sensibilité humaine qu'ils expriment et à leur représentation par la littérature. En plaçant ainsi au cœur de son ouvrage la question des harmonies, l'écrivain l'assujettit à une poétique narrative étroitement liée à une métaphysique du beau dans laquelle l'esthétique est encore asservie à des déterminations théologiques.

Les harmonies, dont *Atala* s'efforce de dévoiler la beauté à ses lecteurs, relèvent en effet d'une loi esthétique qui ne saurait être dissociée des lois générales de l'univers. Selon Chateaubriand, tout est lié en ce monde, dont les phénomènes, considérés dans leur complémentarité, leur proportion et leur ordre, manifestent l'œuvre divine : l'idée, que l'apologiste a pu trouver chez Bernardin de Saint-Pierre[5], est des plus répandues au xviiie siècle, où maints philosophes, à la suite de Leibniz[6], l'ont exprimée avec force. Elle a des racines dans la philosophie antique, de Pythagore à Plotin, et a été relayée par les Pères de l'Église qui, à l'instar de saint Thomas d'Aquin, ont postulé l'unité de la création dans la diversité de ses apparences, au nom de la solidarité universelle du créé avec le Créateur : tout ce qui existe procède de Dieu et porte à sa manière la trace de sa présence.

Si les certitudes nous manquent pour identifier les sources auxquelles puise Chateaubriand lorsqu'il recourt à la notion d'harmonie, il est possible en revanche de dégager des divers systèmes philosophiques qui emploient cette notion quelques convergences éclairant l'usage qui en est fait dans *Atala*. L'idée d'harmonie suppose d'abord que la nature est douée d'une logique interne, au principe de sa beauté : chacun de ses ouvrages est uni aux autres par des relations de convenance, qui impliquent à la fois la proportion des choses distinctes et la complémentarité des contraires. Tout ce qui existe, qu'il soit minéral, végétal, animal ou humain, qu'il ait une vie physique ou morale, est pris dans cette

---

4   Chateaubriand 1978, 887. Chateaubriand oppose ces « harmonies morales » aux « harmonies physiques des monuments religieux et des scènes de la nature » (887), ce qui comprend en particulier les sites des monastères et les vestiges sacrés, qui « tiennent à la partie matérielle de l'architecture » (873).
5   Voir Romano 2010, 199–213 et Duflo 2010, 157–163.
6   Voir Devaux 2000, 263–284.

économie générale du créé, qui assigne à chaque chose une place et une fonction dans l'harmonie universelle.

La nature n'est pas une nomenclature dont chaque élément serait isolable, ce qui permettrait à la science d'en avoir une idée claire et distincte, c'est un tableau qui se comprend globalement, comme un ensemble dont les parties se répondent et s'organisent les unes par rapport aux autres en un jeu de similitudes, de nuances et de contrastes donnant à sa composition une importance primordiale. L'idée d'harmonie, dans la mesure où elle contient l'idée d'ordre, qui confère à la nature une unité dans la multiplicité, implique aussi la présence d'une raison des choses harmonieuses : Dieu est la raison suffisante expliquant, comme le dit Leibniz, que « les choses qui pourraient être à l'état *confus* et en désordre, soient en une si belle et inexprimable *harmonie* »[7]. Dans sa puissance souveraine, il est la *Ratio ultima rerum* qui a fait de la création un tout cohérent et équilibré, dont la beauté frappe l'esprit et les sens.

L'idée d'harmonie suppose en outre qu'un sujet soit capable de la percevoir : la nature, en tant que tableau conçu par Dieu dans son immense bonté, offre un magnifique spectacle dont l'homme est à la fois le personnage et le spectateur. Le plaisir des sens, qu'il éprouve en contemplant cet univers où tout est en rapport avec lui, est indissociable du sentiment de la perfection qui l'amène à une connaissance intuitive de l'harmonie universelle, et donc de Dieu lui-même. Le monde, dans la parfaite convenance de ses parties, n'est rien d'autre que l'image du Créateur, le reflet de sa propre harmonie, dont l'homme ne peut avoir qu'une connaissance confuse, les causes ultimes qui font l'ordre harmonieux du monde lui restant cachées.

Enfin, les arts, parce qu'ils identifient, dans la perspective néo-classique d'un Winckelmann, la *pulchritudo* à l'*harmonia*, sont eux-mêmes en rapport avec l'harmonie universelle. Ils figurent, à leur échelle et par leurs propres moyens, l'ordre, la proportion et l'unité de l'univers. Ainsi de la poésie narrative et descriptive dont se réclame Chateaubriand dans ses fictions : ses lois de composition sont, en modèle réduit, l'*analogon* de celles qui régissent le monde, avec lequel elles ont en quelque sorte un lien de synecdoque. Et le spectacle de la nature qu'offre l'écrivain est moins mimétique qu'analogique ou symbolique : le beau, tel que Chateaubriand le conçoit, ne s'arrête pas à la nature matérielle des choses, il établit un réseau de correspondances entre les trois ordres naturel, humain

---

7   Leibniz, *Plan de la création d'une société des arts et des sciences en Allemagne*, § 8. Cité par Devaux 2000, 282.

et divin, ce qui permet de saisir leur concordance et de dégager les liens qui, en dépit de leur caractère propre, les font une seule et même réalité.

Dans *Atala*, la nature, les passions humaines et la religion sont ainsi mises en relation dans diverses configurations symboliques qui constituent pour ainsi dire les harmoniques de cette symphonie du Nouveau Monde. Par l'ampleur et la fréquence des descriptions, l'œuvre tisse d'abord des liens analogiques entre les paysages américains et les décrets d'un Dieu omnipotent, selon un esthétique du tableau, où la géographie, la zoologie et la botanique sont au service d'un argument théologique. Par sa conscience réflexive, l'homme, qui appartient aux paysages décrits, y a doublement sa place : il n'en est pas seulement l'un des acteurs, il est aussi celui qui contemple ces paysages, qui se laisse toucher par leur splendeur et qui en décèle le caractère moral en rapport avec sa propre existence.

Dans ces tableaux, l'harmonie de la nature et de la religion chrétienne se manifeste principalement de deux manières. Les merveilles du Nouveau Monde sont éloquentes, elles ont d'abord un pouvoir épiphanique : elles révèlent la grandeur de Dieu en déployant les fastes de ses œuvres, dont elles font apparaître dans tout leur éclat les séductions. Les rives du Meschacebé forment ainsi un « admirable contraste » (34) où l'on sent la main du Créateur : placée au seuil du récit, leur description, ce morceau de bravoure, est l'occasion de montrer, jusque dans leur dissemblance suggestive, l'accord miraculeux des éléments qui composent ce paysage majestueux.

Aux savanes uniformes du bord occidental déroulant « à perte de vue » leurs « flots de verdure », qu'elles fondent au loin dans « l'azur du ciel », répondent, sur le bord opposé, de luxuriantes forêts, dont les arbres « de toutes les formes, de toutes les couleurs, de tous les parfums » abritent « une multitude d'animaux », qui « y répandent l'enchantement et la vie » (34–35). Ici, tout est « mouvement et murmure » ; là, au contraire, « tout est silence et repos » (35). Qu'une brise, tel un souffle divin, vienne « animer ces solitudes » (35), et l'harmonie devient palpable : les sons et les couleurs de cette nature primitive se mêlent en un merveilleux arrangement dont l'ordre et la proportion, mis en valeur par la prose poétique de Chateaubriand, raniment le souvenir de l'ancien Éden.

Le même miracle se produit lors de la célèbre évocation de la nuit américaine : les délicieux parfums qui embaument l'air – « senteur des pins », « faible odeur d'ambre » – concourent à la magie du clair-obscur que la lumière « gris de perle » (46) répand sur le paysage en s'accordant au bleu profond du ciel nocturne. Alors que chaque chose perd ses contours et qu'un silence recueilli s'étend sur l'immensité, une mystérieuse harmonie se crée dans la profondeur des bois et y manifeste la présence du numineux : dans les airs une divinité inconnue semble laisser flotter « sa chevelure bleue », la solitude a soudain « une âme » qui soupire « dans toute l'étendue du désert » (46).

L'harmonie qui se dégage du spectacle de la nature n'est pas seulement la preuve de l'omniscience et de l'omnipotence du Créateur qui, dans les moindres détails, a conçu l'univers selon un ordre parfait ; elle met aussi en évidence la bonté de Dieu qui, dans son immense sollicitude, a voulu qu'aucun ressource ne manque à l'homme pour satisfaire ses besoins : la faune, la flore, les éléments, tout est agencé dans le monde à cette fin, qui témoigne de l'amour divin pour l'humanité. La longue course d'Atala et de Chactas à travers les forêts du Nouveau Monde, qui les contraint de chercher leur subsistance dans ces étendues sauvages, leur fait découvrir les inépuisables bienfaits de l'univers.

Tantôt, les deux voyageurs allument « un grand feu » et édifient une hutte « avec une écorce élevée sur quatre piquets » (56) ; tantôt, les mousses blanches, qui couvrent de leurs « longs voiles » les cèdres et les chênes verts, leur offrent, le jour, des abris contre la chaleur et, la nuit, sont pour eux de « riantes hôtelleries » peuplées de papillons et d'oiseaux multicolores, des « châteaux aériens » où ils se reposent, en se laissant doucement bercer par les vents qui soupirent à travers les « voûtes » (56) de ces splendides monuments des déserts américains. Les dindes, les ramiers, les faisans des bois leur fournissent une abondante nourriture, qu'ils cuisent en suspendant ces gibiers devant leur feu « au bout d'une gaule plantée en terre » et qu'ils accompagnent d'autres mets non moins succulents : « des mousses appelées tripes de roche, des écorces sucrées de bouleau, et des pommes de mai, qui ont le goût de la pêche et de la framboise » (56–57). Le vin ne manque pas à ces agapes de la vie sauvage : il est fourni par « le noyer noir, l'érable, le sumac » (57) ; quant à l'eau, les voyageurs la recueillent au creux de ces fleurs allongées « en cornet » (57) où le ciel a déposé un rosée pure et limpide.

Chaque jour est pour eux l'occasion de bénir la Providence de la prodigalité de ses dons. Dans son anthropocentrisme, cette vision poétique de la vie dans les forêts du Nouveau Monde multiplie les convenances de la nature sauvage avec les attentes humaines, et ces convenances ne se limitent pas aux satisfactions matérielles : les inépuisables beautés de la Création sont aussi la source de satisfactions morales, qui inspirent à Chactas et à Atala de réconfortantes méditations. Le calice des fleurs immaculées auxquelles ils s'abreuvent « au milieu des marais corrompus » devient ainsi, à leurs yeux, l'image même de l'espérance que Dieu laisse subsister dans les chagrins les plus profonds, comme il fait « jaillir la vertu du sein des misères de la vie » (57). La nature n'est pas seulement le gigantesque réceptacle des largesses divines, c'est aussi un livre merveilleux, où chacun chose est un signe rappelant sans trêve l'indéfectible bienveillance du Créateur.

D'autres harmonies, accordant la religion chrétienne à ce qui fait palpiter les poitrines humaines, donnent lieu dans *Atala* à une multitude de scènes touchantes, qui ont pour cadre les prairies et les bois du Nouveau Monde. L'épisode des « Laboureurs », qui permet au lecteur de découvrir la mission du père Aubry, illustre l'idée, développée dans le *Génie*, selon laquelle le christianisme, en faisant de la *caritas* la vertu suprême, a rapproché les sentiments de la vie morale et a fait de la ferveur religieuse elle-même une véritable passion[8] : l'amour de Dieu, c'est-à-dire la plus noble de nos affections, a ses joies, ses peines, ses ardeurs et ses transports, auxquels le culte chrétien offre maintes occasions de s'exprimer dans des rites et des cérémonies qui trouvent au sein de la nature des sanctuaires dignes de les abriter. Traversés sans bruit par un paisible ruisseau, les bocages où sont enterrés après leur disparition les Indiens convertis par le père Aubry sont égayés par des oiseaux dont les chants sont les hymnes d'une « fête éternelle » (70) célébrée à la mémoire des disparus. Ce « temple de la mort », conformément à l'harmonie des contraires recherchée par Chateaubriand, s'ouvre à l'ouest sur un grand bois de sapins aux troncs svelte qui en forment le péristyle en s'élevant dans le ciel : au milieu de ces fûts, le vent fait régner « un bruit religieux », qui rappelle le « sourd mugissement de l'orgue sous les voûtes d'une église » (70).

D'autres lieux, lorsque le père Aubry célèbre « les mystères de sa religion » (70), lui fournissent tout ce dont il a besoin pour la liturgie : tandis qu'il « revêt une tunique blanche d'écorce de mûrier », en moins de temps qu'il ne faut pour le dire « l'autel se prépare sur un quartier de roche, l'eau se puise dans le torrent voisin, et une grappe de raisin sauvage fournit le vin du sacrifice » (70–71). Une croix, qui sanctifie l'endroit où se déroule la cérémonie, transforme cette savane semée de fleurs en un temple chrétien. L'aurore, qui nimbe la scène de rose et d'or, au moment où l'office commence, le pare d'une indicible splendeur. Et, lorsque le « premier rayon » de l'astre du jour répand sa douce lumière sur l'hostie consacrée que le prêtre élève dans les airs, Chactas est transporté d'enthousiasme par « la magnificence du culte chrétien » (71) :

> Ô charme de la religion ! – s'écrie-t-il – [...] Pour sacrificateur un vieil ermite, pour autel un rocher, pour église le désert, pour assistance d'innocents Sauvages ! Non, je ne doute point qu'au moment où nous nous prosternâmes, le grand mystère ne s'accomplît, et que Dieu ne descendît sur la terre, car je le sentis descendre dans mon cœur (71).

L'activité pastorale du père Aubry, l'administration des sacrements à la communauté qu'il a rassemblée autour de lui offrent d'autres occasions de suggérer de poétiques correspondances entre la religion, la nature et le cœur de l'homme. Il

---

8   Chateaubriand 1978, 707.

n'est pas un événement de la vie humaine qui échappe à cette harmonie : ici, c'est un enfant qu'on baptise « parmi les jasmins en fleurs, au bord d'une source » ; là, un cercueil qu'on accompagne aux Bocages de la mort « au milieu des jeux et des travaux » ; là encore, deux époux qu'on bénit « sous un chêne » (72), semblable peut-être à celui sur lequel le père Aubry a tracé de sa main des vers d'Homère et des sentences de Salomon : Chactas, en parcourant la mission sous la houlette de son pasteur, est ému par le mystérieux accord qui s'établit, sous ses yeux, entre les vers du poète, les maximes du sage, le vénérable solitaire qui a gravé ces paroles immortelles et les vieux arbres qui en sont les recueils.

Les harmonies de la religion et du cœur humain jouent en un tout autre sens lorsqu'elles concernent les troubles et les désordres de la passion[9] auxquels le christianisme s'efforce de mettre un frein car il les juge dangereux et vains. Les passions, à commencer par la passion amoureuse, ont partie liée avec les tentations de la chair et, depuis la Chute, sont étroitement liées au péché d'orgueil : à cet amour-propre qui entretient en nous un rêve de plénitude sur la terre et qui nous illusionne sur la satisfaction de nos désirs en nous éloignant de Dieu, auquel nous substituons un absolu tout humain. Aussi les passions exposent-elles l'homme à la déception et à la souffrance : incapables de le combler durablement, elles sont soumises à la mobilité et à la finitude de toutes choses ici-bas. La religion chrétienne combat leur funeste empire, elle tente de calmer ces troubles du cœur dont la nature nous offre la saisissante image. Chactas en fait l'aveu à René : celui qui craint l'agitation des passions doit se défier de la solitude, si propice à leur exaltation. On les attise en les transportant au désert.

Ainsi d'Atala et de son bien-aimé, dont l'amour s'approfondit à mesure qu'ils s'enfoncent dans les forêts du Nouveau Monde. « Accablés de soucis et de craintes » (60), ils deviennent peu à peu incapables de sentir les bienfaits de la Création : ils projettent leur inquiétude dans le paysage, ne sachant plus de quel côté diriger leur pas et redoutant sans cesse d'être « engloutis par les eaux », « piqués des serpents » et « dévorés des bêtes » (60). L'Éden américain se métamorphose alors en un véritable enfer. Ce n'est plus un jardin de délices, mais un marécage fétide, une jungle épaisse et menaçante, un piège mortel où rôdent les animaux sauvages, toutes choses qui renvoient aux héros l'image de leur l'intériorité dévorée par la concupiscence :

Nous avancions avec peine sous une voûte de smilax, parmi des ceps de vigne, des indigos, des faséoles, des lianes rampantes, qui entravaient nos pieds comme des filets. Le sol spongieux tremblait autour de nous, et à chaque instant nous étions près d'être

---

9   Sur cette question, voir Glaudes 1994 et Bercegol 2009.

engloutis dans des fondrières. Des insectes sans nombre, d'énormes chauves-souris, nous aveuglaient ; les serpents à sonnettes bruissaient de toutes parts ; et les loups, les ours, les carcajous, les petits tigres, qui venaient se cacher dans ces retraites, les remplissaient de leurs rugissements (60–61).

Cependant, ce sont les perturbations atmosphériques, bourrasques, ouragans ou tempêtes, qui expriment le mieux les tribulations du cœur livré à la passion et ses violents combats. Atala et René, alors qu'ils sont sur le point de succomber à leur amour, sont arrêtés par des roulements de tonnerre qui annoncent un terrible orage décrit par Chateaubriand en des termes sublimes mêlant l'horreur à la magnificence : le ciel enténébré, où « un vent impétueux […] roule les nuages sur les nuages », est soudain déchiré par « un rapide losange de feu », les rafales font plier les arbres que la foudre embrase, l'incendie se propage « comme une chevelure de flammes » et répand sur l'immensité « des colonnes d'étincelles et de fumée » (61). La forêt n'est plus qu'un « vaste chaos » (61), on se croirait au jour du Dernier Jugement. Une fois passé, l'orage laisse sur le paysage l'empreinte de ses dévastations :

> […] les feux de l'incendie allumé dans les forêts par la foudre, brillaient encore dans le lointain ; au pied de la montagne un bois de pins tout entier était renversé dans la vase, et le fleuve roulait pêle-mêle les argiles détrempées, les troncs des arbres, les corps des animaux et les poissons morts, dont on voyait le ventre argenté flotter à la surface des eaux (66).

Mais le christianisme ne se contente pas de mettre l'homme en garde contre le poison des passions, il lui fournit aussi le remède. Comme la nature retrouvant son calme après que les éléments se sont déchaînés, il apaise les tourments du cœur, en offrant un havre aux âmes emportées par ses orages. Le père Aubry, lorsqu'il survient, n'apporte pas seulement aux amants égarés un secours matériel, qui les sauve opportunément des périls dont ils étaient menacés, il leur apporte la paix et le réconfort de l'âme. Sa parole est un puissant dictame. Chactas, à mesure qu'il l'écoute, sent « les passions s'apaiser dans [son] sein » (65). De même, Atala, sur son lit d'agonie, est délivrée de son trouble par le discours du missionnaire, qui agit sur elle « comme le dernier rayon du jour […] répand le calme dans le ciel » (83). Retrouvant sa sérénité, elle peut se préparer à une bonne mort :

> L'humble grotte était remplie de la grandeur de ce trépas chrétien, et les esprits célestes étaient, sans doute, attentifs à cette scène où la religion luttait seule contre l'amour, la jeunesse et la mort. / Elle triomphait cette religion divine, et l'on s'apercevait de sa victoire à une sainte tristesse qui succédait dans nos cœurs aux premiers transports des passions (84).

Atala meurt tranquille en exhortant Chactas à la patience et à la vertu. La foi chrétienne, qui affermit en elle, au moment suprême, l'idée de la vie éternelle, l'aide à supporter le renoncement à ses amours terrestres. La sublimation de la passion opère d'autant mieux que la jeune femme croit fermement qu'après sa disparition l'attend « une plus longue vie », dans laquelle elle ne fait que devancer son amant, qu'elle attendra « dans l'empire céleste » (85), en nourrissant l'espoir d'être un jour enfin unie à lui pour l'éternité. La tentation de la chair ainsi dépassée peut céder la place à des passions où l'amour est spiritualisé, tels l'amitié ou les sentiments fraternels.

Tels sont les sentiments qui unissent Chactas à René et au père Aubry. Ce dernier, qui émeut le Natché en lui prodiguant les marques de son affection après la mort d'Atala, se plaît à souligner les liens adelphiques qui unissent la communauté dont il est le guide : lorsqu'il rencontre les deux héros errant dans la forêt, il les invite à rejoindre le « petit troupeau de [leurs] frères sauvages » (65) et, une fois arrivé à la mission, il présente les nouveaux venus à ses néophytes comme « un frère et une sœur » (70) que le ciel leur a envoyés. Les sentiments fraternels sont pour lui le modèle de l'amour d'avant le péché. Il en fait l'éloge lorsqu'il évoque la vie au Paradis et ce temps d'« unions ineffables », où « la sœur était l'épouse du frère » (82) : son propos, on s'en doute, n'a pas pour objet d'encourager l'inceste, mais de décrire de la sorte un pur amour, délivré des concupiscences charnelles, qui se confond selon lui avec « une amitié fraternelle » (63) et qui unit dans le cœur les délices à la pureté.

Si la religion chrétienne transforme le rapport de l'homme à la passion amoureuse, elle change aussi l'image qu'il se fait de la mort par les harmonies qu'elle fait naître, à ce moment capital, entre les sentiments humains et les paysages. Le christianisme, par la simplicité touchante de ses rites, nous aide à affronter cette ultime épreuve qui borne notre existence et nous rappelle à notre finitude. Le dénuement de l'homme face à sa propre fin, le sentiment tragique de la fragilité de l'existence sur cette terre, que suggère dans le récit le retour obsédant du motif de l'enfant disparu au berceau (47, 68, 94), sont atténués par les articles de la foi qui font de la mort non pas un anéantissement, mais un passage vers une autre vie. L'agonie de l'héroïne l'a montré : le christianisme rend possible une belle mort, que le croyant attend dans la paix de l'âme comme une délivrance.

De fait, lorsqu'Atala reçoit l'extrême-onction du père Aubry, la grotte paraît soudain illuminée, elle semble retentir du chant des anges et des « frémissements des harpes célestes » (86). La scène n'a rien de lugubre, c'est au contraire une épiphanie, et l'on dirait que Dieu lui-même apparaît lorsque le prêtre tire son calice d'or « du flanc de la montagne » : l'hostie « blanche comme la neige » qu'il avance vers les lèvres de la mourante, les « mots mystérieux » qu'il prononce, l'extase où il plonge la jeune femme quand sa bouche touche « le pain mystique » et que ses tempes sont ointes d' « huile consacrée » (86), étonnent Chactas, qui n'en devine pas moins la signification de ce rite de passage. Frappé de voir, à cet instant, Atala allégée de ses peines, il comprend intuitivement que ce pain et cette huile agissent comme un remède capable, par-delà la mort, de rendre la vie à sa bien-aimée.

Cependant, Chateaubriand ne se contente pas, en cette occasion, de montrer les vertus efficaces du sacrement des agonisants, la mise au tombeau d'Atala lui permet de faire également sentir l'émouvante poésie des funérailles chrétiennes. La jeune fille couchée sur son lit de sensitives est comme transfigurée : ses charmes toujours sensibles – « bouton de rose » de ses lèvres, « joues d'une blancheur éclatante », « beaux yeux […] fermés », « mains d'albâtre »... – sont sanctifiés par « un crucifix d'ébène » (88–89) qu'elle presse sur son cœur. De son corps de belle endormie se dégage un nouvel enchantement teinté de mélancolie : ce n'est plus celui de la chair tentatrice, mais d'une beauté spiritualisée, rendue à son innocence et désormais inaccessible comme une « statue de la Virginité » (89).

Sa veillée funèbre, à laquelle la lune, telle « une blanche vestale » pleurant une compagne, vient prêter « son pâle flambeau », porte l'harmonie de cette scène à son comble, en accordant une fois encore la religion, la nature et les sentiments : les bénédictions rituelles, pour lesquelles le père Aubry utilise « un rameau fleuri », dont il secoue « la branche humide » après l'avoir plongée dans « l'eau consacrée » (89) ; ses chants religieux, tirés du livre de Job, qui mêlent « sa voix grave et peu cadencée » aux « roucoulements de la colombe de Virginie », à « la chute d'un torrent dans la montagne » et aux « tintements de la cloche » (89) appelant les voyageurs ; tous les éléments de ce nouveau tableau forment un subtil agencement qui touche le cœur par sa poésie triste et douce.

Lorsque le jour se lève et qu'une barre d'or » apparaît à l'orient, les éperviers et les martres donnent le signal de l'enterrement : le père Aubry, une bêche à la main, précède Chactas « de rocher en rocher » (90) ; celui-ci a chargé sur ses épaules le corps d'Atala, dont la longue chevelure, « jouet des brises matinales », effleure de temps en temps, tel un « voile d'or » (90), son visage baigné de larmes ; ils descendent ainsi, au prix de quelques haltes, jusqu'à l'arche du pont où la pauvre fille doit être portée en terre. Le jeune sauvage et le vieil ermite, « l'un vis-à-vis de l'autre dans le désert », creusent alors « avec leurs mains » le simple « lit d'argile » où « le rideau de l'éternité » (90) est tiré sur Atala. Telle est la noble simplicité de ces funérailles rustiques, où la nature fait écho aux oraisons du père Aubry et répand sur la scène ses charmes sensibles, tandis que le vieux prêtre accomplit le rite avec une sérénité qui atténue, par son contrepoint, les modulations du chagrin de Chactas.

Ces harmonies qu'*Atala* multiplie à l'infini relèvent d'un beau idéal, qui propose de l'homme et de la nature une représentation stylisée, dans laquelle les valeurs symboliques l'emportent constamment sur le réalisme du détail. L'esthétique du tableau, si elle exploite les ressources du pittoresque, en faisant jouer pleinement les séductions de l'exotisme, n'a pas pour unique objet de procurer de vives émotions au lecteur et de toucher son cœur : elle fait non seulement apparaître les lois physiques auxquelles l'homme et la nature sont assujettis comme des lois morales et esthétiques, mais elle métamorphose aussi l'univers en un alphabet dont les combinaisons sont divines.

Les conflits qui surgissent ici ou là, les tensions contradictoires qui traversent le monde sont ainsi rapportés aux desseins généraux de la providence selon la logique de la *concordia discors*. La pensée de la relation qui fonde le système des harmonies permet d'objecter aux sceptiques qui doutent que tout soit ordre et proportion dans l'univers que l'homme est devant le monde comme devant un tableau dont il ne verrait qu'une infime partie, sans jamais parvenir à une vue d'ensemble. Tel désordre apparent n'est peut-être au fond qu'une nécessité dans l'économie de la création. Ces arguments finalistes, qui tendent à réduire la laideur, la violence et le mal à des épiphénomènes, ne sont pas sans rapport avec les circonstances historiques entourant la parution d'*Atala* : la perspective d'une réconciliation sociale, au lendemain de la Révolution et sous l'égide du Premier Consul, dans une France pacifiée, où la religion a retrouvé sa place, ouvre le récit de Chateaubriand sur des horizons plus cléments, qui donnent un certain crédit à l'idée d'harmonie retrouvée.

Ces arguments ont-ils raison cependant de toute contradiction, de tout grincement disharmonieux dans *Atala* ? Rien n'est moins sûr. Des raisons génétiques renforcent ces doutes. Conçu très tôt comme un épisode des *Natchez*, qui devait être à l'origine une épopée de l'homme de la nature dans l'esprit des Lumières, composé en partie lors du voyage de Chateaubriand en Amérique avant le retour de l'écrivain à la foi, achevé après la Révolution, dans un contexte historique tout différent, le récit, en dépit des remaniements qu'il a subis, peine parfois à s'intégrer à la perspective apologétique du *Génie*. Aussi n'est-il pas illégitime de s'interroger sur ses résistances internes à la logique des harmonies et à la théodicée qui la sous-tend. Celles-ci sont de deux sortes : certaines tiennent aux traces que l'anticléricalisme des Lumières a laissées dans le récit, qui menacent la cohérence idéologique des harmonies ; d'autres, à la répercussion dans l'œuvre du trauma collectif causé par la Terreur révolutionnaire[10], qui pose le problème d'une violence inassimilable à la *concordia discors*.

Une première difficulté apparaît avec le traitement qu'*Atala* réserve à la question de la superstition. Le suicide de l'héroïne est la conséquence du vœu propitiatoire de sa mère qui, l'ayant conçue dans le péché et ayant craint pour la vie de son enfant avant qu'elle ne naisse, l'a consacrée à la Vierge. Le *Génie du christianisme*, qui range les dévotions populaires parmi les « harmonies de la religion avec les scènes de la nature et les passions du cœur humain », au même titre que la croyance aux esprits, aux apparitions, à l'intercession des saints et des anges, les réhabilite en rompant avec les accusations d'obscurantisme et d'enfantillage répandues par les philosophes du siècle précédent. Chateaubriand, dans son apologie, soutient ainsi l'idée que de la religion prévient l'abus et corrige les excès de telles superstitions, qui s'apprécient en fonction de la moralité de leurs effets : l'essentiel est qu'elles « tendent mieux que les lois elles-mêmes à conduire la foule à la vertu »[11].

Rien de tel dans *Atala* : le récit qui, dans sa perspective initiale, exploitait le motif des « vœux indiscrets », fréquent dans le roman et le drame philosophiques du XVIIIᵉ siècle, de *La Religieuse* de Diderot au *Victimes cloîtrées* de Monvel, garde quelques traces de l'anticléricalisme de ces œuvres qui, au nom de la nature, dénonçaient les méfaits des vocations forcées. Ainsi, la mère d'Atala est-elle secondée par un missionnaire lorsque, sur son lit de mort, elle arrache à sa fille le serment de sacrifier sa virginité à l'engagement qu'elle lui a imposé, en la menaçant de la maudire par-delà la tombe en cas de désobéissance. Du récit qu'Atala fait de cette scène mélodramatique se dégage une telle violence que ses vœux semblent lui avoir été soutirés par la contrainte :

> Fondant en pleurs et me précipitant dans le sein maternel, je promis tout ce qu'on me voulut faire promettre. Le missionnaire prononça sur moi les paroles redoutables, et me donna le scapulaire qui me lie pour jamais. Ma mère me menaça de sa malédiction, si jamais je rompais mes vœux, et après m'avoir recommandé un secret inviolable envers les païens, persécuteurs de ma religion, elle expira en me tenant embrassée (75).

Certes, le père Aubry, alors qu'Atala s'est empoisonnée, condamne le zèle intempestif de son confrère et révèle à la jeune fille qu'il est possible de la délier de son vœu[12]. Mais le mal est fait : faute d'antidote capable de la guérir, Atala

---

10 Voir sur ce point Fumaroli 2003.

11 Chateaubriand 1978, 891.

12 « Mais aussi, ma chère enfant, votre imagination impétueuse vous a trop alarmée sur vos vœux. La religion n'exige point de sacrifice plus qu'humain. Ses sentiments

meurt d'avoir attenté à ses jours par suite de cet engagement funeste. Le cri de révolte que le drame inspire alors à Chactas – « La voilà donc cette religion que vous m'avez tant vantée ! Périsse le serment qui m'enlève Atala ! Périsse le Dieu qui contrarie la nature ! Homme, prêtre, qu'es-tu venu faire dans ces forêts ? » (78) – reprend des arguments très répandus pendant les Lumières, où la ferveur religieuse se voir reprocher les outrances d'un sectarisme aveugle, si contraire aux élans spontanés de la sensibilité.

Sans doute le père Aubry quitte-t-il sa douceur habituelle pour fustiger l'igno-rance et la présomption du jeune Sauvage, qu'il invite à plus d'humilité[13]. Sa « voix terrible », ses yeux qui semblent lancer des « éclairs », ses « paroles fou-droyantes » condamnant, au nom du salut des âmes, les accents blasphématoires de la passion, font une vive impression sur Chactas : il demande « pardon de [ses] emportements » (76) au vieux missionnaire, dont l'indignation cesse aussitôt. La mansuétude à laquelle revient le père Aubry suffit-elle à laver sa religion de tout soupçon de fanatisme ? Elle surprend en tout cas devant le suicide d'Ata-la : la doctrine chrétienne interdit qu'on se donne la mort, car chaque homme, responsable de sa vie devant Dieu, est tenu de la préserver pour le salut de son âme. Celui qui en dispose à sa guise attente aux vertus théologales, il se trouve en état de péché mortel et ne peut être inhumé en terre consacrée, au cours d'une cérémonie religieuse. La gravité du geste d'Atala n'inspire pourtant aucune sévé-rité au père Aubry, dont la miséricorde l'emporte sur toute rigueur dogmatique.

Alléguant l' « éducation sauvage » et « le manque d'instruction » (80) de la jeune femme, il fait porter la faute sur sa naïveté, considérant son ignorance de l'enseignement de l'Église en vertu duquel une chrétienne ne peut décider elle-même de mettre fin à ses jours. Aussi ne la juge-t-il pas pleinement responsable d'un acte condamnable, auquel il préfère opposer la pureté de ses intentions. Tandis qu'il adresse de rassurantes paroles à la mourante – « Consolez-vous donc, ma chère brebis. Dieu vous pardonnera à cause de la simplicité de votre cœur » – il emprunte lui-même le vocabulaire des philosophes pour déplore « les dangers de l'enthousiasme » et le « défaut de lumières en matière de religion » dont ce suicide offre « un terrible exemple » (81). Chateaubriand en prêtant de tels propos à ce serviteur de Dieu, qu'il présente comme le modèle du bon pas-teur, entend-il opérer une habile récupération de l'idéal de ses adversaires, en le versant au compte du christianisme ? Ou bien son prêtre s'éloigne-t-il de la

---

vrais, ses vertus tempérées, sont bien au-dessus des sentiments exaltés et des vertus forcées d'un prétendu héroïsme » (78).

13   « Il te sied bien, jeune homme, à peine entré dans la vie, de te plaindre de tes [...] douleurs ! » (76).

stricte orthodoxie en substituant aux dogmes catholiques une religion naturelle débarrassée des superstitions, dans le goût du siècle précédent ?

Cette religion, peut-on se demander, ne s'écarte-t-elle pas du christianisme pour s'harmoniser avec la nature et la sensibilité humaine ? Lorsque Chactas demande au père Aubry comment il gouverne les sauvages réunis dans la mission, celui-ci répond sans se faire prier : « Je ne leur ai donné aucune loi ; je leur ai seulement enseigné à s'aimer, à prier Dieu et à espérer une meilleure vie : toutes les lois du monde sont là-dedans » (72). Bonne, douce et tolérante, cette législation, où les rigueurs du châtiment comme celles de la pénitence semblent ne pas avoir cours, ramène la religion à un impératif moral de tendresse et de bénignité universelles, où l'on a pu retrouver des accents salésiens ou féneloniens[14]. Elle reste cependant marquée par l'idéologie des Lumières dans sa tendance à substituer la voix de la nature aux dogmes légués par une tradition ecclésiale : sur ce point le missionnaire de Chateaubriand n'est pas très éloigné du vicaire savoyard de Rousseau.

La prédication du père Aubry puise à l'évidence à des sources hétérogènes, dont il serait vain d'occulter les disparates. « Le véritable esprit de l'Évangile » (93), dont elle se réclame en promouvant la charité, la compassion et la tendresse, se confond parfois avec les articles de foi des philosophes pour qui l'homme, en dépit de ses infirmités, a conservé, en sagesse, en sensibilité et en bienveillance, une ressemblance suffisante avec l'Être supérieur qui l'a créé. Les valeurs du cœur qu'elle revendique en les spiritualisant, l'espérance dans l'infinie miséricorde de Dieu sur laquelle elle insiste sont toutefois corrigées par une inspiration augustinienne, qui accroît un peu plus ses dissonances doctrinales.

Le père Aubry, lorsqu'il reprend Chactas en le renvoyant à son propre néant face à Dieu – « tu ne sais rien, […] tu n'es rien, et […] il n'y a point de châtiments si rigoureux, point de maux si terribles, que la chair corrompue ne mérite de souffrir » (76) – ou qu'il choisit d'aider Atala à quitter cette vie en insistant sur l'impermanence et la vacuité de nos désirs, retrouve l'augustinisme rappelant l'homme à l'exigence d'absolu que nul objet ne peut combler dans « cette vallée de misère » (83). Brodant sur le motif des vanités, il déprécie la vie terrestre et imprègne de mélancolie sa pastorale miséricordieuse. Sans doute cette dépréciation a-t-elle pour but de calmer les tourments d'Atala qui se meurt, en la détachant de tout regret. Mais, en affirmant que rien de solide ne dure ici-bas, le vieil ermite semble vouer par avance à l'échec le missionnaire qui a tenté de

---

14 Voir Michel 2008, 42.

fonder une nouvelle société harmonieuse sur une utopie évangélique teintée de religion naturelle :

> Homme – renchérira le narrateur du récit-cadre –, tu n'es qu'un songe rapide, un rêve douloureux ; tu n'existes que par le malheur ; tu n'es quelque chose que par la tristesse de ton âme et l'éternelle mélancolie de ta pensée ! (99)

L'Épilogue d'*Atala*, où l'on apprend la dévastation de la mission par des sauvages ennemis et le martyre du père Aubry, renforce cette note désenchantée : non seulement les mœurs primitives des Indiens, dans leur cruauté, ne correspondent nullement à l'image idyllique du Bon Sauvage, mais le christianisme semble échouer à étendre durablement son influence sur ces peuplades et à les convertir à l'harmonie de ses lois. Sans doute, la compassion, la dignité et le courage dont le missionnaire fait preuve pendant qu'il subit d'atroces tortures gagnent-ils à la foi quelques-uns de ses bourreaux[15]. Mais le chaos ne l'emporte pas moins : aucun ordre ne paraît pouvoir résister à ce déchaînement du mal, qui révèle l'existence d'un autre facteur de fragilité dans le système des harmonies : ses valeurs de convenance, de proportion, d'équilibre et de fusion des contraires sont menacées par la violence archaïque qui persiste dans le cœur de l'homme et accomplit dans la nature son œuvre de destruction.

Cette violence, qui transpose au Nouveau Monde la barbarie « terroriste » des jacobins, est figurée, dans l'Épilogue, par l'imposant paysage du Saut du Niagara : allégorie du Temps dévorateur, l'immense cataracte, qui précipite ses eaux vers l'abîme dans d' « affreux mugissements » (95), manifeste, sur le mode analogique, les potentialités négatives de l'Histoire. Le narrateur contemple ce spectacle formidable « avec un plaisir mêlé de terreur » (96). La rivière, au moment de la chute, devient une mer pressant ses torrents « à la bouche béante d'un gouffre », où s'engloutissent « les cadavres brisés » (96) des animaux que pousse le courant. Les flots en furie, dont la masse fait songer, en tombant, à « une colonne d'eau du déluge », produisent un effet fantastique : dans ce décor dantesque, où les rochers sont « taillés en forme de fantômes » (96), on ne sait plus au juste si les eaux qui écument en nappes et en tourbillons sont une tempête de neige ou des fumées montant au-dessus des forêts, tel un incendie d'apocalypse. Dans

---

15 « On dit que les Chéroquois, tout accoutumés qu'ils étaient à voir des Sauvages souffrir avec constance, ne purent s'empêcher d'avouer qu'il y avait dans l'humble courage du père Aubry, quelque chose qui leur était inconnu, et qui surpassait tous les courages de la terre. Plusieurs d'entre eux, frappés de cette mort, se sont faits chrétiens » (98).

le « chaos des ondes » (96), la mort partout présente accomplit son œuvre de destruction.

Lorsqu'*Atala* se termine, l'œuvre de mort semble s'étendre à l'univers : les derniers Natchez sont à leur tour entraînés dans la tourmente et condamnés à quitter leur patrie. Sans avenir, comme l'enfant mort à la naissance auquel un couple de ces « Indiens infortunés » (99) cherche une sépulture, ils n'ont pour tout trésor que les ossements de leurs pères, qu'ils emportent avec eux dans leur errance. En apparaissant parmi les protagonistes de l'Épilogue, le narrateur du récit-cadre, qui n'était dans le Prologue qu'une voix indéfinie, fait le lien entre l'exil des Natchez et son propre exil : le triste sort de Indiens fait écho au malheur des émigrés pendant la Révolution, dont il rappelle les déchirements. Mais le récit, en s'achevant, manifeste moins les harmonies de la religion, de la nature et des passions humaines que les heurts de l'Histoire qui, dans leur brutalité effrénée, jettent la confusion dans l'univers comme dans les cœurs.

Avant de mourir, Atala fait promettre à Chactas qu'il adoptera sa foi, en recevant le baptême[16]. D'une certaine manière, même si cette promesse est obtenue sans menace ni contrainte, même si Atala prend soin de la distinguer d'un serment solennel, un vœu succède dans le récit à un autre vœu. Le père Aubry en laissant le jeune Natché rentrer dans sa patrie le rappelle à son engagement : « Faites-vous instruire dans la religion de votre Atala, lorsque vous en trouverez l'occasion, et souvenez-vous que vous lui avez promis d'être vertueux et chrétien » (91).

Le plus curieux est que Chactas ne se soucie guère de tenir sur-le-champ sa promesse. Sa dévotion à la mémoire de sa bien-aimée ne va pas jusqu'à répondre sans délai au désir pressant qu'elle a formulé dans ses derniers instants, après avoir surmonté le regret de n'avoir pu s'unir à lui sur cette terre et lui avoir symboliquement légué en héritage le « petit crucifix » (85) qui pendait à son cou. Lorsqu'au soir de sa vie, il raconte le drame de sa jeunesse à René, Chactas ne s'est toujours pas converti et les « raisons de politique et de patrie » qu'il invoque en guise d'explication, paraissent si « frivoles » (87) qu'on peine à le croire. Les « joues flétries » du vieillard, ravinées par les larmes, ses « yeux éteints » (42), sa « tête blanchie par les chagrins » (87) laissent soupçonner que les morsures de la passion et la sourde révolte contre les causes de son malheur ont tardé à s'apaiser[17].

---

16   « Navré de douleur, je promis à Atala d'embrasser un jour la religion chrétienne » (86).

17   Elles peinent aussi à s'apaiser pour Atala dont les blasphèmes donnent à ses transports amoureux un relief saisissant et une séduction inusitée : « Tantôt j'aurais voulu être avec toi la seule créature vivante sur la terre ; tantôt, sentant une divinité

Il est donc plus plausible de penser que de secrètes résistances intérieures, qu'il a fini par vaincre, ont longtemps empêché le Natché de se conformer à son engagement. L'Épilogue nous apprend cependant qu'il a reçu le baptême peu avant de disparaître. Encore n'est-ce qu'un « baptême de désir »[18], comme on le découvre dans *Les Natchez*. Chateaubriand n'insiste guère sur cet événement dans *Atala*, préférant développer un autre épisode : le pèlerinage de Chactas à la mission après que la mort du père Aubry lui est parvenue. Le récit relate ainsi la découverte des ruines de cette paisible retraite, la quête du tombeau d'Atala et du vieux missionnaire, l'exhumation de leurs « précieux restes » (88). C'est la possession de ces reliques, bien plus que sa conversion, qui procure à Chactas le repos du cœur : « La nuit, il les mettait sous sa tête, et il avait des songes d'amour et de vertu » (99).

Un hiatus subsiste dans l'œuvre : le récit enchâssé qui relate les amours de deux sauvages dans la solitude est aussi pour Chactas, qui en est le narrateur, l'occasion d'une découverte des harmonies de la religion, de la nature et des passions. Grâce à Atala et au père Aubry, le jeune Indien, qui ne sait rien du christianisme, en éprouve les beautés à travers le spectacle de l'univers et les expériences de son propre cœur. À cet égard, *Atala* est bien un récit exemplaire, une histoire « fort instructive » (93) qui s'inscrit dans la perspective apologétique du *Génie* : le lecteur, à l'instar de Chactas, y renouvelle sa vision du monde, en appréhendant les rapports cachés reliant harmonieusement différentes réalités, physique, morale et surnaturelle.

Mais le récit-cadre, notamment l'Épilogue, déplace cette perspective, en substituant au motif des harmonies le motif de la mémoire répondant à la violence et à la destruction qui ont fait irruption dans l'Histoire. Les liens d'*Atala* avec l'héritage néoclassique du tournant des Lumières et de la sensibilité s'y distendent : la consolation du cœur, qui apaise ses inquiétudes et ses souffrances, s'obtient désormais par un patient travail de deuil qui est déjà romantique : il répare une perte qui a fait événement, en confrontant celui qui l'a subie au sentiment d'une tragique fracture temporelle. Cette nouvelle relation au temps, vécu comme privation et disharmonie, suscite en retour le culte des morts, la poésie mélancolique de la trace, la dévotion du souvenir.

Chactas, lorsqu'il déterre et conserve pieusement auprès de lui les os blanchis de sa bien-aimée et du père Aubry, accomplit un geste que répéteront, bien plus

---

qui m'arrêtait dans mes horribles transports, j'aurais désiré que cette divinité se fût anéantie, pourvu que serrée dans tes bras, j'eusse roulé d'abîme en abîme avec les débris de Dieu et du monde ! » (77).

18 Chateaubriand 1989, 528.

tard, les derniers Natchez chassés de leur patrie, dont le narrateur croisera le chemin, alors qu'ils ont emporté avec eux les restes de leurs aïeux mêlés à ceux du vieux Sachem. Or cet usage qui consiste à se léguer de génération en génération de vieux ossements, trésor de la mémoire, n'est pas sans rappeler le mode de transmission auquel est soumis le récit lui-même :

> Chactas, fils d'Outalissi, le Natché, a fait cette histoire à René l'Européen. Les pères l'ont redite aux enfants, et moi, voyageur aux terres lointaines, j'ai fidèlement rapporté ce que des Indiens m'en ont appris (93).

À chacun de ces relais, le passé a pu revivre comme un présent, il s'est perpétué, contrariant la logique de l'effacement et de l'oubli. Figure de Chateaubriand lui-même, le narrateur du récit-cadre, lorsqu'il intervient pour fixer cette histoire par écrit, parachève un long effort de la mémoire. L'œuvre, d'une certaine manière, témoigne d'une victoire sur la mort, au terme d'une série de deuils. Les harmonies de la religion avec les scènes de la nature et les passions humaines, qui étaient censées illustrer la poétique du christianisme, ont fait place *in fine* à un autre idéal de beauté figuré par les vestiges et les reliques : ces objets ambigus témoignent de l'action destructrice du temps, à laquelle rien ne résiste, tout en conservant la trace d'une harmonie perdue, dont le souvenir se serait effacé, sans eux, à tout jamais.

Bibliographie

BERCEGOL, Fabienne : *Chateaubriand : une poétique de la tentation*. Paris : Classiques Garnier 2009.

CHATEAUBRIAND, François René de : *Œuvres romanesques et voyages*. Paris : Gallimard 1969, tome 1.

- *Génie du christianisme*. Paris : Gallimard 1978.

- *Les Natchez*. Paris : Livre de poche classique 1989.

DEVAUX, Michaël : « Leibniz : le 'système de l'harmonie' entre esthétique et théologie ». Dans : Christophe Carraud (dir.) : *L'Harmonie*. Orléans-Meaux : Institut d'Arts Visuels 2000, 263–284.

DUFLO, Colas : « Le finalisme esthétisant des Études de la nature de Bernardin de Saint-Pierre ». Dans : Catriona Seth et Éric Wauters (dir.) : *Autour de Bernardin de Saint-Pierre*. Rouen : PURH 2010, 157–163.

FUMAROLI, Marc : *Chateaubriand. Poésie et Terreur*. Paris : Éditions de Fallois 2003.

GLAUDES, Pierre : *Atala, le désir cannibale*. Paris : PUF 1994.

Michel, Alain et Arlette : *La littérature française et la connaissance de Dieu (1800–2000)*. Paris-Genève : Le Cerf-Ad Solem 2008, tome 1.

Romano, Cristina : « L'influence de Bernardin de Saint-Pierre dans les premières œuvres de Chateaubriand ». Dans : Catriona Seth et Éric Wauters (dir.) : *Autour de Bernardin de Saint-Pierre*. Rouen : PURH 2010, 199–213.

Sainte-Beuve, Charles-Augustin : *Chateaubriand et son groupe littéraire*. Paris : Garnier 1946, tome 1.

Rémanence du religieux
et résurgence du sacré dans la littérature
et la culture québécoises

Hans-Jürgen Lüsebrink
(Sarrebruck)

Esthétiser et diffuser l'amour de la patrie et la foi chrétienne. Intermédialité et diffusion populaire des œuvres de l'artiste-peintre Rodolphe Duguay et du poète Nérée Beauchemin

I. Marginalités contemporaines

Cette contribution, axée autour du peintre québécois Rodolphe Duguay et du poète Nérée Beauchemin, vise un triple objectif : l'objectif, d'abord, de mettre en lumière le rôle important de deux figures majeures de l'histoire artistique et littéraire du Québec du début du XXe siècle et de l'entre-deux-guerres qui paraissent marginalisées, voire un peu oubliées, dans l'historiographie littéraire et culturelle du Québec contemporain, celui de la Révolution tranquille et des périodes qui suivent ; l'objectif, en second lieu, d'éclairer les contacts personnels entre les deux personnages évoqués et les relations intermédiatiques, mettant en rapport peinture et poésie, en résultant ; et, enfin, l'objectif, d'analyser de quelle façon et à travers quels types de discours et de représentations, les œuvres de Rodolphe Duguay et de Nérée Beauchemin furent diffusées par les almanachs populaires, qui représentaient de loin le média le plus largement répandu au Québec jusque dans les années 1930[1], et en particulier dans deux grandes séries d'almanachs religieux, l'*Almanach de l'Action Sociale Catholique* et l'*Almanach de Saint-François*.

Ce processus de marginalisation est particulièrement frappant en ce qui concerne Nérée Beauchemin, né en 1850 à Yamachiche près de Trois-Rivières et mort en 1931 dans le même village[2], si l'on compare des histoires littéraires parues avant et après la Révolution tranquille des années 1960. Camille Roy, une autorité de tout premier plan dans la critique et l'histoire littéraires canadiennes-françaises jusque dans les années 1950, qui avait salué avec beaucoup

---

1   Voir Lüsebrink 2014.
2   Voir sur sa biographie: Guilmette 1968, I, 1–125 (« Biographie »).

d'éloges la parution du recueil *La Patrie intime* en 1928[3], consacra dans son *Manuel d'histoire de la littérature canadienne de langue française* de 1945, un chapitre à Nérée Beauchemin où il lui accorda la même place et la même importance qu'aux poètes Pamphile Le May et William Chapman. Camille Roy y souligne ses apports à une « littérature régionaliste qui fleurit avec une abondance nouvelle au pays de Québec après 1900 », tout en montrant en même temps que son œuvre avait d'autres dimensions – celles d'une poésie « plus intime, plus soucieuse d'observation et de formes nouvelles » – qui illustrent « comment les divisions de l'histoire littéraire sont en grande mesure artificielles ou arbitraires »[4]. Gérard Tougas considéra, dans *son Histoire de la littérature canadienne-française* parue en 1950, le recueil *La Patrie intime* de Nérée Beauchemin « comme un sommet de la poésie canadienne-française du dix-neuvième siècle »[5]. Clément Marchand lui accorda, lui aussi, un rôle important dans l'histoire de la poésie québécoise des XIXe et XXe siècles en écrivant en 1957 :

> Nérée Beauchemin marque une phase décisive dans notre poésie. Avec lui, au tournant du siècle dernier, la muse canadienne s'affranchit du conformisme didactique et commence, à travers des thèmes humanisés, une lente progression vers l'universel. L'auteur de la *Patrie intime* ferme chez nous l'ère de l'épopée, du long poème impersonnel et froid, pour ouvrir celle d'un lyrisme plus familier, déjà nourri de réalités intérieures[6].

Samuel Baillargeon lui consacra la même année, en 1957, dans son ouvrage *La Littérature canadienne-française*, préfacé par Lionel Groulx, un chapitre particulier de quatre pages, intitulé « Le Parnassien mystique » où il caractérise Nérée Beauchemin comme un écrivain du terroir et un poète de la spiritualité religieuse tout en l'inscrivant dans la mouvance du Parnasse français :

> Beauchemin exploite comme Le May la veine du terroir, mais avec un art supérieur. Un heureux alliage de sentiments délicats et de nuances musicales communique à sa poésie une perfection qu'on ne trouve chez aucun poète de l'époque. Beauchemin n'est pas

---

3　　Voir la lettre de Camille Roy à Nérée Beauchemin citée par Guilmette 1968, I, 62–63: « Comme vous avez bien fait de recueillir ces poèmes où se retrouvent tant de petites choses très chères à la patrie intime où chante au grand soleil ou au rythme du clocher notre nature ou notre piété canadienne ».

4　　Roy 1945, 67.

5　　Tougas 1960, 63. Voir aussi Roy 1931, 38–56 (« Allocution prononcée à l'Hôtel-de-Ville des Trois-Rivières, dimanche, le 11 novembre 1928, à l'occasion de la remise du grand prix d'Apostolat laïque par la Poésie, au poète Nérée Beauchemin »).

6　　Marchand 1957, 7.

seulement un grand nom de cette période littéraire, il est un des écrivains remarquables de la littérature canadienne-française[7].

Baillargeon dessine ensuite la trajectoire biographique de Nérée Beauchemin, qui exerça parallèlement à ses activités littéraires la profession de médecin de campagne, il cite et analyse plusieurs de ses poèmes extraits des recueils *Floraisons matutinales* (1897) et *Patrie intime* (1928), pour arriver enfin à la « conclusion » suivante sur son œuvre :

> Figure sympathique et attachante que celle de ce poète modeste, mais consciencieux, qui a su donner à la poésie canadienne-française une perfection qu'elle n'avait jamais atteinte. [...] Beauchemin annonce l'École littéraire de Montréal. Plusieurs poésies, publiées dans *Patrie intime*, ont d'ailleurs été rédigées alors que la jeune École était en pleine effervescence. Contemporain de leurs prouesses poétiques, le poète n'en est pas moins d'une autre génération par sa mentalité et par son œuvre. « Un des rares de son époque, Nérée Beauchemin mérite de survivre » (Clément Marchand)[8].

Quarante ans plus tard, dans *La littérature québécoise* de Laurent Mailhot, ouvrage de référence publié chez Boréal, Nérée Beauchemin ne mérite plus que deux lignes et demie, dans le chapitre « Cheminements et reflets » qui englobe l'évolution littéraire au Québec entre 1837 et 1918, et ces lignes sont assez lapidaires et dévastatrices : « Les *Floraisons matutinales* (1897) de Nérée Beauchemin sont déjà tardives, fanées, et sa *Patrie intime* (1928), trop étroite »[9]. La plus récente *Histoire de la littérature québécoise* (2007) de Michel Biron, François Dumont et Élisabeth Nardout-Lafarge est moins sévère dans son jugement sur Nérée Beauchemin. Il y est caractérisé comme « l'un des poètes canadiens-français les plus convaincants »[10], aux côtés de Pamphile Le May, au sein de la littérature régionaliste de l'époque, mais les auteurs ne lui consacrent guère plus que quelques lignes et citent trois strophes de son poème « La branche d'alisier chantant » figurant dans le recueil *Patrie intime*[11]. Sans mentionner la dimension religieuse de son œuvre, pourtant capitale pour son interprétation[12], les auteurs de cette

---

7   Baillargeon 1957, 3e édition 1960, 122 (« Nérée Beauchemin, 1850–1931 »).

8   *Ibid.*, 125.

9   Mailhot 1997, 64. Beauchemin (« le Dr. Beauchemin à Yamachiche ») se trouve de nouveau très brièvement mentionné p. 68 dans le contexte de « l'école poétique du Terroir ».

10 Biron / Dumont / Nardout-Lafarge 2007, 110. Nérée Beauchemin est également mentionné très brièvement p. 184, p. 220 et p. 490.

11 *Ibid.*, 110–111. La source du poème n'est pas précisée.

12 Voir Guilmette 1968, I, 104 : « Toute l'œuvre de Beauchemin est empreinte d'aspirations mystiques très variées. [...]. Bref, c'est toute une ferveur mystique qui

histoire littéraire devenue également un ouvrage de référence, caractérisent la poésie de Nérée Beauchemin « par son style artisanal qu'il apporte à l'écriture, par son attachement au quotidien et par sa nostalgie réservée »[13]. Sous le titre de « Beauchemin l'oublié », le poète et nouvelliste Clément Marchand tente, enfin, de réhabiliter la mémoire de l'auteur des *Floraisons matutinales* et de la *Patrie intime* en soulignant la dimension innovatrice de son œuvre :

> Au tournant du siècle dernier, l'œuvre brève mais quintessenciée de Nérée Beauchemin, toute d'émotion discrète et de sensibilité, marque une phase décisive dans l'évolution de notre poésie. Avec lui, l'écriture poétique s'affranchit d'un certain didactisme et commence, à travers des thèmes autrement inspirés, sa lente progression vers l'universel[14].

La destinée de l'œuvre de Rodolphe Duguay (1891–1973) est assez comparable à celle de Beauchemin. Serge Wagner, qui a mis en lumière, dans un ouvrage publié en 1994, le rôle de tout premier plan occupé par Rodolphe Duguay dans l'illustration artistique de livres et de périodiques au Québec depuis la fin des années 1920, souligne au début de son étude que « [p]lus de vingt ans après sa mort, son travail reste encore ignoré ou peu apprécié »[15]. Il cite à ce propos le *Répertoire des livres d'artistes au Québec, 1900–1980*, dirigé par Claudette Hould, où « Duguay et son œuvre sont cavalièrement évacués »[16]. L'article précis et bien documenté paru dans le *Dictionnaire des artistes de langue française en Amérique du Nord* publié par l'historien de l'art David Karel en 1992 s'inscrit toutefois à contre-courant de cette tendance en accordant à Duguay une place tout à fait honorable. En retraçant les grandes étapes de sa carrière, Karel souligne en particulier que Duguay fut reconnu comme « graveur par excellence des sujets du terroir jusqu'à l'essoufflement du marché pour cette imagerie vers 1942 »[17].

Les liens personnels entre Duguay et Beauchemin et les relations intermédiatiques qui en résultèrent, qui ont influencé la réception de leur œuvre auprès d'un large public de lecteurs, sont quasi totalement passés sous silence dans l'historiographie littéraire et artistique québécoise contemporaine. Seul le volume VI

---

circule à travers son œuvre, comme un souci constant d'apostolat ». Voir aussi p. 110: « Ainsi, la religion, la patrie canadienne et française, la famille, la nature, sont pour Nérée Beauchemin une source inépuisable d'inspiration. Le poète vise à transformer en beauté les éléments qu'il en tire et à les unifier en une vision empreinte de mysticisme ».

13 *Ibid.*, 110.
14 Marchand 2000, 7.
15 Wagner 1974, 7.
16 *Ibid.*, 7.
17 Karel 1992, 261 (art. « Duguay, Rodolphe »).

de la monumentale *Vie littéraire au Québec* dirigée par Denis Saint-Jacques et Lucie Robert, ouvrage particulièrement attentif aux relations intermédiatiques entre la littérature et d'autres domaines culturels et artistiques, porte une certaine attention à l'œuvre de Beauchemin sous cet angle[18]. Elle s'y trouve placée dans la « veine régionaliste » et en même temps caractérisée comme « poésie catholique »[19]. Cependant l'appréciation portée sur Nérée Beauchemin dans *La Vie littéraire au Québec* reste globalement négative en ce qui concerne l'ensemble de son œuvre et sa postérité. Beauchemin y apparaît essentiellement comme le poète d'une « génération qui passe », ayant recours au « cliché », admiratif devant la « beauté conventionnelle »[20] et traitant, dans sa poésie, des « thèmes [qui] reprennent des lieux communs du régionalisme, religion, terroir et patrie, réaffirmant une pensée d'une absolue orthodoxie »[21].

II. Intermédialités spirituelles

La relations intermédiatiques entre les œuvres de Rodolphe Duguay et de Nérée Beauchemin, qui appartenaient toutefois à des générations différentes – Rodolphe Duguay étant né plus de quarante ans après Nérée Beauchemin – étaient basées sur une même vision spirituelle et catholique du monde ainsi que sur des expériences personnelles communes et des relations privées. Ces dernières étaient ancrées dans la proximité de leurs origines géographiques et culturelles. Les lieux de naissance des deux artistes, Yamachiche pour Nérée Beauchemin et Nicolet pour Rodolphe Duguay, séparés par le fleuve Saint-Laurent, ne sont situés qu'à une distance de 20 kilomètres à peine à vol d'oiseau et appartiennent à la même aire géographique, la Mauricie et le Centre du Québec, qui fut un haut-lieu du régionalisme artistique et littéraire au Québec au début du XXe siècle et dans l'entre-deux-guerres[22]. À partir de la fin des années 1920, au retour de Duguay de son séjour à Paris en 1927, les deux artistes nouèrent des contacts sur le plan à la fois amical

---

18 Saint-Jacques / Robert 2010, 365–366. Voir aussi les remarques sur Beauchemin dans Saint-Jacques / Lemire 2005, 321 où les poèmes de son premier recueil, *Les floraisons matutinales* (1907), sont caractérisés comme suit: « Axés sur des sujets traditionnels qui sont la nature, la religion et la patrie, ils sont alimentés toutefois par un thème commun: la fidélité: fidélité au passé national, fidélité à la religion catholique, etc. ».
19 Terme repris par Saint-Jacques / Lemire 2005, 303 à Seers (Dantin) 1934, 303.
20 Expression reprise par les auteurs de *La Vie littéraire au Québec* (Saint-Jacques / Robert 2010, 366) à Grignon 1933, 115.
21 Saint-Jacques / Robert 2010, 365.
22 Voir sur ce sujet e.a.: Boivin / Lüsebrink / Walter 2014.

et artistique, dont témoignent la correspondance de Duguay et des articles publiés dans la presse de l'époque.

Contrairement à Nérée Beauchemin, l'orientation à la fois régionaliste et spirituelle de Duguay fut profondément marquée, presque paradoxalement, par son séjour parisien prolongé. À lire son journal publié sous le titre *Carnets intimes*, ce séjour parisien pendant les années 1920 à 1927, où il fréquenta les cours privés de l'Académie Julian et de l'Académie des Beaux-Arts, contribua de manière décisive à améliorer ses connaissances en matière de techniques artistiques et lui fit connaître, à travers de nombreuses visites dans les musées et les galeries de la capitale, l'univers de l'art moderne. C'est, en effet, à Paris dans les années 1920 qu'il s'initia d'abord à l'eau-forte puis à la gravure sur bois et à la linogravure, dans un contexte marqué par un renouveau des techniques et par la valorisation de la gravure artistique. Duguay eut en particulier recours, dans ses gravures réalisées à Paris et par la suite au Québec après son retour, à la « combinaison de bois gravés et de linogravures dans des impressions à deux ou trois couleurs »[23].

Ce long séjour parisien incita Duguay de façon paradoxale à se détourner résolument des avant-gardes artistiques de la modernité européenne, et en particulier de leur vision laïque du monde. Il n'hésita pas à noter, dans ses *Carnets intimes*, que certaines œuvres d'Auguste Rodin, immorales à son sens, ne devraient pas être accessibles au public[24], et à qualifier Fragonard et Rodin, à cause des sujets érotiques de leurs peintures, de « cochons » : « Le mot n'est pas trop fort, mais ce sont des artistes, des maîtres malheureusement. » Et d'ajouter : « Mon Dieu ! Faites que j'emploie mes talents à faire des choses plus nobles »[25]. L'exposition de peintres de l'avant-garde hollandaise qu'il visita en avril 1926 à la Salle du Jeu de Paume lui parut d'un « modernisme monstrueux » : « Ce pauvre Rembrandt rougirait des siens, j'en suis sûr. [...] Peut-on imaginer décadence semblable ? »[26]

Mais c'est précisément à Paris qu'il commença à concevoir et à réaliser toute une série de dessins mettant en scène la vie rurale du Québec traditionnel, à trouver son style propre de dessinateur et de graveur et à nouer des contacts importants avec des cercles artistiques, en Europe mais surtout au Canada, qui contribuèrent de manière décisive à l'orientation de sa carrière future. Il rencontra ainsi à Paris l'Abbé Albert Tessier, qui vécut entre 1922 et 1924 dans

---

23 Wagner 1974, 20.

24 Duguay 1978, 116 : « Pauvre Rodin d'avoir fait des choses si scandaleuses, car certains de ses dessins et sculptures sont vraiment des choses que le public ne devrait pas voir ».

25 *Ibid.*, 124.

26 *Ibid.*, 230.

la capitale française et devint après son retour au Québec un promoteur enthousiaste du talent et l'œuvre de Duguay dans les milieux artistiques et littéraires canadiens-français[27]. Duguay fit également connaissance à Paris avec le
peintre canadien Clarence Gagnon, qui lui proposa d'exposer quelques-unes de
ses œuvres à l'exposition canadienne à Wembley en Angleterre en 1926, ainsi
qu'avec l'écrivaine Georges Gilbert, pour laquelle il réalisa l'illustration de la
couverture de son recueil de poèmes *Floraisons.*

Les relations personnelles et artistiques intenses entre Rodolphe Duguay et
Nérée Beauchemin se situent dans les années 1927 à 1931, entre le retour de
Duguay de Paris et la mort de Beauchemin en 1931. Dans une lettre à l'Abbé
Albert Tessier qui après avoir fait la connaissance de Duguay à Paris devint par
la suite en quelque sorte son « mentor »[28], Beauchemin exprime son admiration
pour l'œuvre du peintre-graveur dont il affirme partager la sensibilité religieuse,
en commentant comme suit des gravures sur bois de Duguay illustrant des motifs
de la Bible :

> Comme les vieux bouviers de la rocheuse et poudreuse Judée, j'ai été saisi d'étonne
> ment. Et cette vierge toute à son rêve et toute à son affront, et cet hiératique huchier qui
> n'a jamais connu sa femme, c'est bien Marie et Joseph de l'Évangile. Le peintre archéo
> logue a compris l'interprétation réelle du vieux sujet. C'est bien, la paille, la poussière, la
> misère dans la bergerie de Palestine. Ce clair obscur, où tout s'efface, ce n'est plus cette
> éblouissante lumière d'or, où l'on voit défiler, dans les tableaux de fantaisie, les Mages,
> dans les costumes du dey d'Alger, du roi de France, et du sultan de Constantinople[29].

Beauchemin avait déjà souligné, dans son discours de remerciements prononcé
à l'occasion de l'attribution du Grand Prix d'Apostolat Laïque par la Poésie qui
lui fut décerné le 11 novembre 1928 à Trois-Rivières, sa parenté artistique avec
Duguay qu'il interpella dans son discours comme le « jeune maître Rodolphe
Duguay, dont le pinceau magique a fixé si bellement sur sa toile la physionomie
pieuse, apaisée, rayonnante, de la patrie intime représentée dans ce qui en exprime le mieux la noble beauté »[30]. Comme Duguay, Beauchemin, et dans leur

---

27 Karel 1992, 261 (art. « Duguay, Rodolphe »).

28 Expression utilisée dans la note 76 de l'édition critique du journal intime de Rodolphe
     Duguay (2004, 439): « L'Abbé Tessier (1895–1976), écrivain, photographe, cinéaste
     et historien, fut le mentor de R.D. Au moment de leur première rencontre, l'abbé
     Tessier arrivait de Rome avec un doctorat en théologie et entreprenait des études en
     littérature à la Sorbonne et à l'Institut Catholique de Paris ».

29 Beauchemin 1974, 67 (« Lettre à l'Abbé Tessier. Yamachiche, 26 décembre 1930 »).

30 *Ibid.*, 67 (« Remerciements adressés par Nérée Beauchemin après qu'on lui eut décerné
     le Grand Prix d'Apostolat laïque par la poésie, à Trois-Rivières, le 11 novembre 1928 »).

sillage l'Abbé Tessier, le soulignent, leurs œuvres se rejoignent, tout en utilisant des modes d'expression symboliques très différents, la poésie littéraire et l'expression artistique picturale, en particulier la gravure sur bois et la linogravure. Les thématiques traitées et les sensibilités se rejoignent et sont largement partagées : en premier lieu, à travers l'exaltation commune de la 'petite patrie', en l'occurrence de la Mauricie, et de son héritage religieux ; en second lieu, à travers une mystique partagée, créée autour du paysage et de la nature, considérés à la fois comme œuvre et comme révélation de la divinité. En renouant ici avec des formes de religiosité populaire, telle celle exprimée notamment par l'Abbé Noël-Antoine Pluche dans son *Spectacle de la Nature* (1732–42), Duguay, qui se considérait depuis son séjour parisien avant tout comme un artiste-peintre paysagiste, avait ainsi noté en décembre 1924 dans son *Journal* :

> Oui, je serai paysagiste, c'est décidé. Je vois de plus en plus ma vraie voie qui se dessine. J'en suis heureux. Oui, heureux. Que c'est beau, le paysage ! La nature, c'est un peu Dieu, le ciel, les astres, la terre, beau, tout ça, ça rend bon. Admirer ces chefs d'œuvre, c'est une prière. Voilà comment moi je ressens le paysage[31].

En troisième lieu, les deux œuvres artistiques et poétiques de Duguay et de Beauchemin se rejoignent dans leur valorisation de la contemplation et de la méditation. Cette poétique de la décélération allait délibérément à l'encontre de l'accélération temporelle propre à la modernité sociale et industrielle qui s'était imposée, tout au moins dans le Québec urbanisé, depuis le début des années 1920, et se voulait en opposition avec le rythme de vie des avant-gardes artistiques de l'époque et avec la notion de « progrès » que celles-ci prétendaient incarner. Dans un passage de son *Journal* racontant une promenade dans la forêt de Fontainebleau près de Paris, en 1926, Duguay oppose précisément la modernité, le progrès et la vitesse, d'une part, et la poésie, la création artistique ou littéraire, d'autre part, qu'il considère intrinsèquement liées au sentiment religieux et à la foi chrétienne et qu'il situe dans une autre temporalité que celle du rythme effréné des métropoles modernes :

> Chants divers des oiseaux, aboiements d'un chien, bruits confus et par moments calmes, troublés par une seule petite voix de ces petits êtres ailés. Malheureusement … *le progrès* … par moment ronfle une voiture sur la belle route qui prolonge son long ruban gris et bleu. Bien commodes, ces belles voitures, mais … comme leur luxe et leur belle allure vertigineuse se prêtent peu à la poésie[32].

---

31 Duguay 1978, 170/172 (« Paris, 9 février 1924 »).
32 *Ibid.*, 229 (« Fontainebleau, 14 avril 1926 »).

Les collaborations directes entre Beauchemin et Duguay, qui illustra de nombreux ouvrages littéraires de l'époque, furent toutefois assez limitées. On peut relever en particulier l'illustration du poème « Apparuit Gratia Dei » dédié à la naissance du Christ et paru dans le supplément de Noël du journal *Le Nouvelliste* publié à Trois-Rivières en 1930, illustré par un dessin de Rodolphe Duguay montrant l'Enfant Jésus dans la crèche[33]. Duguay illustra également, par un dessin, le poème patriotique de Nérée Beauchemin exaltant « La cloche de Louisbourg » en Nouvelle-Écosse, une « vieille cloche d'église », « française et catholique, / Comme les cloches de chez nous »[34], qui avait été enlevée et transportée à Halifax après la conquête et la destruction de la forteresse par des troupes anglaises en 1758[35]. Et pour la célébration de l'hommage rendu à Nérée Beauchemin le 11 novembre 1928, qui fut organisée par L'Abbé Tessier et Omer Héroux, Duguay dessina le portrait du poète qui fut reproduit sur les cartons d'invitation et accompagné des vers autographes suivants de Nérée Beauchemin contenant une sorte de profession de foi personnelle et intime :

> Mon rêve n'a jamais quitté
> Le cloître obscur de la demeure
> Où, dans le devoir j'ai goutté
> Toute la paix intérieure[36].

L'abbé Tessier, proche aussi bien de Nérée Beauchemin que de Rodolphe Duguay par des liens d'amitié et une même sensibilité à la fois catholique et régionaliste, et qui avait joué un rôle actif dans l'organisation de leur rencontre, contribua de manière décisive à leur promotion comme artistes peintre et poète au Québec. À l'instigation de l'abbé Joseph-Gérin Gélinas, Tessier incita Beauchemin à publier les nombreux poèmes restés manuscrits qui se trouvaient dans les tiroirs de l'écrivain et dont Gélinas lui avait révélé l'existence : « Vous réussirez peut-être à le décider de publier un recueil de ses meilleures pièces », aurait dit Gélinas à Tessier. « Des centaines de poèmes dorment dans ses tiroirs, et c'est bien dommage pour notre littérature »[37]. Il motiva ainsi Beauchemin, découragé par l'« échec »[38] de la publication de son premier recueil de poèmes *Floraisons*

---

33 Beauchemin 1973, I, 170–171 (poème « Apparuit Gratia Dei ») ; 625 (notes critiques).

34 *Ibid.*, 90–93 (« La cloche de Louisbourg »).

35 *Ibid.*, 348–355 (commentaire critique).

36 Martin 2004, 163.

37 Tessier 1975, 147.

38 Voir *ibid.*, 148, le témoignage de Nérée Beauchemin cité par Tessier: « 'J'ai publié mes *Floraisons matutinales* en 1897. J'en ai vendu à peine cinquante exemplaires. Je n'ai pas le gôut ni les moyens de risquer un autre échec.' »

matutinales (1897), à publier en 1928 un second recueil, *Patrie intime*, tout en lui achetant le reste de l'édition de son premier recueil et en s'occupant activement de la promotion et de la diffusion de ses œuvres[39]. Tessier commanda également en 1930 à Duguay des portraits de tous les évêques de Trois-Rivières et de tous les supérieurs du Séminaire de Trois-Rivières ; il fit imprimer en 1935 aux Presses du journal *Le Nouvelliste* à Trois-Rivières deux séries de bois gravés avec des thèmes patriotiques et religieux s'inscrivant dans la mouvance du régionalisme mauricien, qui rencontrèrent un succès retentissant auprès du public[40]. Guilmette souligne dans cette perspective qu'une « certaine parenté de goûts et de préoc-cupations prédisposait ces deux hommes à une sympathie réciproque », l'abbé Tessier ayant été aussi un « ferment des choses de la petite patrie » : « En outre, il se préoccupait de découvrir de jeunes talents pour les encourager à produire. Rodolphe Duguay, Clément Marchand, Félix Leclerc, Hervé Biron et plusieurs autres ont été l'objet de son attention »[41].

Le long article que Tessier publia en 1934 dans l'*Almanach trifluvien*, sous le titre « Beauchemin – Duguay », décrivant les liens étroits entre le poète et l'artiste, visait à mettre en lumière non seulement leurs relations personnelles, mais également l'imbrication de leurs œuvres. Selon Tessier, celles-ci se trouvent marquées d'abord par une attention commune pour les « petites choses » de la vie quotidienne, les « gens et choses de chez nous », et pour le style de vie tradi-tionnel, fondé sur les valeurs morales de la société rurale traditionnelle et de la foi catholique. Tessier souligne dans son article la coopération étroite, presque symbiotique, entre Rodolphe Duguay et Nérée Beauchemin, en évoquant par la suite le souvenir personnel de ses propres visites chez les deux hommes :

> Rarement deux hommes se sont touchés d'aussi près sur les pointes supérieures de l'âme, et ont présenté de plus frappantes affinités de goûts, de principes de pensées, de façons de vivre. Une simple visite suffisait à révéler ces traits communs et à manifester chez ces deux hommes même simplicité de vie, même fraîcheur d'âme, même sincé-rité absolue, même souci de mesure et d'équilibre. Dans le salon clos d'Yamachiche, comme dans l'atelier-ermitage de Nicolet, flottait la même atmosphère recueillie, se-reine, reposante[42] !

Tessier vit dans l'œuvre poétique de Beauchemin, en particulier dans son recueil de poèmes *La Patrie intime*, de même que dans l'œuvre artistique de Duguay,

---

39   *Ibid.*, 148–149.
40   Karel 1992, 261 (art. « Duguay »).
41   Guilmette 1968, I, 56.
42   Tessier 1934, 159.

en particulier dans ses bois gravés montrant des scènes de la vie canadienne rurale, au-delà de la diversité des médias et des systèmes symboliques auxquels ils recourent, un même goût pour la « solitude claustrale », un même refus du style de vie haletant des espaces urbains modernes, et un semblable désir d'opposer à l'accélération de la vie moderne l'évocation poétique et artistique d'une vie différente qui réserverait des plages temporelles importantes à la méditation individuelle, à l'introspection religieuse et à la sociabilité familiale.

III. Diffusion populaire – Duguay et Beauchemin dans les almanachs québécois

Duguay et Beauchemin connurent une certaine popularité au Québec, notamment grâce à la publication de leurs œuvres dans les almanachs canadiens-français. À y regarder de plus près, on constate néanmoins qu'ils sont quasiment absents des très grandes séries d'almanachs dont les tirages atteignirent entre 80.000 et 100.000 exemplaires autour de 1900 et pendant les premières décennies du XXe siècle – l'*Almanach du peuple*, l'*Almanach Rolland*, l'*Almanach des Familles* et l'*Almanach agricole et commercial* – qui étaient caractérisés, dans leurs parties littéraires et les 'Variétés', par des contenus délibérément non-religieux, voire clairement laïques[43]. L'article consacré à Nérée Beauchemin en 1929 dans l'*Almanach de la langue française*, autre almanach populaire et non-religieux de large diffusion au Québec, qui ne dépassa cependant pas le tirage de 35.000 exemplaires, constitue plutôt une exception à cette règle. Beauchemin y est présenté à travers sa biographie et quelques œuvres, dont les deux premières strophes d'un poème « La prière du vieillard » tiré du recueil *Patrie Intime*. Même si le commentaire sur ce poème souligne la « foi mystique » incarnée dans ces vers, Nérée Beauchemin apparaît essentiellement, dans les colonnes de cet almanach édité par Albert Lévesque et proche des idées nationalistes de Lionel Groulx, comme un chantre du terroir et de la « petite patrie », glorifiant, à travers l'expérience de l'intime, les grandeurs de l'histoire nationale. « Dans la solitude méditative qui fait les artistes », pouvait-on ainsi lire dans un article non signé de l'almanach intitulé « Nérée Beauchemin », probablement écrit par le rédacteur Albert Lévesque, « le poète de Yamachiche a observé la vie, la vie idéalisée par son âme. Il a aimé son foyer, et dans son foyer toute sa race. Il a levé les yeux sur le clocher de son paysage, et il a compris tout le symbole de l'histoire nationale. Il a admiré les sites de sa petite patrie, et il a chanté admirablement la grande patrie »[44].

---

43 Voir à ce sujet Lüsebrink 2014a.
44 N.N. 1929, 128.

Dans la même perspective, celle de faire connaître un artiste régionaliste et catholique à un plus large public, l'*Almanach de la langue française* consacra en 1930 un article à Rodolphe Duguay, illustré par trois croquis (dont deux « Types canadiens ») de l'artiste. Retraçant sa biographie et les contours de sa production artistique, l'article met l'accent sur l'appropriation créative et originale d'apports étrangers dans son œuvre (« les écoles française, hollandaise et espagnole » qui « l'intéressent particulièrement »[45]) :

> Héritier d'une sérieuse culture artistique, le jeune Duguay, doué d'un talent varié et d'un riche tempérament d'artiste, malgré les œuvres recherchées qu'il a déjà à son crédit, ne commence cependant qu'à produire. Un avenir brillant lui est réservé sans doute. Installé dans son beau pays de Nicolet, pépinière d'artistes, il s'attache à peindre les gens et les choses de chez nous. C'est d'ailleurs son rêve. Souhaitons qu'il le réalise totalement[46].

Nérée Beauchemin et Rodolphe Duguay furent également présents dans l'*Almanach trifluvien*, l'almanach régionaliste le plus important et le plus diffusé au Québec pendant les premières décennies du XXe siècle, ainsi que dans un des almanachs religieux les plus répandus au Québec, l'*Almanach de l'Action Sociale Catholique* et l'*Almanach de Saint-François*. Plusieurs des poèmes les plus connus de Nérée Beauchemin furent ainsi publiés dans des almanachs de large diffusion au Québec, tels les poèmes « Louisbourg », « La cloche de Louisbourg », « Une sainte » et « La fermière »[47]. Le long article publié par Maurice Hébert en 1938 dans l'*Almanach de l'Action Sociale Catholique* constitue un hommage posthume à Nérée Beauchemin et reproduit quelques-uns de ses poèmes : « Le laboureur », « Mère glorieuse », « Une sainte », « La Maison solitaire » et « l'Hiver du Rossignol. » Suivi d'un bois gravé de Rodolphe Duguay (« Le Bassin de savon »), cet article fournit, pour le large public de l'almanach qui fut vendu à plus de 30.000 exemplaires, une introduction à l'œuvre d'un poète dont les tirages des recueils poétiques ne dépassaient guère quelques centaines d'exemplaires. Hébert caractérise d'emblée Nérée Beauchemin comme un poète à la fois patriotique

---

45 N.N. 1930, 159.

46 *Ibid.*, 159.

47 Voir successivement Beauchemin: « Louisbourg », 1937, 76–78; « La cloche de Louisbourg », 1937, 78; « Une sainte », 1919, 106; « La fermière », 1933, 186. « La cloche de Louisbourg » qui peut être considéré comme le poème le plus connu de Beauchemin, est le premier de ses cinq poèmes figurant dans Roy 1938, 226–227 (« Nérée Beauchemin »).

et religieux, comme un « chantre de sa petite patrie dans la grande »[48], qui est
érigé en modèle :

> Il n'y a pas de poète qui soit plus de chez nous que Nérée Beauchemin. Son œuvre
> le situe dans notre vie nationale, l'y classe et l'y ordonne. Elle rend compte de notre
> âme. Elle illustre notre terroir. Elle ajuste notre sentiment aux choses et montre quel
> exact objet doit avoir notre culture. Elle combat notre tendance à la dispersion en nous
> replaçant dans le sens de la tradition. Elle contribue à nous enraciner davantage dans
> notre terreau naturel[49].

Reliant la foi en la patrie canadienne-française et la foi catholique, la poésie de
Nérée Beauchemin se prêterait, selon Maurice Hébert, à une lecture intime et à
voix basse qu'il évoque de manière très explicite à la fin de son article-hommage :

> La foi, la piété, la liturgie, le patriotisme poussent et entraînent de plus haut Nérée
> Beauchemin dans les sentes qu'il affectionne. Ses poèmes perdent, en une certaine
> mesure, à être lus à haute voix. Ils sont comme autant de petites Patries intimes. Ils
> demandent le recueillement, le silence, pour être bien compris. Poèmes de demi-teintes
> et de musiques atténuées. Ils se replient dès qu'on les froisse ou les bouscule. Les dire
> à voix basse, au coin du feu, les soirs de giboulée, ou dans son jardin, sous les belles
> ombres de l'été, c'est entrer en colloque avec le poète qui alors ne nous refuse rien des
> charmes secrets de son œuvre. Il y a, en effet, dans la poésie de Nérée Beauchemin, une
> sorte d'incantation voilée[50].

L'article de l'Abbé Tessier publié dans le numéro-anniversaire de l'*Almanach
trifluvien* célébrant en 1934 le tricentenaire de la ville de Trois-Rivières, peut
être considéré comme un hommage consacrant à la fois l'œuvre des deux artistes et inscrivant leurs parentés spirituelles et esthétiques dans la mémoire
culturelle canadienne-française. En plaçant, en guise d'exergue, une citation de
Jean-Eugène Lapierre (« Pourquoi cette persistante pensée que Duguay est un
autre Beauchemin, mais broyant des couleurs ? »), et en illustrant son article de
plusieurs portraits photographiques des deux artistes, d'un cliché représentant
la maison de Beauchemin à Yamachiche ainsi que de l'image d'une de leurs
rencontres, l'Abbé Tessier dresse avec beaucoup de finesse un tableau d'ensemble
des œuvres de Duguay et de Beauchemin. Proches de sa propre spiritualité,
qu'il a exprimée à travers d'autres genres médiatiques – le film, la photographie,
l'essai historique, le photo-album[51] –, les œuvres de Beauchemin et de Duguay

---

48 Hébert 1938, 77.
49 *Ibid.*
50 *Ibid.*, 80.
51 Voir Hans-Jürgen Lüsebrink 2014b.

lui semblent se rejoindre dans leur tentative commune d'ancrer la foi chrétienne dans l'observation de la nature et du terroir, « selon un rythme grave qui s'élève et invite au recueillement »[52]. Les vers de Beauchemin, les gravures sur bois et les linotypes de Duguay traduisent, selon Tessier, les concepts de « méditation », de « contemplation », de « gravité », de « piété », de « sagesse de vivre » et de « simplicité », exprimés « dans des œuvres sobres, équilibrées, dépouillées de toute surcharge et de tout maquillage »[53]. Tessier voit dans les deux œuvres les contours d'une anthropologie religieuse fortement ancrée dans l'identification au sol et à la patrie, où la personnalité de l'artiste reflète celle des personnages – religieux ou laïcs – qu'il représente symboliquement. « La vie de Beauchemin touchait au mysticisme », note Tessier à la fin de son article paru dans l'*Almanach Trifluvien* en 1934, en liant ensuite étroitement les deux hommes, leur spiritualité et celle de leurs œuvres :

> La foi de Duguay est solide, éclairée, vivante. Leur vie religieuse peut servir de modèle et d'exemple. [...] Par leur sagesse de vivre, par cette faculté de se faire de grandes joies avec des petites choses, Beauchemin et Duguay nous donnent aussi d'autres leçons plus modestes, mais fort précieuses. Ils nous apprennent à puiser autour de nous les parcelles de bonheur, de beauté, que la vie met à notre portée[54].

Rodolphe Duguay fut, pour sa part, un illustrateur privilégié notamment de l'*Almanach de Saint-François* où il publia entre 1930 et 1939 neuf gravures, dans la plupart des cas présentées en hors-texte, avec des sujets relatifs à l'histoire religieuse et au régionalisme, dont la technique se distingue par son caractère innovateur et moderne[55].

Les œuvres de Rodolphe Duguay et de Nérée Beauchemin apportent ainsi un témoignage allant bien au-delà de l'existence d'une poésie et d'une peinture religieuse, fortement liée au régionalisme rural, dans l'entre-deux-guerres au Québec. Elles illustrent aussi une convergence presque paradoxale entre l'expérience de la modernité culturelle, liée chez Duguay à l'expérience transculturelle d'un séjour prolongé à Paris, capitale des avant-gardes artistiques à l'époque, et une expression artistique qui prend décidément ses distances par rapport à ces avant-gardes contemporaines et leur vision du monde, tout en s'inspirant cependant de certaines de leurs techniques d'expression. Comme chez d'autres écrivains et

---

52 Tessier 1934, 159.
53 *Ibid.*, 159.
54 *Ibid.*
55 Vannucci 1997, 79.

intellectuels québécois de l'époque, tels Albert Tessier ou Edmond de Nevers[56], on perçoit la productivité de l'expérience de l'exil qui déboucha, chez Duguay, sur l'invention artistique d'une culture québécoise traditionnelle attachée aux valeurs, à la religiosité, à la terre, ses rythmes et ses coutumes ancestrales, et se voulant profondément humaine.

À travers ces deux figures emblématiques, on parvient à mieux saisir la culture profonde d'un Québec révolu, catholique, empreint d'une certaine mystique religieuse et s'accrochant à la vision nostalgique d'une ruralité traditionnelle déjà largement en voie de disparition à l'époque. La poésie et l'art graphique pouvaient y avoir, comme ce fut le cas dans les œuvres de Nérée Beauchemin et de Rodolphe Duguay, à la fois une fonction identificatrice et un ancrage profond dans la vie quotidienne. Mais on peut redécouvrir aussi, à travers ces deux re-présentants du régionalisme littéraire et artistique de la première moitié du XXe siècle, tout un réseau intellectuel largement oublié – ou marginalisé – par l'his-toire littéraire et culturelle du Québec contemporain, qui occupa une place im-portante pendant les années 1920 à 1940. L'abbé Gélinas et l'abbé Tessier jouèrent eux aussi, dans ces milieux et réseaux intellectuels catholiques et régionalistes, aux côtés des deux personnages de Rodolphe Duguay et Nérée Beauchemin, un rôle central dans le paysage culturel québécois de l'époque.

Bibliographie

BAILLARGEON, Samuel : *La Littérature canadienne-française*. Préface de M. le chanoine Lionel Groulx. Montréal / Paris : Fides 1957, 3e édition 1960, 122–126 (« Nérée Beauchemin, 1850–1931 »).

BEAUCHEMIN, Nérée : « Lettre à l'Abbé Tessier ». Yamachiche, 26 décembre 1930 ». Dans : Armand Guilmette: *Nérée Beauchemin, son œuvre*. Édition critique. Montréal : Les Presses de l'Université du Québec 1974, 67.

– « Louisbourg ». Dans: *Almanach de l'Action Sociale Catholique*, 1937, 76–78.

– « La cloche de Louisbourg ». Dans: *Almanach de l'Action Sociale Catholique*, 1937, 78.

– « Une sainte ». Dans: *Almanach de langue française*, 1919, 106;

– « La fermière ». Dans: *Almanach Rolland*, 1933, 186.

---

56 Voir la préface dans Nevers 2002 (« Transferts culturels et expérience de l'Autre. Edmond de Nevers et sa vision du monde germanique ») ; et Warren 2005 ; ainsi que Lüsebrink 2011; et, dans une perspective complémentaire Lacroix 2014.

– « Remerciements adressés par Nérée Beauchemin après qu'on lui eut décerné le Grand Prix d'Apostolat laïque par la poésie, à Trois-Rivières, le 11 novembre 1928 ». Dans : Armand Guilmette: *Nérée Beauchemin, son œuvre.* Édition critique. Montréal: Les Presses de l'Université du Québec 1974, 67.

– *Son œuvre.* Édition critique, par Armand Guilmette. Montréal : Presses de l'Université du Québec 1973.

BIRON, Michel / François Dumont / Élisabeth Nardout-Lafarge: *Histoire de la littérature québécoise.* Montréal: Boréal 2007.

BOIVIN, Aurélien / Hans-Jürgen Lüsebrink / Jacques Walter (éds.): *Régionalismes littéraires et artistiques comparés. Québec/Canada-Europe.* Nancy : Presses Universitaires de Lorraine 2014 (coll. « Questions de communication, série actes »).

DUGUAY, Rodolphe : *Carnets intimes.* Présenté par Hervé Biron. Montréal : Boréal Express 1978.

– *Journal 1907–1927.* Texte intégral établi, présenté et annoté par Jean-Guy Dagenais, avec la collaboration de Claire Duguay et Richard Foisy. Montréal : Éditions Varia 2004.

GRIGNON, Claude-Henri : *Ombres et clameurs. Regards sur la littérature canadienne.* Montréal : Éditions Albert Lévesque 1933.

GUILMETTE, Armand : *Édition Critique des Œuvres complètes de Nérée Beauchemin.* Thèse présentée à l'École des Gradués de l'Université Laval pour obtenir le doctorat ès lettres. Sainte-Foy: Université Laval 1968, manuscrit, 3 vols.

HÉBERT, Maurice : « Nérée Beauchemin ». Dans: *Almanach de l'Action Sociale Catholique*, 1938, 77–80.

KAREL, David: Dictionnaire des artistes de langue française en Amérique du Nord. Peintres, sculpteurs, dessinateurs, graveurs, photographes et orfèvres. Québec / Musée du Québec: Les Presses de l'Université Laval 1992.

– *Dictionnaire des artistes de langue française en Amérique du Nord. Peintres, sculpteurs, dessinateurs, graveurs, photographes et orfèvres.* Québec / Musée du Québec : Les Presses de l'Université Laval 1992.

LACROIX, Michel : ‚*L'invention du retour d'Europe'. Réseaux transatlantiques et transferts culturels au début du XXe siècle.* Québec: Presses de l'Université Laval 2014.

LÜSEBRINK, Hans-Jürgen : « Doubles migrations – l'impact interculturel d'expériences migratoires d'écrivains et intellectuels canadiens-français en France et aux Etats-Unis ». Dans : Klaus-Dieter Ertler / Martin Löschnigg / Yvonne Völkl (éds.) : *Cultural Constructions of Migration in Canada/ Constructions culturelles de la migration au Canada.* Frankfurt/Main u.a.: Peter-Lang-Verlag 2011, 255–269.

– ‚*Le livre aimé du peuple*'. *Les almanachs québécois de 1777 à nos jours*. Québec: Presses de l'Université Laval 2014a.

– « Intermédialité et régionalisme imagé: films, livres d'images, photographies ». Dans: Aurélien Boivin et David Karel, avec la collaboration de Brigitte Nadeau (éds.): *À la rencontre des régionalismes artistiques et littéraires. Le contexte québécois 1830–1960*. Québec : Les Presses de l'Université Laval 2014b, 261–293.

Mailhot, Laurent : *La littérature québécoise depuis ses origines*. Montréal : Boréal 1997.

Marchand, Clément : « Beauchemin l'oublié ». Dans: Nérée Beauchemin: *Patrie intime et autres poèmes*. Choix et présentation de Clément Marchand. Montréal: Les Herbes Rouges 2000, 7–14.

– « Introduction ». Dans : *Nérée Beauchemin*. Textes choisis et présentés par Clément Marchand. Montréal et Paris: Fides 1957, p. 7–11.

Martin, Lévis : *Rodolphe Duguay. Pour une mystique du paysage*. Québec : Les Presses de l'Université Laval 2004.

[N.N.] : « Nérée Beauchemin ». Dans: *Almanach de la langue française,* 1929, 128–129.

[N.N.] : « Rodolphe Duguay. Un jeune artiste ». Dans: *Almanach de la langue française*, 1930, p. 156–160.

Nevers, Edmond de : *Lettres de Berlin et d'autres villes d'Europe*. Texte établi, présenté et annoté par Hans-Jürgen Lüsebrink. Québec: Editions Nota Bene 2002, p. 9–57.

Roy, Camille : « Nérée Beauchemin ». Dans: Camille Roy: *Regards sur les Lettres*. Québec: L'Action Sociale 1931, p. 38–56.

– *Manuel d'histoire de la littérature canadienne de langue française*. Dixième édition, revue et corrigée par l'auteur. Montréal: Librairie Beauchemin 1945, p. 66–67, ici p. 67.

– *Morceaux choisis d'auteurs canadiens*. 2e édition. Montréal : Beauchemin 1938, 226–332.

Saint-Jacques, Denis / Maurice Lemire (éds.): *La Vie littéraire au Québec*. T. V : « *Sois fidèle à la Laurentie* ». Sainte-Foy, Presses de l'Université Laval 2005.

– / Lucie Robert (éds.): *La Vie littéraire au Québec*. T. VI: *1919–1933. Le nationaliste, l'individualiste, le marchand*. Québec, Presses de l'Université Laval 2010.

Seers, Eugène (pseud. Louis Dantin): *Poètes de l'Amérique française. Études critiques,* 2e série. Montréal : Éditions Albert Lévesque, 1934.

Tessier, Albert : « Beauchemin – Duguay ». Dans: *Almanach Trifluvien*, 1934, p. 157–159.

– « Beauchemin-Duguay ». *Almanach trifluvien*, 1934, 157–159.

– *Souvenirs en vrac.* Montréal : Les Éditions de Boréal Express 1975.

Tougas, Gérard : *Histoire de la littérature canadienne-française.* Paris: PUF 1960.

Wagner, Serge : *Rodolphe Duguay et le livre illustré.* S.l. [Montréal] : Les Soirées de Bibliophilie du Cercle in-Quarto 1974.

Warren, Jean-Philippe : *Edmond de Nevers. Portrait d'un intellectuel (1862/1906).* Montréal : Boréal 2005.

Vannucci, Simone : *L'édition franciscaine au Québec et la création littéraire. Le cas Alfred Desrochers.* Thèse (manuscrite), Université de Sherbrooke. Faculté des Lettres et sciences humaines 1997.

Élisabeth Nardout-Lafarge
(Montréal)

La référence religieuse dans *Va savoir* et *Gros mots* de Réjean Ducharme

Né en 1941, Réjean Ducharme est le contemporain des transformations sociales et culturelles que sont la laïcisation de la société québécoise consécutive à la Révolution tranquille et le détrônement de la référence à la religion catholique dans les œuvres littéraires et les discours critiques que l'on constate à la même époque. Il fait ses études secondaires chez les Clercs de Saint-Viateur à Joliette et publie son premier roman, *L'avalée des avalés*, en 1966, soit un an avant la création des cégeps qui marque, en 1967, l'achèvement de la sécularisation de l'enseignement. La représentation caricaturale des religions dans *L'avalée des avalés*, à travers la narratrice, Bérénice Einberg, fille d'une catholique polonaise et d'un juif montréalais, ne choque pas les premiers lecteurs et il est même permis de penser que cet élément participe, au Québec tout au moins, à la lisibilité du texte lors de sa première réception. Martine-Emmanuelle Lapointe a montré comment la critique a rapidement constitué le roman en « emblème »[1] d'une littérature à la fois nationale et radicalement moderne ; selon la perspective qu'elle élabore, « la critique de la religion »[2] est non seulement attendue dans les textes littéraires mais immédiatement interprétée comme la confirmation d'une correspondance postulée entre la littérature et les changements sociaux alors en cours.

Jusqu'à une période récente, les modalités spécifiquement littéraires du traitement de la religion chez Ducharme ont peu retenu l'attention critique, à de rares exceptions près, telle celle de Franca Marcato-Falzoni qui, en 1987, analyse l'intertexte biblique dans *La fille de Christophe Colomb*[3]. Dans les années 1990, sans doute sous l'effet de l'intérêt suscité par la question de l'altérité, plusieurs travaux abordent la représentation de la judéité, politique plus que religieuse, dans *L'avalée des avalés* (Gilles Marcotte[4], Victor Teboul[5], Ben Zion Shek[6], Carla

---

1   Lapointe 2008.
2   Barbéris 1973.
3   Marcato-Falzoni 1987.
4   Marcotte 1967.
5   Teboul 1977.
6   Zion Sheck 1984.

Fratta[7], Jean-Paul Dufiet[8]). L'étude du discours religieux à l'œuvre chez Ducharme a été reprise plus récemment, souvent dans des mémoires de maîtrise[9], dont celui d'Anouk Mahiout[10].

Je me propose de rouvrir la question en observant comment les termes religieux investissent les derniers romans de Réjean Ducharme, *Va savoir*[11] et *Gros mots*[12], respectivement parus en 1994 et 1999. Une telle analyse pose d'abord un problème méthodologique : étant donné le rôle de la religion dans la tradition littéraire occidentale où le lexique et les motifs religieux n'ont cessé d'irriguer les textes, comment distinguer entre les marqueurs attendus d'un fonds culturel commun et des formes signifiantes, contribuant à l'élaboration d'un sens singulier ? Par ailleurs, dans le cas de Ducharme, comme dans tout un pan de la littérature moderne, comment faire droit à l'ironie qui affecte l'énoncé ? On s'attachera ici aux mentions fréquentes de notions et de pratiques catholiques ainsi qu'à l'usage de quelques figures iconiques du catholicisme. Or ces procédés, fréquents et soulignés par la narration, semblent indiquer que la référence religieuse a changé de valeur des premiers romans aux deux plus récents. Alors que dans *L'avalée des avalés*, l'évocation de la religion renvoie aux institutions et se trouve à ce titre attachée au pôle négatif de l'axiologie du roman, à l'autorité à laquelle les personnages résistent, elle vient connoter, dans *Va savoir* et *Gros mots*, les valeurs les plus précieuses de ces univers romanesques : l'amitié, l'amour et le don.

Ritualisation du quotidien et sacralisation

Selon Pierre Nepveu[13], de nombreux personnages de romans québécois contemporains scandent leurs vies par des rites qu'ils inventent à leur seul usage et auxquels ils se conforment, transformant ainsi leur quotidien en cérémonial privé, parfois l'y réduisant. Ainsi, dans *L'hiver de force*, découragés par le film qu'ils viennent de regarder à la télévision, Nicole et André Ferron décident : « Là, on va

---

7   Fratta 1987.

8   Dufiet 1999.

9   Le chapitre 2 du mémoire de maîtrise de Sylvie-Anne Boutin (2012) est consacré au personnage de Bérénice.

10   Mahiout 2002.

11   Ducharme 1994. Toutes les références, désormais indiquées dans le texte par les lettres *VS* suivies du numéro de la page, renvoient à cette édition.

12   Ducharme 1999. Toutes les références, désormais indiquées dans le texte par les lettres *GM* suivies du numéro de la page, renvoient à cette édition.

13   Nepveu 1988.

s'administrer nos deux sacrements : prendre un café et lire la *Flore laurentienne* [traité de botanique du frère Marie-Victorin] »[14]. La métaphore du sacrement, filée et du même coup amplifiée, apparaît fréquemment dans *Gros mots* où le café que sa compagne apporte à Johnny est « si longtemps désiré qu'on le reçoit comme un sacrement administré par une sainte échappée de l'autel » (*GM*, 48). Parallèlement, la disparition du rite matinal marque la dégradation de leurs rapports : « Fini le petit café au lit [...]. Même si c'était une lavasse, il était sacré, comme une communion administrée sans condition, et c'était un goût de vie que sa chaleur me donnait » (*GM*, 119). D'autres épisodes de la vie quotidienne de Johnny, le narrateur de *Gros mots*, sont également mis en relief par le lexique religieux. C'est le cas, notamment, d'un appel téléphonique de la Petite Tare, la jeune femme dont il est amoureux et qu'il craint d'avoir vexée et peut-être perdue : « Ça vient d'arriver, j'ai reçu son absolution, façon de parler : elle ne m'a "jamais pas pardonné". Je n'avais plus de vie, elle me l'a redonnée. J'étais enterré, elle m'a ressorti tout frais de son ventre » (*GM*, 65). Comme l'indique l'amorce de la phrase, la référence religieuse permet de détacher, dans la trame de l'anodin et de l'ordinaire, ce qui, pour le narrateur, fait évènement. L'absolution, pardon sans condition, retour à l'innocence, est interprétée par Johnny en termes de renaissance et de résurrection, dans une construction syntaxique par appositions qui n'est pas sans rappeler celle des Évangiles. Comme le montrent ces exemples, la référence religieuse permet aux narrateurs d'identifier, dans *Gros mots* comme dans *Va savoir*, ce qui est important, ce qui doit être préservé. En ce sens, elle marque la hiérarchie des valeurs, non plus au nom d'une morale collective supérieure mais selon un code individuel et privé.

De la même manière, la référence religieuse apporte un surcroît de sens et valorise la langue de tous les jours, par des expressions populaires dans lesquelles le texte insinue cette connotation. Un premier exemple[15], tiré de *Va savoir*, est une remarque de Rémi, attendri de tenir dans ses bras la petite fille de ses voisins : « Moi, quand j'ai Fanie sur moi qui s'endort [...] je suis aux petits oiseaux, visité comme Saint-François » (*VS*, 150). La formulation raccorde l'expression populaire du bonheur absolu (« être aux oiseaux ») non seulement à la Visitation mais à l'évocation de François d'Assise et de sa légende. Un second exemple se trouve dans *Gros mots*, lorsque Johnny se reproche de ne pas avoir manifesté suffisamment d'enthousiasme en rencontrant la Petite Tare : « Un ange était tombé du ciel, qui m'habituait à voler, à ne plus porter à terre, et j'ai le culot de

---

14 Ducharme 1973, 48.
15 J'ai proposé une première analyse de cet exemple dans Nardout-Lafarge 2001, 187.

chipoter » (*GM*, 41). Il s'agit cette fois de donner à l'expression de l'excitation et de la joie que traduit le syntagme « ne plus porter à terre » une expansion céleste par la mention des anges. Ainsi la métaphore filée rend explicite une dimension religieuse de la langue populaire ou la lui ajoute. Ces nouages langagiers et discursifs peuvent être plus complexes, comme c'est le cas du lexique économique, omniprésent dans *Va savoir* comme plusieurs critiques l'ont noté[16], mais également doublé dans ce roman d'un lexique religieux qui en même temps l'anoblit et se dégrade à son contact, jusqu'à une confusion des deux plans où triomphe l'idée de marché (de dupes évidemment) :

> [je] me prends parfois au sérieux et je me chante une messe où j'offre à ce qui me dit que rien ne se perd, sur un plateau de gravats, mes piétinements écorchés. Je me donne corps et maux, dans l'idée de payer pour toi, selon une comptabilité des compensations qui te fait planer quand je suis écrasé, épanouir quand je suis vidé… Je me dis que je te le dois pour une seule nuit où j'ai dormi avec toi (*VS*, 72).

Que « se chanter une messe », nouveau renvoi à un usage privé du rite, soit ici synonyme de « se prendre au sérieux » aménage, certes, la distance du simulacre.

On est frappé, à la lecture de *Va savoir*, par la récurrence du terme « apparition » dont l'emploi, modulé selon les contextes, introduit tantôt une sacralisation exaltée de Fanie : « On devient un saint quand elle apparaît ; elle est la prière qu'il fait et la grâce obtenue » (*VS*, 15), tantôt une présentation plus ironique de Raïa dont Rémi se remémore la rencontre, dans le quartier des prostituées : « Elle m'a pis pour un flic. 'Qu'est-ce que tu fais, du zèle ou du racket ?' Je l'ai prise pour une apparition » (*VS*, 86). L'apparition marque à la fois et paradoxalement le saisissement devant l'évidence de la présence – ainsi de Fanie que définit également « la grâce » : « On est saisis par la grâce et remis à sa place, au règne inférieur » (*VS*, 32) – et l'illusion, voire l'hallucination, qui fait douter de la présence comme l'indique l'immatérialité attachée au portrait de l'enfant : « Je lui dirai comme c'est bien qu'elle n'existe pas, qu'elle n'ait pas de forme et pas de poids, qu'elle se rêve et s'efface à mesure » (*VS*, 92). Dans *Gros mots* où le terme est également fréquent, l'occurrence la plus significative de l'apparition est sans doute celle de Walter, auteur du cahier trouvé par Johnny, en fait son double et, selon une lecture autofictionnelle qu'autorisent de nombreux indices dans le texte, la figure de l'écrivain lui-même. Dans une scène étonnante, où le dévoilement a presque lieu, mais se trouve esquivé, évité comme l'accident qui en est le cadre, Johnny reconnaît Walter alors qu'il risque de le happer avec sa voiture : « Je le vois de dos se profiler dans le halo des phares. Il empiète à moitié

---

16 Voir Lapointe 2009.

sur le côté du chemin, et il ne va pas s'écarter sous les coups de klaxon, même pas se retourner. Je ralentis. Et il m'apparaît…[…]. C'est lui. C'était lui ! » (*GM*, 336–337). Si l'apparition conserve toute son ambivalence, ce mode de présence est réservé aux personnages les plus positivement connotés des romans, Fanie dont la visite redonne vie à Rémi chaque matin, Raïa en qui se conjuguent le monstre et l'enfant dans *Va savoir*, et Walter le poète, l'alter ego, le jumeau de Johnny dans *Gros mots*. Par sa fulgurance, impossible à retenir ou à dupliquer, l'apparition est, comme la grâce qui ne se mérite pas et le miracle qui ne se fabrique pas, de l'ordre du don pur ; dans la morale des romans, elle définit par conséquent le modèle le plus valorisé de la rencontre de l'autre.

Figures de la sainteté

Mamie, la femme du narrateur de *Va savoir*, dédicataire de la longue lettre que constitue le roman, disparaît au cours d'un voyage à Jérusalem, lieu saint, et lieu en guerre également mis en scène dans *L'avalée des avalés*. En même temps qu'il lui adresse le récit de sa vie dans le lotissement où il rénove une maison en prévision d'un retour auquel il ne croit pas vraiment, Rémi analyse l'échec de leur couple. Mais c'est moins sur le triangle amoureux qu'ils forment avec Raïa, structure récurrente dans les romans de Ducharme, de *Dévadé* à *Gros mots*, que porte sa réflexion que sur la psyché sacrificielle de Mamie. Mamie, selon un surnom ambigu qui en fait la mère plus que la femme du narrateur, mais aussi une « demi-mère » en référence à la fausse couche qu'elle a subie, ainsi qu'une « demi-dame » selon le sens médiéval inscrit dans le roman par le patronyme de Rémi Vavasseur, s'appelle Ginette Thérien, patronyme relu en « t'es rien ». Conformément au programme inscrit dans son nom, elle s'applique à se perdre. Sa disparition finale, après qu'elle ait eue, selon la lettre de Raïa, « l'idée de squatter dans une maison éventrée, se laisser mourir de faim par sympathie » (*VS*, 272) près de Shatila, réalise un effacement de soi amorcé dès la première évocation du personnage alors que Rémi se souvient de leurs adieux à l'aéroport : « […] il n'y avait plus rien à ramasser quand nous t'avons embrassée à Mirabel. Tu t'étais cassée avec ton stéréo, déchirée avec tes photos, tes papiers » (*VS*, 28). Cet effacement s'achève alors que le narrateur reçoit « ce passeport, où tu as rayé ton visage. Tu l'as gratté, avec une aiguille, avec tes ongles. Il n'en reste plus rien, même pas le trait de ton menton. Tu as tout détruit. Patiemment. Jusqu'au blanc » (*VS*, 298).

Il n'est pas innocent que le seul document qu'ait conservé Mamie qui s'est pourtant dépouillée de tout soit une image pieuse :

> Tu as mis dans ton passeport une image sainte, un affreux chromo où Lucie de Syracuse, ayant eu les seins tranchés pour avoir défié Dioclétien, les offre à son Rédempteur sur un plateau, comme une espèce de déjeuner. Tu l'as trouvé dans les dépouilles de ta mère, qui avait plus ou moins subi le même sort (*VS*, 105).

L'« affreux chromo » cristallise le destin de Mamie et marque l'ambivalence du narrateur à son égard. En témoignent la méfiance avec laquelle il juge les projets d'engagement humanitaire de la jeune femme auprès de Mère Teresa : « tu écrivais à Calcutta, tu guettais le courrier [...] Tu complotais pour déployer tes ailes de martyre » (*VS*, 54), et le sarcasme par lequel il tente de la dissuader : « On a tous ses petits fantasmes. Le péché mortel, c'est de les passer sur Mother Teresa » (*VS*, 55). Image iconique de l'oblation de sa féminité à laquelle Mamie se voue, Lucie de Syracuse permet de l'associer à un autre personnage, Lucie, la sœur de Bruno et le premier amour de Bottom dans *Dévadé*, qui sacrifie ses économies pour payer leur voyage aux États-Unis. L'image pieuse fait directement écho à l'obsession dont le narrateur retrouve l'origine dans l'enfance de sa femme : « Tu étais déjà au collège [...] quand ta mère est entrée à l'hôpital pour se faire ôter un kyste et qu'elle s'est réveillée amputée de ses deux seins, effondrée, méconnaissable » (*VS*, 139). La scène de l'ablation des seins est fantasmée et simulée par Mamie qui écrit dans l'une de ses lettres à Rémi : « j'ai fait accroire à Raïa que c'est sûr, le médecin me l'a dit, je suis condamnée à la mastectomie » (*VS*, 83).

Mamie n'est pas le premier personnage féminin sacrifié dans l'univers fictif de Ducharme où les âmes pures connaissent souvent ce destin ; qu'on pense au pacte de suicide de Mille Milles et Chateauguué que cette dernière accomplit seule dans *Le nez qui voque*, ou encore au saut dans le vide de Mimi – nom voisin de celui de Mamie – qui clôt la pièce de théâtre *HA ha!*. Mais à aucune autre de ces figures qui se jettent, selon le sens qu'ouvre dans l'œuvre l'idée si constante de déchet, ne sont associées l'oblation et la sainteté que convoque la figure de sainte Lucie. La référence religieuse qui tend à faire de Mamie une sainte est confirmée de nouveau dans la lettre où Raïa décrit ses recherches pour retrouver la jeune femme disparue : « J'ai été partout, regardé partout, sous les chars d'assaut, dans tous les coins où le malheur l'attirait, toutes les églises et lieux saints de fond en comble » (*VS*, 273). Cependant, commentée par Rémi, la sainteté de Mamie, qu'il traite à l'occasion de « tragédienne à la petite semaine » (*VS*, 55), n'exclut pas la pose et se donne aussi à interpréter comme une névrose. On ne retrouve pas cette distance dans l'usage que fait *Gros mots* de la figure du saint.

Dans ce dernier roman, le mot apparaît à plusieurs reprises et qualifie Walter, l'auteur du cahier trouvé où Johnny découvre le récit de sa propre vie. Le travail d'exégèse auquel lui et la Petite Tare se livrent sur ce récit déclenche une série de remarques dont la fonction de métatexte de l'œuvre de Ducharme, d'autocommentaire, voire d'art poétique, constitue l'une des singularités du roman. Ainsi Johnny se demande à quelle condition le récit de Walter, et partant, l'écriture en général et peut-être celle de Ducharme en particulier, peut échapper à l'imposture :

> Si Walter est poète, au sens où l'entend aussi la Petite Tare, il est sauvé. Mais l'est-il, a-t-il transfiguré toute cette camelote ou s'est-il laissé façonner par elle? J'ai peur pour lui qu'il ait tout raté, même la rédemption pour laquelle il a tout raté. Comme les saints dans le temps (*GM*, 55).

Faut-il déduire que le poète devient un saint quand il renonce à être poète, quand il comprend qu'il n'a pas changé « la boue en or » et assume son échec plutôt que de s'installer dans le rôle que la littérature lui donne ? Si la figure de Rimbaud tournant le dos à la littérature et refusant de faire œuvre se profile en filigrane de cette conception[17], c'est la référence religieuse (la rédemption jamais assurée des anciens saints) qui en marque ici l'extrême valorisation. On prendra la mesure du déplacement qui s'est opéré depuis les premiers romans en rappelant comment Nelligan est défini, dans *L'avalée des avalés*, comme « le poète qui s'enfermait la nuit dans les églises pour crier ses poèmes à la Sainte-Vierge »[18]. Il s'agit alors de rendre liturgiques les textes du poète aimé, à la manière des personnages du *Nez qui voque* qui donnent à la photographie de Nelligan qu'ils ont volée à la bibliothèque la place du crucifix, « fixé à la cloison avec des clous »[19]. La substitution entre littérature et religion, l'une et l'autre instituées, par le nom et le portrait du poète et par la mention de l'église et de la Vierge, joue donc au niveau des signes qu'elles échangent. Or dans *Gros mots*, ce n'est plus de littérature qu'il est question, mais d'écriture, et du geste d'écrire, puisque le cahier trouvé a été littéralement jeté aux orties, plus que de l'écrit lui-même. La sainteté n'est plus dévolue au poète, fût-il Nelligan sacrifié et élevé à la figure christique, mais à un inconnu qui a voulu écrire et y a renoncé, ainsi qu'au don que son geste constitue malgré tout.

Extension du domaine de l'amour

Une opposition radicale structure généralement le rapport au monde des personnages des romans de Ducharme, où le sujet, souvent redoublé dans des duos frère sœur, s'affirme seul contre tous, dans une lutte à finir avec les adultes dans *L'ava-*

---

17 Sur les rapports de l'œuvre de Ducharme avec celle de Rimbaud, voir les travaux de Gilles Lapointe 2006 et 2009.
18 Ducharme 1966, 203.
19 Ducharme 1967, 54.

lée des avalés, contre « la Milliarde » dans *L'océantume*, ou encore s'isole dans un retrait absolu (*L'hiver de force*) ou une évasion vertigineuse (*Dévadé*). À cet égard, *Va savoir* se distingue par la mise en scène d'une sorte de communauté[20], certes aléatoire et précaire, qui réunit les voisins et les hôtes épisodiques du lotissement où Rémi s'est installé. La multiplication des personnages secondaires, souvent par dédoublement des figures et des noms, l'insistance sur l'échange, voire le troc, les scènes de repas communs sont quelques-uns des procédés qui constituent ce groupe dans la fiction. Le dispositif est différent dans *Gros mots* où la communauté est moins représentée que projetée dans le discours de Johnny et dans les réflexions que lui inspirent à la fois la lecture du cahier trouvé et les réactions des deux femmes, Exa et la Petite Tare, qui partagent sa vie. Le roman est ainsi ponctué d'énoncés que domine un collectif dans lequel le narrateur s'inscrit par un « nous » et un « on » à portée généralisante qui désignent, au-delà des personnages, la condition humaine. Frappe également dans le flux de conscience de Johnny, la rareté des marqueurs d'ironie, limités à de rares incises métatextuelles du type « (ma parole, je plaide! Je me fais des effets de manche…) » (*GM*, 314).

Gros mots se caractérise également par la fréquence, inhabituelle chez Ducharme, du mot « amour » si présent et à l'extension si vaste qu'on peut se demander s'il n'est pas, dans ses diverses déclinaisons et au pluriel, le signifié du titre, par excellence le « gros mot ». Certes, le sujet n'est pas neuf et *Dévadé*, par exemple, peut se lire comme un roman d'amour, mais la focalisation de la narration y pointe les aspects paradoxaux, obscurs et négatifs de la psychologie amoureuse, l'inévitable substitution des objets du désir toujours promis à la déception. Si la Petite Tare ne dit pas autre chose dans *Gros mots*, « on se trompe toujours en trouvant l'amour parce que c'est fait pour être cherché, pour tourner autour, en orbite » (*GM*, 135), cette recherche même, les amours de Johnny, qu'ils soient orageux et non dénués de haine avec Exa, platoniques et théâtralisés avec la Petite Tare, tout comme ceux que décrit, en miroir, le cahier trouvé, sont en quelque sorte sublimés dans une vision transcendante du don à l'autre :

> L'amour est si rare que tous les amours ont, autant qu'ils sont, ceux qu'on donne et ceux qu'on reçoit, celui d'un jour et celui de toujours, celui qu'on attend toujours, un par un ou tous en même temps, tous les droits sur nous, qu'on a le devoir que ça se serve comme ça veut de nous (*GM*, 80).

La rime intérieure et l'attribution de cet énoncé à Walter, l'auteur du cahier trouvé, introduisent une certaine distance avec le sentimentalisme du propos, mais

---

20 J'ai tenté de le montrer dans Nardout-Lafarge 2010.

le dépassement du sentiment amoureux dans un amour plus vaste, gratuit, qui
grandit ceux qui l'éprouvent fait retour à de nombreuses reprises dans le texte :

> […] comme on se dit toujours la Petite Tare et moi, est-ce qu'on ne devient pas des saints
> en ne vivant que d'amour ? Si on leur a élevé des temples et qu'on les prie, n'est-ce pas
> parce qu'ils ont eu la folie de ne vivre que d'amour et qu'ils s'y sont tenus, qu'ils nous
> sauvent en ranimant ce que nous reconnaissons que nous avons de mieux, notre vrai
> feu, qui éclaire et réchauffe ?… Oui, vivre peu mais vivre mieux, une demi-heure, un
> quart d'heure par jour s'il le faut, mais d'amour, au prix d'être forcé de tuer tout le reste
> du temps, et de crever avec (*GM*, 124).

On voit bien la connotation catholique d'un tel amour, vécu comme ascèse et
gage de salut. La référence religieuse n'est plus seulement l'instrument d'une
hyperbole, elle inverse la sagesse populaire « On ne peut vivre d'amour et d'eau
fraîche » en unique raison de vivre.

Cet amour en soi, inconditionnel et absolu, unit surtout les marginaux, les
rejetés et même les « jetés » selon un terme récurrent du roman. Il caractérise,
dans *Gros mots*, ceux qui semblent le plus éloignés du sublime qu'il incarne, dans
un renversement des valeurs que résume bien ce que Johnny appelle, à propos
des surnoms insultants que lui donne la Petite Tare, un « péjoratif qui anoblit »
(*GM*, 116). Dans ces circonstances, on ne s'étonnera pas que, face à Exa, jalouse et
ivre, Johnny, plutôt que de « l'humilier » ou « de la combler d'égards », choisisse
de s'identifier à elle :

> J'étais content d'avoir trouvé quelqu'un d'aussi peu que moi, et lui prouver que les nuls
> sont les élus, les héritiers désignés, qu'ils sont voués, avec tout le besoin qu'ils en ont, la
> place qu'ils lui font par le vide, à la possession du bien, celui qu'on a à se le donner, ce
> que nos meilleurs, (nos inspirés, nos lumineux) ont trouvé de mieux sur leur chemin
> et qui traînait (*GM*, 314).

Il est aisé de reconnaître une libre réinterprétation des *Béatitudes* dans ce retournement inscrit dans la paronomase des nuls en élus et dans cette prédisposition
au « bien » qui conserve ici toute sa polysémie, par une indigence à la fois subie et
consentie. La référence religieuse cristallise un choix éthique qui consiste à élever
à la dignité littéraire les comportements humains les plus pathétiques puisque
c'est en sens que Johnny et Exa sont, à ce moment du récit, « des gens de peu » et
un choix politique, celui de l'adhésion aux marges de la société.

Comment, à partir de ces exemples, interpréter la manière dont la référence
religieuse s'impose dans la langue de ces deux romans ? Le lexique religieux,
les motifs et figures qu'elle y introduit, n'ont pas seulement une fonction d'am-
plification rhétorique par la connotation méliorative qui distingue et valorise
des épisodes et des personnages. L'écrivain Ducharme sait trop bien (comme

Bakhtine) ce qu'il en coûte d'avoir recours à un mot et ce qu'il transporte avec lui. Ainsi les termes de la religion produisent des nœuds de sens qui infléchissent la construction des romans. Ils permettent de lire, dans *Va savoir* et *Gros mots*, le don inconditionnel, la capacité de l'offrir et de le recevoir, comme la forme privilégiée de la relation à l'autre. Sans doute est-il possible de percevoir cet aspect de l'œuvre dans les romans antérieurs de Ducharme, mais le recours au lexique religieux le rend ici plus explicite en même temps que l'ironie se transforme et se déplace.

En effet, d'emblée suspecte dans l'axiologie de ces romans qu'elle menace de grandiloquence, la religion, comme la littérature, y est délestée de sa gravité, moins par des tours ironiques, quoiqu'il y en ait parfois, que par son usage et son origine. La référence religieuse construite dans le texte est strictement cantonnée au privé, à l'intime, à l'usage personnel du sujet et, en cela, se distingue de la religion comme institution ou domaine de la pensée. En témoigne l'évocation toujours très allusive des textes religieux, très différente du cryptage de citations littéraires précises habituellement pratiqué dans l'œuvre. Par ailleurs, il s'agit d'une religion du pauvre, non seulement par les réminiscences du motif catholique de la pauvreté, de François d'Assise aux *Béatitudes*, mais aussi parce que le texte en retient les images les plus populaires (apparition, Visitation, Résurrection, figures de saints et de saintes), proches du chromo ou des almanachs anciens. Syncrétique et sentimentale, cette référence religieuse n'est pas sans rapport avec les chansons populaires également présentes dans *Va savoir* ou les films comme *La mélodie du bonheur* dans *Gros mots*. Sa parenté avec le kitsch, l'un des matériaux de l'œuvre, que Pierre Nepveu a déjà relevée en évoquant, chez plusieurs écrivains des années 1960–1970, « une attitude ti-pop »[21], maintient une certaine distance du texte à l'égard du religieux qu'il recycle.

Mais l'analyse sociologique risque de sous-estimer l'ampleur de la démarche engagée ici par le texte. À la manière des poèmes de Paul-Marie Lapointe qui exploitent la polysémie du « sacre » qui désigne au Québec le juron[22], ou du roman *Visions of Gerard* où Jack Kerouac canonise le frère mort[23], les textes de Ducharme réactivent le sacré enfoui dans les bribes de la mémoire populaire. Ils mettent au jour ce qui, du religieux, continue d'agir souterrainement dans la langue et prennent au sérieux le sens philosophique des (gros) mots ainsi réchappés.

---

21 Nepveu 1988, 21.
22 Lapointe 1998.
23 Kerouac 1963.

Bibliographie

Barberis, Robert : *La critique de la religion dans* L'avalée des avalés *de Réjean Ducharme.* Mémoire de maîtrise. Université du Québec à Montréal 1973.

Boutin, Sylvie-Anne : *Analyse des figures féminines juives dans le roman québécois moderne et contemporain.* Mémoire de maîtrise. Université de Montréal 2012.

Ducharme, Réjean : *L'avalée des avalés.* Paris : Gallimard 1966.

– *Le nez qui voque.* Paris : Gallimard 1967.

– *L'hiver de force.* Paris : Gallimard 1973.

– *Va savoir.* Paris : Gallimard 1994.

– *Gros mots.* Paris : Gallimard 1999.

Dufiet, Jean-Paul : « Le palimpseste de la Shoah dans *L'avalée des avalés* de Réjean Ducharme ». Dans : Anna Pia De Luca *et al.* : *Palinsesti culturali. Gli apporti delle immigrazioni alla letteratura del Canada.* Udine : Forum Editrice universitaria udinese 1999, 125–139.

Fratta, Carla : « L'altérité juive dans quatre romans québécois ». Dans : Carla Fratta (dir.) : *L'altérité dans la littérature québécoise. Actes du colloque de Bologne.* Bologna : Libreria universitaria Editrice Bologna 1987, 152–172.

Kerouac, Jack : *Vision of Gerard.* New York : Farrar, Strauss and Company 1963.

Lapointe, Gilles : « La Vénus maghanée de Réjean Ducharme ou comment écrire après Rimbaud ». *Roman 20–50*, n° 41, juin 2006, 37–54.

– « Vénus ou l'écriture Anadyomène : le chant des mots perdus chez Rimbaud et Ducharme ». Dans : Marie-Andrée Beaudet *et al.* (dir.) : *Présences de Ducharme.* Québec, Éditions Nota bene 2009, 101–127.

Lapointe, Martine-Emmanuelle : « 'Hériter du bordel dans toute sa splendeur'. Économie de l'héritage dans *Va savoir* de Réjean Ducharme ». *Études françaises*, vol. 45, n° 3, 2009, 77–93.

– *Emblèmes d'une littérature.* Le libraire, Prochain épisode *et* L'avalée des avalés. Montréal : Fides 2008.

Lapointe, Paul-Marie : *Le sacre.* Montréal : L'Hexagone 1998.

Mahiout, Anouk : *Et « si » ce néant était Dieu : énonciation mystique, figures bibliques et parcours religieux chez Réjean Ducharme.* Mémoire de maîtrise. Université du Québec à Montréal 2002.

Marcato-Falzoni, Franca : « Christ(off)-Colomb-Colombe : histoire de l'impossible restauration du paradis terrestre dans *La fille de Christophe Colomb* de Réjean Ducharme ». Dans : Madeleine Frédéric et Jacques Allard (dir.) : *Modernité/postmodernité du roman contemporain. Actes du Congrès international organisé par le Centre d'études de l'Université libre de Bruxelles.* Montréal : Les Presses de l'UQÀM 1987, 149–163.

MARCOTTE, Gilles : « Le romancier québécois et son juif ». Dans : Naïm Kattan (dir.) : *Juifs et Canadiens. Deuxième cahier du Cercle juif de langue française.* Montréal : Fides 1967, 61–68.

NARDOUT-LAFARGE, Élisabeth : « Scènes de repas dans *Va savoir* de Réjean Ducharme ». Dans : Jean-Christophe Delmeule (dir.) : *Saveurs-Savoirs.* Lille : Publications de l'Université de Lille 3, 2010, 251–259.

– *Réjean Ducharme. Une poétique du débris.* Montréal : Fides 2001.

NEPVEU, Pierre : *L'écologie du réel. Mort et naissance de la littérature québécoise.* Montréal : Boréal 1988.

TEBOUL, Victor : *Mythes et images du Juif. Essai d'analyse critique.* Ottawa : Éditions de Lagrave 1977.

ZION SHECK, Ben : « L'image du Juif dans le roman québécois ». Dans : Pierre Anctil *et al.* (dir.) : *Juifs et réalités juives au Québec.* Québec : Institut québécois de recherches sur la culture (IQRC) 1984, 257–276.

Gilles Dupuis
(Montréal)

Chassés-croisés. Le retour du religieux et l'inscription du réel dans le *Triptyque des temps perdus* de Jean Marcel

Le *Triptyque des temps perdus* de Jean Marcel, publié au tournant des années 1980–1990, semble signaler à première vue un retour du religieux dans la littérature québécoise, après deux décennies de nationalisme laïque qui avait culminé dans la tenue du premier Référendum sur la souveraineté-association au Québec, suivi de ce que plusieurs avaient alors perçu comme une forme de désenchantement politique ayant préparé la voie à l'essor du phénomène des écritures migrantes. À la suite des travaux de Pierre Nepveu, les auteurs de la plus récente *Histoire de la littérature québécoise* voient plutôt dans la démobilisation des écrivains francophones qui s'en est suivie le signe d'un « décentrement de la littérature »[1] par rapport à la tradition nationaliste (voire néo-nationaliste) qui aurait permis, entre autres, de récupérer dans une certaine mesure l'héritage canadien-français qui s'était perdu dans le passage de la littérature canadienne-française à la littérature québécoise, sans pour pourtant alléguer une dette dont il aurait fallu s'acquitter à son endroit, ni revendiquer une quelconque forme de patrimonialisation du littéraire comme réponse réactionnaire à la mondialisation.

À une première lecture superficielle des trois romans qui composent ce triptyque « anachronique », l'auteur semble effectivement tourner le dos à l'histoire moderne du Québec façonnée dans les années 1960 et 1970 en renouant avec son passé catholique d'avant la Révolution tranquille d'une part, et d'autre part en s'inscrivant globalement dans ce que Nepveu avait appelé, en relation avec le discours postmoderne très en vogue dans les années 1980, une littérature « *post*-québécoise »[2]. Or comme il s'avère souvent après un examen minutieux des œuvres, les apparences sont trompeuses. Car si les trois volets du *Triptyque des temps perdus* – *Hypatie ou la fin des dieux* (1989), *Jérôme ou de la traduction* (1990) et *Sidoine ou la dernière fête* (1993) – font revivre un certain

---

1 Biron, Dumont : Nardout-Lafarge 2007, 531–535.

2 Nepveu 1988, 214.

passé catholique, il s'agit moins de celui qui est aux sources de l'héritage canadien-français du Québec, que de ce passé beaucoup plus lointain qui remonte
aux origines du catholicisme et qui constitue son legs « universel » (selon le sens
primitif du mot *katholikos*) à travers les âges.

En effet, l'intrigue fictive des trois romans érudits composés par le médiéviste
de formation, Jean-Marcel Paquette, se situe à l'époque charnière entre la fin de
l'Empire romain et la montée du catholicisme comme religion d'état au Ve siècle
de l'ère chrétienne. Auparavant, Jean Marcel (du nom de plume que Paquette
s'était choisi en tant qu'auteur littéraire) s'était fait connaître par des essais mar-
quants qui portaient sur la littérature canadienne-française et québécoise : *Rina
Lasnier* (1965), *Jacques Ferron malgré lui* (1970), *Le joual de Troie* (1973). Ce n'est
qu'à partir de ses traductions d'œuvres « classiques » du répertoire mondial –
Le chant de Gilgamesh (1979), *La Chanson de Roland* (1980), *Tristan et Iseut*
(1982) –, qu'il s'est éloigné de la tradition québécoise comme source première
d'inspiration pour embrasser le canon de la littérature dite universelle. Dans ce
sens, son *Triptyque des temps perdus* se rapproche davantage de certains textes
d'« érudition-fiction », à la manière d'un Pascal Quignard (l'auteur de *Carus*,
Albucius et *Les tablettes de buis d'Apronenia Avitia*), que de ce qui se publiait
généralement comme fiction au Québec à la même époque.

Composition du triptyque

Hypatie ou la fin des dieux retrace quelques épisodes de la vie de la philosophe
et mathématicienne païenne Hypatie (née entre 350 et 370 après J.-C., morte en
415 à Alexandrie, en Égypte) et de son identification avec la sainte légendaire
Catherine d'Alexandrie, patronne des philosophes. Mise à mort par les Chrétiens
à l'époque de la destruction de la Bibliothèque d'Alexandrie, cette « *martyre de la
foi païenne* »[3] aurait été récupérée par l'Église catholique et assimilée à la sainte
légendaire. C'est sur ces quelques faits plus ou moins avérés que Jean Marcel bâtit
son roman historico-fictif, en tissant une trame érudite fort ingénieuse qui vise
ultimement à réhabiliter la figure occultée d'Hypatie derrière son « usurpatrice »
imaginée et imposée par l'Église. Après un prologue au « il » qui sert à introduire
le personnage clé du moine Philamon, le récit est composé de fragments de lettres
d'Hypatie à Synésios, évêque de Cyrène ; d'une lettre de Synésios à Hypatie ;
d'une autre lettre d'Évoptios, évêque de Ptolémaïs, à son ami Palladas ; d'un

---

3   Marcel 1989, 4e de couverture.

manuscrit de ce dernier et d'une lettre du bollandiste F. H. à Philamon. Cette dernière, en particulier, retiendra notre attention.

Jérôme ou de la traduction raconte la vie de saint Jérôme (341–420), à qui l'on doit la traduction de la Bible hébraïque en latin d'après la traduction grecque des Septante, en insistant sur ses rapports avec les femmes à qui il réserva « une place prépondérante dans la vie intellectuelle de la chrétienté naissante »[4]. Marcel y peint le portrait d'un homme surdoué mais qui doute de la validité de son entreprise qui donnera naissance à la Vulgate de l'Église catholique, qui n'hésite pas à combattre les hérésies tout en ne pouvant rien faire contre le sac de Rome par les Barbares, et qui finira par s'éteindre après la mort des femmes pieuses qu'il avait aimées d'un amour plus que chrétien… Or ce portrait contrasté du saint nous est livré par un narrateur pour le moins invraisemblable : le lion allégorique qui l'accompagne dans la représentation canonique que les peintres en ont fait à travers les siècles et qui commente tout au long du récit les actions du personnage. Si certains critiques considèrent que ce roman est le plus réussi des trois[5], ce procédé artificiel, pour ne pas dire artificieux, détonne dans l'ensemble (voire étonne par sa naïveté ou sa gaucherie) et ne saurait en aucun cas emporter notre adhésion.

Sidoine ou la dernière fête met en scène le dernier « poète latin des Gaules avant la chute de l'Empire, Sidoine Apollinaire (431–486) »[6], né à Lyon et décédé à Clermont, qui devint évêque d'Auvergne, à Arvernes (l'actuelle Clermont-Ferrand) vers la fin de sa vie. Le récit fait surtout ressortir les efforts déployés par Sidoine afin de préserver l'héritage latin dans un monde en mutation en se laissant contre son gré sacrer évêque, avant de raconter ses démêlées avec le roi wisigoth qui l'a fait emprisonné suite à son accession à l'épiscopat. Selon Christian Vandendorpe, le dernier volet du triptyque serait le plus faible des trois[7]. Nous réserverions pour notre part ce jugement au deuxième volet de la série, en raison de la voix narrative improbable qui le soutient, tout en décernant la palme de la réussite (qui accompagne incidemment la représentation patricienne de sainte Catherine, alias Hypatie, par le Caravage) au premier volet.

Quoi qu'il en soit de ce palmarès, notre bref résumé des trois romans montre bien que l'intrigue historique du *Triptyque des temps perdus* se situe à l'époque

---

4   Marcel 1990, 4e de couverture.

5   « [...] ce roman est sans doute le plus riche et le mieux construit de la série ». Vandendorpe 2011, 897.

6   Marcel 1993, 4e de couverture.

7   « Alourdi par des artifices [...] et une érudition dépourvue de visée romanesque, ce dernier roman est le moins réussi de la trilogie ». Vandendorpe 2011, 897.

charnière, en Occident, où l'Empire romain cède progressivement sa place à l'Église chrétienne et où le christianisme triomphe lentement mais sûrement du paganisme, les « invasions barbares » contribuant au succès de l'entreprise (ce qui permettra d'ailleurs au catholicisme victorieux de récupérer en partie le legs de l'Antiquité en se l'appropriant). Si nous assistons bel et bien à un retour du religieux dans l'œuvre de Jean Marcel, à une époque où la littérature québécoise aurait de son côté renoncé à son propre héritage catholique pour lui préférer d'autres formes de spiritualité[8], qu'en est-il de l'inscription du Québec contemporain dans cette fiction anachronique qui semble vouloir tourner le dos à l'Histoire pour échapper à ses conjonctures politiques ? Nous ne pouvons que conjecturer des éléments de réponse à partir de quelques fragments de l'œuvre, mais qui confirment au-delà de tout doute que le Québec s'y inscrit en creux, voire en porte-à-faux, dans la mesure où – moderne ou postmoderne, peu importe au fond la distinction à cette hauteur ou distance où nous nous situons –, il n'est ni tout à fait laïque, ni tout à fait catholique.

Un hommage à Miron

Le dernier volet du triptyque, *Sidoine ou la dernière fête*, est celui dans lequel la référence à la littérature québécoise est la plus évidente et pour cette raison même, à nos yeux, la moins crédible. C'est pourquoi nous commencerons notre examen des chassés-croisés historiques dans le *Triptyque des temps perdus* par la fin.

Dans l'avant-dernier chapitre du roman intitulé « La fameuse fête chez Myron », Sidoine se rend chez un certain Marsius Myron à Narbonne où il a été invité pour des agapes en l'honneur d'un dénommé Pétrus. Il s'agit en fait d'un banquet réunissant les plus fameux poètes latins de l'époque en Gaule, désigné nommément par le mot « *convivium* »[9] dans le texte, en rappel du *Banquet* de Platon, mais aussi en anticipation du *Convivio* de Dante. Néanmoins, la dimension parodique de cette « fameuse fête » fait davantage songer à la scène burlesque du « Festin chez Trimalcion » dans le *Satyricon* de Pétrone qu'à ces deux illustres modèles philosophiques. Au cours du festin chez Myron, les poètes invités doivent tour à tour déclamer des vers d'un poète célèbre de l'Antiquité grecque ou latine en adoptant son nom (et donc, provisoirement, son identité). Aussi, le temps d'une performance, Pétrus devient-il Virgile, Sidoine Orphée,

---

8   C'est ce qui est advenu à l'auteur lui-même, devenu récemment moine bouddhiste en Thaïlande.

9   Marcel 1993, 217.

Anthédius Horace… Lorsque arrive le tour pour l'hôte de prendre la parole, Sidoine intervient et réclame que ce dernier conserve « son nom glorieux de Myron », en ajoutant qu'il est « *le meilleur écrivain de son temps* ». Le texte poursuit : « Marsius Myron protesta qu'il en était indigne, mais dut se rendre à l'évidence : il était à la fois l'hôte et lui-même »[10].

Les italiques dans le texte qui servent à consacrer le génie du poète attirent surtout notre attention sur le fait que nous sommes en présence de deux temporalités distinctes, mais que l'auteur (qui se cache à peine derrière son narrateur omniscient) a voulu manifestement réunir : celle du Ve siècle, où évolue le personnage fictif de Marsius Myron, et celle du XXe siècle, qui fait référence bien sûr au poète réel, Gaston Miron. Aux yeux de Marcel, donc, « Miron le magnifique » (selon les mots d'un autre poète médiéviste, Jacques Brault) serait le meilleur poète du Québec contemporain. Or l'hommage ludique ne prend pas fin avec cette consécration fictive. Quand vient le temps pour Myron de réciter quelques vers, ce dernier en est réduit à se citer lui-même puisqu'il est le seul à avoir conservé son nom. Il s'exécute de mauvaise grâce, avec ces deux vers :

> Terra, nobiscum, terra sicut nos, bibes, terra
> Alteribus vos temporibus, homini, mementote[11].

Dans ce bref passage, Jean Marcel s'est amusé à traduire en latin deux vers disparates tirés de *La vie agonique* (« Les années de déréliction. Recours didactique ») de Gaston Miron, inclus dans *L'Homme rapaillé* : « Terre, terre, tu bois avec nous, terre comme nous / Hommes, souvenez-vous de vous en d'autres temps »[12]. Si n'était de la note en bas de page qui restitue les deux vers dans leur version originale et identifie leur auteur, le procédé aurait pu être habile en faisant appel à la connivence du lecteur cultivé qui aurait reconnu ou à tout le moins deviné la référence qui se cachait sous son travestissement[13] ; mais affiché à travers les italiques qui servent à désigner Myron/Miron dans le texte, puis dans cette note par trop visible, il constitue, pour le dire avec Vandendorpe, « un clin d'œil appuyé à l'intertexte québécois »[14]. En revanche, la traduction du français au latin confère à cette citation célèbre une aura religieuse, le latin ayant été au Québec,

---

10 *Ibid.*, 196.

11 Marcel 1993, 198.

12 *Ibid.*, 198, n. 1. Voir aussi Miron 1994, 81–82.

13 C'est à cette complicité « encyclopédique » entre auteur et lecteur qu'Umberto Eco fait référence dans sa théorie de la lecture. *Voir* Eco 1985, 67–68.

14 Vandendorpe 2011, 897. Ce clin d'œil appuyé révèle que l'auteur ne faisait pas confiance à l'intelligence de son lecteur…

en particulier celui dans lequel avait grandi le poète, la langue du clergé, mieux comprise par ses ouailles que celle utilisée par les auteurs de l'Antiquité (grecque ou latine). En traduisant à rebours Miron, Marcel le restitue en quelque sorte aux sources canadiennes-françaises de la littérature québécoise : « l'anachronique » paraît du coup plus moderne que le prétendument moderne !

Une visite au musée

La référence au Québec s'était faite beaucoup plus discrète dans *Jérôme ou de la traduction*, le volet central du triptyque. Il faut toutefois concéder que la trame historique de ce récit ne se prêtait guère à des jeux intertextuels ou hypertextuels qui auraient permis d'établir des liens fictionnels avec l'époque contemporaine. Toutefois, en recourant à l'artifice du lion narrateur, l'auteur a réussi par ce truchement à livrer au lecteur tout au long du roman un commentaire métadiégétique sur les représentations picturales de Jérôme à travers les siècles et l'amener à visiter, en la compagnie de ce narrateur allégorique qui lui sert de guide, les différents musées où se trouvent les œuvres d'art dans lesquelles le saint et son immanquable félin sont figurés.

Tout juste avant de conclure par une mise en abyme sur un dernier tableau emblématique que possède le Kunsthistoriches Museum de Vienne[15], le narrateur nous signale un autre tableau sur le même sujet qui se trouve au Québec. La mention est lapidaire, certes, mais comme elle apparaît au moment où est évoquée la mort de Jérôme dans le récit, elle prend dans le texte un relief particulier. Après avoir stipulé qu'aucun peintre n'est parvenu à « représenter cela », à savoir la mort, le narrateur enchaîne :

> D'ailleurs, voilà longtemps que les maîtres ne s'intéressent plus au beau sujet de Jérôme : le dernier d'entre eux fut David, qui fit de moi un portrait assez académique que l'on peut voir au Vieux Séminaire de Québec. Depuis, plus rien qu'un désolant silence[16].

Bien qu'il s'agisse du pénultième tableau évoqué dans le roman, le fait qu'il y est mentionné comme le dernier en date d'une longue lignée historique lui confère une importance singulière. Cet avatar tardif du sujet de « Jérôme représenté avec le lion » sonne le glas d'une tradition picturale, aussi bien pour le monde

---

15 Il s'agit d'un « autre » triptyque vu par un mystérieux visiteur qui rédige une thèse « au titre compromettant – *Métaphore et métamorphoses du lion dans l'art sacré d'Occident de la fin du Moyen Âge à nos jours* – » (Marcel 1990, 237) : référence au second degré et à peine voilée à l'auteur lui-même.

16 *Ibid.*, 237.

universel de l'art, que pour le milieu catholique plus modeste de Québec où il est niché. Réalisé en France par l'artiste révolutionnaire de la République devenu peintre officiel de l'Empire, Jacques-Louis David, il a abouti dans un sanctuaire religieux où il est désormais à l'abri des vicissitudes du siècle. N'est-ce pas là encore l'image condensée du Québec « moderne », tiraillé entre son héritage catholique et ses aspirations laïques ?

Un mystérieux jésuite

Des trois romans qui constituent le *Triptyque des temps perdus*, le premier en date est le seul dont le seuil de la narration se situe à l'époque contemporaine. C'est aussi celui où la référence oblique au Québec est la plus codée ou la mieux cryptée. Aussi est-ce pour cette raison que nous avons réservé l'examen du premier volet de la trilogie à la fin de notre parcours. En procédant à rebours de l'ordre de composition et de publication des romans, nous avons souscrit au mouvement plus fondamental qui préside à la conception et à l'écriture de cette œuvre tripartite, où il s'agissait de remonter aux sources occultées du christianisme (le paganisme antique) tout en restant ancré dans l'actualité (la modernité québécoise). Dans ce sens, notre parcours se voulait plus fidèle à l'esprit de la lettre qui a guidé l'auteur dans son propre cheminement.

Le prologue d'*Hypatie ou la fin des dieux* s'ouvre d'emblée sur une transgression commise par le moine grec Philamon à la fin de l'été 1967. Ce dernier a désobéi à la règle de son monastère, Sainte-Kathryn-du-Désert, qui se situe au pied du Sinaï à Djebel Moussa, lui interdisant de gravir la montagne sacrée. Les raisons qui l'ont poussé à commettre ce sacrilège ne sont pas très claires, hormis la tentation, mais les conséquences, elles, sont évidentes et ne se font pas attendre : au lieu interdit où Moïse reçut les tables de la Loi, Philamon est aveuglé puis pétrifié en contemplant le soleil, dans une scène qui suggère symboliquement un face à face avec Dieu. Parallèlement, une légende veut que sainte Catherine d'Alexandrie, à qui est dédié le monastère qui porte son nom, ait été ravie par les anges après son martyre et que sa dépouille repose maintenant sur le mont mythique. L'énigme du roman concerne l'identité réelle de la « sainte » qui a été ensevelie en ce lieu. Le lecteur finira par apprendre qu'il ne s'agit pas de sainte Catherine, figure chrétienne inventée par l'Église d'Orient puis importée en Occident, mais d'Hypatie, la « *seule femme philosophe et mathématicienne de l'Antiquité* »[17] mise à mort par des chrétiens fanatiques le 15 mars 415.

---

17 Marcel 1989, 4ᵉ de couverture.

Nous n'entrerons pas ici dans les multiples détours et rebondissements qui préparent et retardent tout à la fois la révélation ultime du roman. La dimension plus formelle du texte a d'ailleurs été très bien analysée par d'autres critiques[18]. Nous allons nous attacher seulement, pour les besoins de notre démonstration, à la partie centrale du roman qui fait le lien entre l'époque contemporaine et le mystère antique. Il s'agit de la curieuse « Lettre du bollandiste F. H. à Philamon ».

La Société des Bollandistes, dont le siège est à Bruxelles, est une institution de recherche jésuite consacrée à l'étude critique de l'hagiographie et à l'histoire des saints et de leurs cultes. Elle tire son origine des *Acta Sanctorum* institués par Jean Bolland en 1643. Dans le roman de Jean Marcel, le bollandiste dont il est question écrit au moine Philamon afin de le questionner au sujet des manuscrits concernant la vie de sainte Catherine à qui est dédié son monastère. Peu importe de nouveau les détails de cette enquête savante et déroutante qui aboutira par l'identification de Catherine avec Hypatie. Revenons plutôt sur l'identité énigmatique de ce bollandiste qui écrit à Philamon de Bruxelles, le 5 juin 1967, donc quelques mois avant la mort mystérieuse du moine qu'elle éclaire rétrospectivement, et de ses rapports (fictifs ou réels) avec le Québec. À notre humble connaissance, aucun critique ne s'est attardé à décrypter qui se cache derrière les initiales qui servent à le désigner dans le texte.

Dans sa longue missive truffée de savantes digressions, le bollandiste F. H. fait référence, en passant, au culte de sainte Catherine

> dans les colonies françaises du Nouveau Continent où un drôle de bénédictin, répondant au nom de dom Georges-François Poulet, dit aussi monsieur Dupont, fuyant la persécution dont il était victime dans son monastère de Saint-Vincent de Laon en France, se réfugie pour on ne sait quelle raison. Il y répand par ses vives prédications parmi les colons un tel culte à sainte Catherine d'Alexandrie que le plus grand chemin traversant à cette époque Ville-Marie (aujourd'hui Montréal) en vient bientôt à porter le nom de Chemin de la Côte-Sainte-Catherine et que de nos jours encore la grande rue commerciale de cette ville s'appelle la rue Sainte-Catherine[19].

Après ce passage « historique » (avéré en ce qui a trait au séjour du bénédictin en Nouvelle-France de 1714 à 1718, plus fantaisiste en ce qui concerne la suite), le bollandiste fait assez longuement référence aux us et coutumes qui entourent le culte de la sainte : la première neige d'automne, la fameuse tire, la coiffe traditionnelle. Or, c'est le seul endroit du texte où il emploie explicitement (et par

---

18 Voir, entre autres, Bouvet 2005, Dion, Dalpé, Lepage 2005, Murphy 2007 et Przychodzen 2013.
19 Marcel 1989, 122–123.

deux fois !) l'expression « dans mon pays », quoique cette dernière demeure vague ou plutôt ambiguë, car elle peut se rapporter selon le contexte aussi bien à la France (le bonnet appelé « catherinette »), le Québec (« l'enfantine opération qui consiste à laisser la trace de son corps dans la neige »), que la Belgique mentionnée au tournant d'une phrase. Pour s'en convaincre, il suffit de relire ce passage ambivalent à souhait :

> Dans mon pays encore on appelle « faire des saintes-catherines » l'enfantine opération qui consiste à laisser la trace de son corps dans la neige. Et il est là-dessus assez curieux que chez nos cousins français d'Outre-Atlantique aussi bien que chez nous, de Belgique, la neige soit ainsi associée à une sainte originaire d'un pays aussi torride que l'Égypte[20].

Mais qui sont ces « cousins français d'Outre-Atlantique » ? Les Canadiens français ou les Québécois, si « chez nous » désigne, comme il appert dans ce passage, la Belgique ; les Français, si le pays d'origine du bollandiste est le Canada ou le Québec, comme semblent l'indiquer la figure de l'ange dans la neige et les autres coutumes canadiennes-françaises rapportées dans le passage précédent (« une délicieuse confiserie que l'on désigne du nom de 'tire Sainte-Catherine' »). À moins de conclure à une maladresse de la part de l'auteur (ce qui n'est pas tout à fait à exclure), il faut en déduire que ce flou entretenu par le narrateur quant à l'identification de son pays d'origine ou de son chez-soi a été voulu pour maintenir le mystère quant à son identité « réelle ».

Tout ce que l'on sait de lui dans le récit, à part le fait bien sûr qu'il est bollandiste, c'est qu'il s'agit d'un jésuite (les initiales « s.j. » après sa signature le confirme) et qu'il écrit sa lettre de Bruxelles. Le mystère reste toutefois entier quant à la personnalité qui se cache derrière les initiales qui servent à désigner son nom : F. H. Il s'agit bien sûr d'un personnage fictif dans le roman, à l'instar du moine Philamon inventé par l'auteur, mais il n'est pas exclu que son identité cryptée renvoie à un véritable bollandiste belge (ou français) qui aurait été actif à la même période, soit autour de 1967 (date à laquelle est rédigée sa lettre). Et si, par le biais précisément de la fiction et sa capacité à composer un personnage à partir d'une voire de plusieurs personnes réelles, les initiales désignaient plutôt un jésuite québécois ou canadien-français ? Après tout, plus d'un indice herméneutique dans le texte laisse supposer cette origine. C'est la piste que nous voudrions brièvement explorer en conclusion de notre lecture.

À l'époque où Jean Marcel situe l'intrigue contemporaine de son roman existe au moins un candidat qui aurait pu revendiquer cette identité cachée : l'écrivain François Hertel, de son vrai nom Rodolphe Dubé (1905–1985). Né à

---

20 *Ibid.*, 123–124.

Rivière-Ouelle, au Québec, ce dernier a longtemps séjourné en France avant de revenir mourir au pays. C'était un prêtre anticonformiste, qui a été formé par les jésuites avant de défroquer, et un penseur original qui a influencé à son tour toute une génération de jeunes disciples. Il fut l'un des maîtres à penser des frères ennemis Jacques Ferron et Pierre Elliott Trudeau, voire même de René Lévesque qui lui a emprunté l'expression « beau risque » (d'après le titre du plus célèbre roman d'Hertel : *Le Beau Risque*) pour désigner la politique de son parti après la défaite référendaire de 1980. De son côté, Ferron avait consacré à son mentor un conte, qu'il avait appelé une « sotie » : *La barbe de François Hertel*. Or Jean Marcel est lui-même l'auteur d'un *Jacques Ferron malgré lui* (rappelons-le) et d'un essai polémique, *Le Joual de Troie*, dont la critique envers le vernaculaire québécois fait écho aux propres critiques d'Hertel (comme du frère Untel) à son endroit. Si nous ajoutons à tous ces recoupements le fait que son roman *Hypatie ou la fin des dieux* est dédié à Madeleine Lavallée-Ferron, nous voyons se dessiner en filigrane les traces d'une autre filiation « secrète » qui transite cette fois d'Hertel à Marcel, via Ferron. Bref, derrière la filiation voilée qui lie le catholicisme primitif au paganisme antique se profile la filiation cryptée qui relie le Québec moderne, nationaliste et séculier, à son héritage catholique. Pas étonnant que ce roman ait reçu le prix Molson de l'Académie canadienne-française sur laquelle siégeait, en tant que membre fondateur, François Hertel…

Il ne s'agit pas de conclure, ni même de suggérer, que François Hertel est bel et bien le personnage du roman de Jean Marcel désigné par les initiales F. H. (ce dernier demeure fictionnel et ne saurait être déchiffré tel un personnage à clef, comme il s'est avéré pour Miron dans le dernier volet du triptyque), mais de soulever l'hypothèse qu'il ait pu inspirer à l'auteur, et ce dès l'amorce de son œuvre, le truchement dont il avait besoin pour établir un lien souterrain entre le legs catholique du Québec, quoique « dévoyé » de ses finalités premières (à l'image du jésuite qui avait défroqué), et l'actualité politique du « pays incertain » (en hommage à son fils spirituel) auquel il restait attaché malgré les apparences trompeuses : lien que n'avait pas rompu le passage du collège classique, où avaient été formés Hertel et Ferron, à l'université laïque qu'a fréquenté Marcel. Le reste n'est que littérature : littérature québécoise, s'entend, et matière à histoire littéraire.

Bibliographie

BIRON, Michel / François Dumont / Élisabeth Nardout-Lafarge : *Histoire de la littérature québécoise*. Montréal : Boréal 2007.

BOUVET, Rachel : « Femmes d'Orient, entre paganisme et christianisme ». *Voix et images*, 91, automne 2005, 33–45.

DION, Robert / Catherine Dalpé / Mahigan Lepage : « Le Triptyque des temps perdus de Jean Marcel : modernité du roman biographique historique ». *Voix et images*, 89, hiver 2005, 35–50.

ECO, Umberto : *Lector in fabula*. Paris : Le Livre de Poche 1985.

MARCEL, Jean : *Hypatie ou la fin des dieux*. Montréal : Leméac 1989.

– *Jérôme ou de la traduction*. Montréal : Leméac 1990.

– *Sidoine ou la dernière fête*. Montréal : Leméac 1993.

MIRON, Gaston : *L'Homme rapaillé*. Montréal : L'Hexagone 1994.

MURPHY, Susan M. : « Hypatie ou la fin de l'Histoire ». *Voix et images*, 95, hiver 2007, 93–108.

NEPVEU, Pierre : *L'écologie du réel. Mort et naissance de la littérature québécoise contemporaine*. Montréal : Boréal 1988.

PRZYCHODZEN, Janusz : « Dialogues et dialectiques. *Triptyque des temps perdus* de Jean Marcel ». Dans : Janusz Przychodzen (dir.) : *Écritures québécoises, inspirations orientales*. Québec : Les Presses de l'Université Laval 2013, 151–181.

VANDENDORPE, Christian : « *Triptyque des temps perdus* ». Dans : Aurélin Boivin (dir.) : *Dictionnaire des œuvres littéraires du Québec* Tome VIII 1986–1990. Montréal : Fides 2011, 896–898.

Sylvie Vignes
(Toulouse)

Religion, tensions et transgressions.
Les fous de Bassan d'Anne Hébert et *Le dernier été des Indiens* de Robert Lalonde

Les fous de Bassan d'Anne Hébert et *Le dernier été des Indiens* de Robert Lalonde : deux romans québécois publiés en 1982 aux éditions du Seuil, présentant d'autres points communs de taille, à commencer par une relative unité de temps et de lieu (l'été 1936 en Gaspésie est au centre d'un récit ; l'été 1959 au nord de Québec au centre de l'autre) et par une présence du religieux qu'on peut qualifier d'écrasante, aux portes d'un monde encore sauvage. L'intertexte biblique – évoqué par allusion, fidèlement cité ou parodié, voire détourné de la plus irrespectueuse manière – est par ailleurs omniprésent dans les deux romans. Structuré d'ailleurs, à l'image de la Bible, en « livres » et en « lettres », *Les fous de Bassan* propose même dans ses premières pages un décalque de la Genèse : « Au commencement il n'y eut que cette terre de taïga, au bord de la mer, entre Cap Sec et Cap Sauvagine » (*FB*, 14), tandis que *Le dernier été des Indiens* fait d'entrée de Michel, en marche vers le territoire des Hurons, un faux Jésus grimpant « la grande côte […] comme on monte au ciel » (*DEI*, 11) et un Lazare bien peu canonique : « S'il m'attrape et surtout s'il me tient contre lui, je serai obligé de me dénoyer d'un coup. Je n'y peux rien : dès qu'il me touche, c'est la résurrection instantanée » (*DEI*, 45).

Malgré tous ces parallèles, il ne s'agit pourtant dans ces deux romans ni de la même communauté ni de la même religion dominante, ni des mêmes éventuelles valeurs concurrentes. Dans *Le dernier été des Indiens*, Robert Lalonde présente une communauté québécoise étriquée et conformiste acceptant – quelques notables transgresseurs exceptés – les diktats de l'église catholique à la veille de la Révolution tranquille, tandis que *Les fous de Bassan* met en scène une poignée de descendants d'Américains anglicans fidèles à Georges III et réfugiés en Gaspésie depuis la Révolution américaine.

I. Église forte, village malade

Dans *Le dernier été des Indiens* comme dans *Les fous de Bassan*, tout se passe comme si la santé du village était inversement proportionnelle au pouvoir de l'Église. Les narrateurs appartiennent tous, qu'ils en soient heureux ou non, à une communauté particulièrement étroite, régie par des règles rigides et indiscutées, articulées au religieux. Dans les deux cas, il s'agit même davantage d'un « clan » aussi soudé dans les faits que désuni dans les sentiments. Anne Hébert insiste en effet sur le fait que les quelques familles venues s'installer en Gaspésie en 1782 sont restées frileusement entre elles, sans pratiquer l'exogamie : « Les Jones, les Brown, les Atkins, les Macdonald » (*FB*, 14).

Même si la communauté catholique décrite par Robert Lalonde dans *Le dernier été des Indiens* est tout de même moins « familiale », moins hantée par le spectre de l'inceste, le jeune narrateur a tendance à incriminer aussi, bien qu'à une tout autre échelle, un principe endogamique en même temps que les préceptes et le pouvoir de l'Église lorsqu'il cherche les causes de la nécrose de la vie villageoise :

> Grand-père, naît-on avec la peur quand on naît en bas de la côte, dans le village qui porte un nom de saint et tous les stigmates d'une histoire qu'on veut continuer d'ignorer ? Naît-on blanc de peur, avec le sang trouble, appauvri de s'être trop longtemps mêlé à lui-même ? Naît-on blanc et dépourvu du sens ou de l'organe qu'il faudrait pour résister au virus de la destruction qui coule dans l'air, dans l'avenir, comme dans le passé, et qui s'attrape si facilement ? Grand-père naît-on blanc à cause de l'impuissance des dieux à s'imaginer rouges ? Et pour la survie de cet orgueil déchu, doit-on porter sa peur, comme un crucifix de procession, toute sa vie ? (*DEI*, 69)

Cette église dresse sa masse physique dès les premières pages des deux romans, même si le premier narrateur des *Fous de Bassan*, le prêtre anglican de Griffin Creek, s'exprime en 1982, près de cinquante ans après l'été meurtrier, alors que sa communauté anglicane est presque dissoute et que ceux qui l'appellent les « papistes » (*FB*, 13), des « parvenus « (*id.*) à ses yeux, ont gagné du terrain ; il y sera fait de très fréquentes allusions par la suite, et jusqu'à la fin, même si ce n'est certes pas par son architecture qu'elle s'impose : « Un jour j'ai été le Verbe de Griffin Creek, dépositaire du Verbe à Griffin Creek, moi-même Verbe au milieu des fidèles, muets par force, frustres par nature, assemblés dans la petite église de bois » (*FB*, 19). La formulation du révérend Jones évoque plus, on le voit, un troupeau de galériens qu'une assemblée de fidèles : c'est la peur et l'ignorance qui semble tenir ses ouailles enchaînées sur les bancs de bois, années après années, jusqu'à la tragédie de 1936.

Dans *Le dernier été des Indiens*, l'église est bien paradoxalement présentée d'abord comme le lieu d'une exclusion, exclusion des Hurons par la communauté catholique qui est d'ailleurs au centre de la problématique du roman :

Les Indiens, eux, vivent plus loin. En fait, collés à nous mais en haut de la côte, loin, en eux-mêmes, dans leurs propres tragédies et leurs propres résurrections. Dans leurs cabanes délabrées surtout. Donc, ailleurs. Repoussés […] dans la grande savane, la réserve (*DEI*, 38).

[…] Depuis que le curé les a chassés de l'église à cause de leur beau tapage à la messe, les Indiens se sont faits protestants. Ils ont choisi l'anglais. Les Anglais ont des églises où il est permis de chanter, de laisser son trop-plein exulter (*DEI*, 13).

Mais pour qui n'est pas Indien, il est pratiquement impossible d'échapper à l'emprise de l'Église. Là aussi, le bâtiment est présenté comme central et semble surtout jouer un rôle de contrôle et de contrainte. Le grand-père du narrateur lui raconte par quelles ruses, par quelles peurs et par quels renoncements il lui a fallu passer pour épouser une Huronne dans les années 1910 sans sacrifier au rite catholique :

- Vois-tu, ti-gars… une liberté qui chemine dans le sang, c'est l'affaire la plus violente pis la plus fragile en même temps… C'est facile de la briser pis c'est pourtant impossible de la briser complètement… […].

- Grand-mère pis moé, on a attelé Baptiste. La carriole est toute propre pis blanche dans la cour pis les cloches sonnent dans le clocher de l'église […]. Tous ceux de la noce attendent près de l'église. […] Seulement, on ira pas, c'est décidé depuis la veille. On va prendre le chemin de la commune, celui qui mène en haut de la côte. C'est là que la noce aura lieu. […] [F]aut absolument qu'y nous voient pas passer devant la place du marché qui donne sus le carré de l'église, parce que là, notre affaire va foirer… Mais tu connais ta grand-mère, al 'a pensé à toute ! Dans le darrière du boghei, y a des vieux manteaux qu'on se dépêche de se mettre sus le dos pour avoir l'air de guenillous […]. Oh, tu sais qu'on est nerveux là ! Dans ce temps-là, manquer la noce d'église, c'était plus qu'un péché, c'était risquer de se faire lancer des roches par toute la population, pour le restant de ton règne ici-bas ! […].

- Ah, j'te dis que j'ai le cœur serré là ! Parce que, malgré que j'sois heureux comme jamais, j'ai peur aussi, parce que je l'sais que j'pourrai plus jamais revenir ! J'sais que le village nous pardonnera jamais nos noces impies (*DEI*, 98–100).

Le grand-père de Michel a pourtant osé la transgression qui l'a effectivement ostracisé à jamais, mais qui l'a en même temps prémuni contre la non-vie partagée par tous les autres, pour lesquels « il faut travailler, manger et dormir, aller à l'église et enterrer les morts qui n'ont pas vécu » (*DEI*, 15). Il meurt quant à lui en recommandant au plus jeune de ses petits-fils, le narrateur, de « ne pas se laisser faire », de s'arcbouter contre les diktats d'une institution qui ne sait plus qu'éructer des interdits et des oukases et entretenir l'ignorance pour asseoir sa toute-puissance :

> Je vis dans un petit village. [...] Le moindre geste est épié, connu, reconnu [...]. La vie est à craindre et à tromper. [...] Le temps est au devoir et à l'hypocrisie. Chaque désir s'interprète aussitôt et chaque joie se paye [...].
>
> Moi et les miens, nous sommes le village catholique et immaculé, fier de ses maisons propres, [...] gorgé d'inquiétudes bilieuses. [...] Tous et chacun ploient, fléchissent, abandonnent sous le poids des certitudes et des interdits (*DEI*, 38–39).

Symétriquement, comme le souligne Lídia Anoll Vendrell, la « méconnaissance de la réalité sexuelle, qu'entretenaient et la société et l'Église, constitue la grande hantise de nombreux personnages hébertiens »[1]. On se souvient par exemple, dans *Kamouraska*, du moment où Elisabeth d'Aulnières, perdue « dans la nuit de [s]a chair » et ignorante de tout ce qui touche aux rapports entre hommes et femmes, va être mariée : « Est-ce donc ainsi que les filles vivent ? Je te bichonne, je te coiffe ; je t'envoie à la messe et au catéchisme. Je te cache la vie et la mort derrière de grands paravents, brodés de roses et d'oiseaux exotiques ». (*K*, 69) Conséquence probable de cette maldonne, chez les personnages féminins d'Anne Hébert, la tentation de goûter au fruit défendu se trouve souvent doublée du désir d'accéder enfin à une forme de savoir. Comme le fait remarquer Adela Gligor dans sa thèse de doctorat consacrée aux mythes et aux intertextes bibliques dans les romans d'Anne Hébert :

> [L]a symbolique de l'arbre de science qui se trouve au cœur du paradis terrestre est souvent détournée de son sens originel dans l'univers hébertien. [...] [S]i les Écritures attribuent à l'arbre de la connaissance du bien et du mal le sens allégorique d'un savoir interdit à l'homme, dans les romans d'Anne Hébert l'arbre biblique acquiert une signification sexuelle, car il représente l'homme lui-même dont le « savoir » est à la fois convoité et appréhendé par les femmes et les jeunes filles[2].

De manière d'ailleurs fort révélatrice pour notre problématique, Nora voit ainsi dans le révérend Jones bien moins l'homme de Dieu instruit de mystères spirituels que le détenteur masculin d'un savoir sexuel et donc d'un pouvoir terrestre.

Aux yeux de sa plus sage, mais non moins passionnée cousine, Olivia, c'est Stevens Brown qui incarne ce savoir de la manière la plus radicale : « Il est comme l'arbre planté au milieu du paradis terrestre. La science du bien et du mal n'a pas de secret pour lui. Si seulement je voulais bien j'apprendrais tout de lui, d'un seul coup, la vie, la mort, tout » (*FB*, 216). Alors même que son instinct lui dicte ce qui se révèle en l'occurrence la plus salutaire méfiance – « Cet homme est mauvais.

---

1   Lídia Anoll Vendrell 2003, 635.
2   Adela Elena Gligor : Thèse de doctorat « Mythes et intertextes bibliques dans les romans d'Anne Hébert », soutenue en 2008 à l'Université d'Angers, 88.

Il ne désire rien tant que de réveiller la plus profonde épouvante en moi pour s'en repaître comme d'une merveille » –, elle reste si irrésistiblement attirée par son beau cousin et par ce « mystère qui [la] ravage, corps et âme » (*FB*, 216) que même après son viol et son assassinat, elle est présentée en poignante « morte amoureuse », fantôme-sirène revenant hanter le rivage où elle a effectivement connu quasi simultanément la sexualité et la mort : « Non, non, ce n'est pas moi, c'est le désir qui me tire et m'amène, chaque jour, sur la grève » (*FB*, 210).

II. Le passionné, le sauvage et l'archaïque comme visages de l'authentique

> Tu sais, tous les humains, les météores, c'est du pareil au même : ils ne sont visibles que lorsqu'ils s'enflamment.
> (Robert Lalonde, *Un jour le vieux hangar sera emporté par la débâcle*)

En décalque d'un célèbre titre de Tennessee Williams, nous aurions pu intituler l'ensemble de cette analyse « la chape sur un fond bouillonnant » ; l'exergue choisie par Robert Lalonde pour son roman de 2012, empruntée à *Paroi* d'Eugène Guillevic, fait d'ailleurs référence au désir d'être, sans entrave, lave en fusion : « Nous aussi nous sommes des volcans, mais eux peuvent, impunément ».

Le roman de Robert Lalonde et celui d'Anne Hébert donnent en effet à voir conjointement une effervescence passionnelle inouïe et une puissante enclume qui tente de l'écraser. Pour reprendre les propos de la jeune Nora dans *Les fous de Bassan*, que son oncle incestueux surnomme d'ailleurs « sa petite chatte » (*FB*, 126) : « Tous ces gens assemblés dans la petite église avec leurs mains jointes, leurs bouches ouvertes, chantent et psalmodient, feignent d'ignorer le flux et le reflux sauvage de leurs âmes de baptisés » (*FB*, 121).

À en croire Georges Bataille dans *Lascaux, la Naissance de l'art*, au moment du passage de l'*homo faber* à l'*homo sapiens*, les hommes, en recouvrant les parois de la grotte de Lascaux de leurs « miraculeuses » peintures, inventent l'art, « jeu » suprême qui, paradoxalement – grâce aux outils conçus, fabriqués par l'espèce humaine et lui assurant désormais une bien plus grande maîtrise, un bien plus grand pouvoir sur son environnement et donc de meilleures chances d'assurer contre lui sa survie – dit sa protestation contre l'enfermement dans le seul monde du travail, de la technique, de l'ordonné, du cadré, du « prosaïquement efficace »[3], toutes choses qui étaient aussi en train de naître en eux. Réduisant la figure humaine

---

3   Bataille 1980, 122.

à un sommaire et minuscule pantin tandis qu'elle exalte, avec un remarquable
« réalisme intellectuel » la forme animale, dans sa puissance, sa beauté libre et
son expressivité, la célèbre « scène du puits » de la grotte de Lascaux exprimerait
un regret au moment où l'homme est en train de s'arracher à l'animalité. Bataille
lit le même regret, encore, dans les toiles d'un artiste moderne comme Picasso.
Il semble qu'au fil des millénaires, des siècles et des ans, certains hommes aient
plus vivement que d'autres éprouvé ce regret, et certains artistes l'ont exprimé
avec une force toute particulière, notamment parmi les peintres et les « poètes ».
Anne Hébert et Robert Lalonde ont d'ailleurs indéniablement tous les deux un
style poétique : abondance de métaphores, de comparaisons, de figures de style en
général, attention portée à la forme autant qu'au fond à travers choix de mots « à
halo », préférence donnée à la suggestion sur la désignation, travail des rythmes
notamment à travers une appropriation de la ponctuation, et travail des sonorités
pouvant aller de l'allitération et l'assonance jusqu'à une harmonie imitative.

Nostalgie d'un passé enfui – qu'il soit celui d'une espèce ou d'un individu –
rêve de régression au moins passager vers une époque où l'être humain faisait
davantage corps avec son environnement ; plusieurs personnages des *Fous de
Bassan* et du *Dernier été des Indiens* se rêvent d'ailleurs fauves sous la lune.

Michel évoque « les dangers qu'[il] cour[t] » dans la nuit « comme autant de
lièvres à la fois » (*DEI*, 17), Stevens parle de « hurler là toute son âme déchaînée »
(*FB*, 246) sur le rivage de Griffin Creek pendant la tempête, tandis qu'Olivia avoue :

> Qu'il m'appelle une fois encore, une fois seulement, et je ne réponds plus de moi.
>
> [...] Ne peux plus supporter le corps de ma cousine Nora, endormie à côté de moi,
> dans le lit étroit qui est le sien. Envie de la griffer pour la punir d'exister à ce moment
> précis où je voudrais être seule au monde, face à celui qui m'attire dans la nuit (*FB*, 222).

Ce que la nature sauvage peut recéler de force énorme et de brutalité n'a pas
davantage échappé à l'auteure des *Fous de Bassan* qu'aux artistes de Lascaux :
on voit même que, selon elle, une violence (naturelle) peut en déclencher ou
aviver une autre (humaine). Comme le dieu Pan, reflétant ce que les hommes
projettent inconsciemment sur elle, la nature sauvage montre un visage littéraire
profondément ambivalent, qui n'est pas sans évoquer ce que Robert Lalonde dit
d'une autre figure fascinante d'Indien, Stanley, dans *Un jour le vieux hangar sera
emporté par la débâcle* :

> Ma mère disait de lui : – Ton sauvage est un visage à deux faces !
>
> Elle ne croyait pas si bien dire. Stanley hébergeait le loup et l'hirondelle, l'innocent et
> le vicieux, l'enfant et le vieux de la vieille. Il était tant de contraires réunis que je me
> savais devant lui multiple et composé moi aussi, à la fois tendre et crève-cœur, bon à
> rien et prêt à tout tenter (*UJH*, 277).

Toujours puissante, la nature sauvage peut apparaître alarmante et un peu pythie, indifférente aux souffrances humaines, voire perverse ou au contraire complice de leur exaltation et de leur harmonie, réparatrice, permettant aux hommes de se purifier loin de leurs semblables et de profiter encore un peu de la beauté du monde, de retrouver encore intacts – mais pour combien de temps ? – des bouts de planète porteurs d'une mémoire infiniment plus longue et plus riche que celles des êtres humains, les ramenant même parfois, en deçà des sociétés dites « primitives », vers un temps mythique, pré-humain, peuplé de griffons et de sirènes.

Le dernier été des Indiens et *Les fous de Bassan* accordent la même primauté aux forces archaïques, naturelles et sauvages qui affirment leur vérité crue face au pouvoir usurpé de l'Église, appuyé quant à lui sur des mensonges, des « simagrées » (*DEI*, 49) et des silences coupables. Toutefois, ce qui reste du monde sauvage a, dans *Le dernier été des Indiens*, le visage de l'innocence. Le monde auquel les trois jeunes Hurons font accéder Michel lors de la nuit est celui du paradis avant la faute, même si ce paradis – bien peu catholique – s'avère ardent et violemment sexualisé. Dans *Les fous de Bassan*, au contraire, la sauvagerie du monde comme des passions est liée à la perte, à la violence et à la perversion : ceux qui s'y abandonnent font encore plus sûrement leur malheur que ceux qui restent sous le joug des interdits religieux. Dans les deux cas toutefois, l'archaïque a le dernier mot car sa vérité s'impose alors que le religieux est démasqué comme pouvoir illégitime, hypocrisie et nécrose. La « vraie vie » est clairement « ailleurs ».

Dans le sombre univers des *Fous de Bassan*, au fond, on n'échappe à la souffrance et à la frustration, voire à la plus brutale des tortures et des morts, qu'en renonçant au désir, comme Felicity que l'âge semble décharger de ses chaînes et parer des pouvoirs d'un thaumaturge. Les critiques littéraires ont souvent noté que la Chute, dans l'imaginaire hébertien, semble coïncider avec la puberté. Tout ce qui est arrivé » – dira Perceval –, « c'est la faute à l'enfance révolue » : « Plus jamais les fougères vertes et l'enfance verte. Nora et Olivia sont perdues. [...] La senteur verte des petites Atkins est finie. Sont devenues grandes tout à coup. Auraient dû rester petites comme avant » (*FB*, 180).

Dans *Le dernier été des Indiens*, Robert Lalonde semble renouer quant à lui avec le mythe du bon sauvage – et de la « belle sauvagesse », comme Michel aime à appeler sa grand-mère : « Maintenant commence pour moi le magique et précaire équilibre entre la vraie vie et leur jour-le-jour [...] entre l'absolu rouge de l'Indien et les vicissitudes blanches du clan » (*DEI*, 24). Dans ce roman, moins ambivalent que d'autres sur des sujets voisins (cf. *Le Vieux hangar*), Robert Lalonde en vient à peindre une sorte d'Éden d'avant la chute, ou plus exactement un âge d'or d'avant l'invention du péché par la religion chrétienne, mais un Éden auquel on accéderait, au contraire, justement, par une initiation sexuelle, et qui ne garderait décidément pas la verte couleur des amours enfantines :

> Je ne sais pas pourquoi mais, encore aujourd'hui et les yeux fermés, je continue de le voir. Il luit sous mes paupières, transparent, [...] et toujours sa peau a cette même couleur, cette même texture bouleversantes. Le soleil n'est pas sur sa peau. L'Indien est né avec le soleil dans sa peau, comme un sang lumineux, phosphorescent (*DEI*, 9).

> Oui, je suis né, cette nuit, avec eux, en eux, parmi leur innocence. Je n'ai rien fait de mal. Je ne vois pas, je ne sens pas encore le mal. Tout ce qui vit est transperçant. Pourquoi alors m'avoir fait croire au fétide des rosaires, à la paresse des grand-messes, au mièvre, au mou ? Je sais maintenant que tout ce qui arrive pour vrai arrive avec élan, avec force, avec les dents, avec la peau, [...], rouge, chaud [...] ! Je les vois, je les touche, j'ai encore le frisson, même après les secousses douloureuses, puis moins douloureuses, puis trans-portantes. Je n'ai pas perdu connaissance. Je suis en pleine connaissance, enfin, sans livres ni neuvaines, sans peur, sans mal. Je suis au monde, dépucelé, neuf (*DEI*, 20).

Chez Robert Lalonde, on le voit, la lame de fond passionnelle s'exprime comme une liturgie païenne et panique. Par un retournement provocateur, c'est le plaisir sexuel, et, en l'occurrence, le plaisir homosexuel et collectif, qui est sanctifié :

> Si je fus à genoux, hier soir, ce fut pour la seule communion, l'unique communion, la vraie communion. Et mon secret vaut d'ores et déjà beaucoup plus cher que tous les Saint-Sacrements du monde, si bien montés et encerclés d'or soient-ils ! (*DEI*, 22)

> Demain, vous fêterez votre Dieu d'or sans moi. Je serai dorénavant dans la forêt aux trèfles éternels. Amen (*DEI*, 20).

Dans *Les fous de Bassan*, la notion de faute et de châtiment semble en revanche obsédante, même quand ce sont des motifs archaïques qui se font prégnants : l'imaginaire hébertien semble d'ailleurs unir sirènes – sous leur forme antique mi-femme mi-oiseaux –, fous de Bassan et Érinyes, notamment dans le délire torturé de Stevens, près de cinquante ans après les meurtres de ses jeunes cou-sines, délire où l'on semble aussi reconnaître, associés pour le pire des châti-ments, un écho du mythe de Prométhée, des « Djinns » ailés de Victor Hugo et des « Oiseaux » d'Hitchcock :

> Reconnu les pépiements sauvages en marche vers moi. Supplier le vide pour que ça cesse. Pour que ça ne vienne pas jusqu'à moi. Ça se déploie maintenant au-dessus de la maison. En cercles de plus en plus rapprochés. Le point de mon cœur, bien au centre des cercles furieux. [...] Feindre d'ignorer les battements d'ailes claquant dans toute la chambre. Toiture et plafond à présent ouverts et défoncés à coups de becs durs (*FB*, 237).

Même si la justice l'a relaxé faute de preuves, Stevens est bien coupable d'un viol et de deux meurtres ; or, dans *Convergences*, l'essayiste Jean Le Moyne accuse l'institution cléricale d'avoir inculqué profondément à quasi toute la population québécoise, dès le plus jeune âge, un sentiment de culpabilité aussi absurde que destructeur :

> Culpabilité maudite, voix perçue depuis la conscience première, tonnerre de malheur sur le paradis de l'enfance, venin de terreur, de méfiance, de doute et de paralysie pour la belle jeunesse, saleté sur le monde et la douce vie, éteignoir, rabat-joie, glace autour de l'amour, ennemie irréconciliable de l'être, on l'a respirée comme l'air, on l'a toujours entendue comme le vent, on l'a mangée comme une cendre avec toutes les nourritures, les terrestres et les célestes[4].

Un personnage des *Fous de Bassan* semble toutefois échapper sans efforts à cette obsession de la faute et habiter du coup dans un monde infiniment plus lumineux et coloré que l'ensemble des autres personnages, une Gaspésie quasi méridionale, fort sensuelle en tout cas :

> Je suis une fille de l'été, pleine de lueurs vives, de la tête aux pieds. Mon visage, mes bras, mes jambes, mon ventre avec sa petite fourrure rousse, mes aisselles rousses, mes cheveux auburn, le cœur de mes os, la voix de mon silence, j'habite le soleil comme une seconde peau (*FB*, 111).

Nora Atkins, un peu Peau-rouge d'ailleurs, comme on le voit ici, semble entretenir le même rapport spontané, joyeux et fusionnel, au monde sensible que Kanak, présenté dans *Le dernier été des Indiens* comme étant « en très bons termes avec l'Ours, avec le soleil, avec les vagues tièdes et les remous du ruisseau » (*DEI*, 61). À l'instar de Michel, elle manifeste par ailleurs une propension à détourner de manière éminemment provocatrice la parole biblique dont elle a été imprégnée depuis sa naissance : « Faite du limon de la terre, comme Adam, et non sortie d'entre les côtes sèches d'Adam, première comme Adam, je suis moi, Nora Atkins, encore humide de ma naissance unique, avide de toute connaissance terrestre et marine » (*FB*, 116). L'adolescente se réapproprie de façon très personnelle, impertinente et tendancieuse la célèbre phrase du Prologue de l'Évangile selon saint Jean – « *Et le Verbe s'est fait chair et il a habité parmi nous* » – et, comme le Michel du *Dernier été des Indiens* qui voit en son amant Kanak l'homme nouveau de l'Epître aux Éphésiens, elle élabore l'image de la femme nouvelle venant faire pièce à l'ancienne, pétrie d'ignorance et de soumission :

> Et moi aussi, Nora Atkins, je me suis faite chair et j'habite parmi eux, mes frères et cousins de Griffin Creek. Le Verbe en moi est sans parole prononcée […]. J'ai quinze ans. Je résonne encore de l'éclat de ma nouvelle naissance. Ève nouvelle. Je sais comment sont faits les garçons (*FB*, 118).

---

4   Le Moyne 1962, 54.

Même si sa jeune vie ardente, arrogante et sensuelle est très vite balayée par Stevens, on peut retenir au passage ce cri de triomphe : Nora n'aura laissé éteindre par l'enclume religieuse ni sa soif de découvertes ni sa rousse flamme de vie.

Dans ces deux romans, ce qui est sanctifié relève donc d'un sacré profondément athéologique. Tout se passe en outre comme si la religion dominante jouait, dans ces deux petites communautés isolées aux portes d'un monde encore sauvage, le rôle d'un surmoi massif échouant totalement dans ce qu'on pourrait imaginer être sa « mission » : aider à la construction de personnalités différenciées et équilibrées. Qu'ils peignent le monde sauvage, la passion et les forces primitives comme plutôt innocent, lumineux et exaltant ou plutôt sombre, glacial et menaçant, *Le dernier été des Indiens* et *Les fous de Bassan*, dont les titres mêmes font triompher le monde naturel, donnent tous deux à voir révoltes, provocations et transgressions face à une emprise religieuse écrasante perçue comme radicalement *contre-nature*. Quand le précaire et précieux été annoncé comme « dernier » dans le roman de Robert Lalonde s'achève, Michel, la mort dans l'âme, doit quitter la forêt, les bords du lac et le lumineux Kanak pour gagner le petit séminaire de saint Sulpice dont il se fait une image proprement cauchemardesque :

> [J]e discerne mille rangée de curés en longues robes de deuil et qui brandissent des crucifix également noirs, [...], foudroyants ! [...] Et ma nausée perpétuelle et la bave que je bave sur leurs pupitres couverts de graffiti grecs et latins, leur langue codifiée, leur hypocrisie, leur haine ! (*DEI*, 49–50)

> J'aurai, moi aussi, bientôt, cet air étriqué, ces gestes faux, cette prestance de bouffon travesti en petit saint ? Ce sera moi, cet automate à prières et à simagrées ? (*DEI*, 95)

Par effet de surprise, la dernière page du roman apporte toutefois une brusque bouffée d'espoir, Plus rattaché qu'Anne Hébert aux réalités socio-politiques et historiques Robert Lalonde annonce en effet à demi-mots la fin de la Grande Noirceur et de son cortège particulièrement accablant de privations et de contraintes :

> Le camion s'arrête. Ils descendent. Ils vont chercher la roue. Ils sont entrés dans le hangar de Raoul. Je pourrais m'enfuir, revenir vers toi, empêcher la suite ! Non. Je tourne simplement le bouton de la vieille radio du camion. Mécaniquement, sans savoir d'où vient ce goût de savoir. Ça grince, ça pétille dans le haut-parleur et, finalement, j'entends :

> … est décédé, cet après-midi, dans sa résidence de Schefferville. Monsieur Duplessis était âgé de… (*DEI*, 158).

Même si l'espoir que cette nouvelle peut faire lever est à nuancer dans la mesure où Michel a exprimé en amont avec force et insistance la conviction qu'un changement politique, fût-il capital, n'aura jamais le pouvoir de lui donner (ou de rendre à l'être humain) la liberté dont il rêve, la Révolution tranquille est en route…

Bibliographie

ANOLL Vendrell, Lídia : « La Fonction de la référence biblique dans l'œuvre romanesque d'Anne Hébert ». Dans : Mª Jesús Salinero et Ignacio Iñarrea (eds.) : *El texto como encrucijada. Estudios franceses y francófonos*, 2 vols. Universidad de La Rioja 2003.

BATAILLE, Georges : *Lascaux, Naissance de l'art* [1955]. Skira : Genève 1980.

GLIGOR, Adela Elena : *Mythes et intertextes bibliques dans les romans d'Anne Hébert*. Thèse de doctorat soutenue en 2008 à l'Université d'Angers.

HÉBERT, Anne : *Les fous de Bassan*. Paris : Seuil 1982.

– *Kamouraska*. Paris : Seuil 1970.

LALONDE, Robert : *Le dernier été des Indiens*. Paris : Seuil 1982.

– *Un jour le vieux hangar sera emporté par la débâcle*. Montréal : Boréal 2012.

LE MOYNE, Jean : *Convergences*. Montréal : Éditions HMH 1962.

Valeria Sperti
(Naples)

Nelly Arcan et le chagrin d'une écriture « avouante »

Les autofictions de Nelly Arcan, premier et dernier jalon de sa production, sont les plus réussies et intrigantes de toute son œuvre. Elles poussent à l'extrême la « posture nombrilique et impudique de l'écriture »[1] personnelle, mettant au centre la sexualité en tant que construction psychique et symbolique[2]. Démentant l'affirmation de Bernard Noël[3] selon laquelle dans ce monde où tout est déjà montré, exhibé même, il y aurait de moins en moins à voir, elles choquent au contraire par l'incisive réification du corps féminin, fragilisé par sa nudité et massacré par son exposition médiatique. Accédant à la notoriété avec *Putain* en 2001[4], où elle relate dans un « style pseudo-oral »[5], le scandale de son expérience d'escorte dans le quartier du Plateau Mont-Royal à Montréal, l'écrivaine se donne la mort huit ans plus tard, en 2009 : une fin annoncée, maintes fois représentée dans son œuvre. Ce geste influence la lecture, notamment celle des textes à matrice autobiographique et y dessine, sous le signe de l'empathie, un portrait de chagrin, dont le dernier volet ressemble à un souvenir pieux avant la lettre[6]. De ses trois romans suivants – *Folle*, *À ciel ouvert* et *Paradis clés en main*[7] – le dernier est posthume, paru en 2011, comme le recueil de textes *Burqa de chair*[8]. Celui-ci marque le retour au je et au « lyrisme flamboyant » (*BDC*, 35) des débuts littéraires de l'auteure. L'expérience d'escorte terminée, ce recueil touche encore au malaise de la féminité exploitée et conditionnée par le regard

---

1 Grell 2014, 29.
2 Maingueneau 2007, 96–124.
3 Cette affirmation de Bernard Noël, romancier et spécialiste d'érotisme, se trouve dans *Romans d'un regard* (Noël 2003).
4 Arcan 2001. Les références à ce roman seront désormais présentées dans le corps du texte à l'aide du sigle *P*, suivi immédiatement du numéro de la page.
5 Baudelle 2012, 145–157.
6 J'emprunte l'expression « portrait of grief » à Paul John Eakin, qui l'a utilisée dans son essai *Living autobiographically* (Eakin 2008).
7 Arcan 2004, Arcan 2007, Arcan 2009.
8 Arcan 2011. Les références à ce roman seront désormais présentées dans le corps du texte à l'aide du sigle *BDC*, suivi immédiatement du numéro de la page.

masculin et féminin, dont le symbole serait la burqa dans sa version occidentale et matérialiste, c'est-à-dire le fard et le bistouri qui modèlent un corps éternellement jeune et séducteur.

Putain a un destinataire interne, le psychanalyste de l'héroïne : le contexte médical accentue la description de l'avilissement d'un corps animalisé malgré lui, qui porte les stigmates de son usage. En tant que miroir d'une expérience dégradée qui raconte l'impensable, l'écriture est aussi un instrument pour rompre l'isolement de la prostituée Cynthia, en détournant son âme de la folie[9] : sa fonction d'antidote l'assimile à une parole mystique dont le sens moral serait renversé, mais tout aussi efficace. Dans *Putain*, le discours est fondé sur l'émotion de la parole « avouante » selon la définition de Michel Foucault, pour qui « depuis le Moyen-âge au moins, les sociétés occidentales ont placé l'aveu parmi les rituels majeurs dont on attend la production de la vérité »[10] et où le sexe est devenu matière privilégiée de confession. Selon le philosophe, « nous appartenons à une société qui a ordonné, non dans la transmission du secret, mais autour de la lente montée de la confidence, le difficile savoir du sexe »[11]. Nelly Arcan veut nous livrer sa vérité sur le sujet : les interjections, les phrases exclamatives et les propositions incidentes servent à exprimer avec vivacité les ébats intérieurs de la narratrice. À cet égard, l'aveu, surtout s'il se transforme en écriture, peut être une source de plaisir[12]. Les références religieuses abondent aussi : Nelly Arcan est incapable d'abandonner le schéma du confessionnal dans lequel elle baigne depuis son enfance, par la présence obsédante d'un père catholique.

Burqa de chair se compose de cinq textes : deux de commande, déjà publiés – « Le Speed dating » et une chronique désopilante, « Se tuer peut nuire à la santé »[13] –auxquels s'ajoutent une version remaniée de « L'Enfant dans le miroir »[14] et deux inédits, « La Robe » et « La Honte ». Et là encore, « L'Enfant dans le miroir » représente l'affolement de l'écrivaine face à son reflet. « La Robe », noyau d'un roman inachevé, parle d'une jeune femme en détresse dont le peignoir et le déshabillé symbolisent la porosité sinistre entre deux archétypes de l'inconscient collectif, la mère et la putain[15]. La prostitution, d'abord représentée comme une

---

9   *Cfr.*, à ce propos, Dauzet 2006, 18–24.
10   Foucault 1976, 84 et Ledoux 2011, 93.
11   Foucault 1976, 86.
12   *Ibid.*, 95.
13   La chronique avait été publiée en mars 2004 sur le site P45.
14   La version originale et illustrée de ce conte cruel pour jeunes filles avait paru en 2007 à Montréal chez l'éditeur Marchand de feuilles.
15   *Cfr.*, à ce propos, la préface de Nancy Huston à *Burqa de chair* (Huston 2011).

rupture par rapport au stéréotype maternel de la femme-mère, précipite l'héroïne vers la case de départ :

> De subir ce scandale qu'est la vie, je n'y arriverai plus encore longtemps, [...] voilà ce que je me répète à longueur de journée, des journées que je passe, depuis que je ne travaille plus ou si peu, en robe de chambre [...] des journées traînassées que je passe à mépriser cette robe de chambre qui tourne en dérision, à force d'être banale et rose, à force de laideur, d'usure jusqu'à la corde, mes petites misères[16].

Avec une mise à distance narrative en guise de protection, *La Honte* relate l'humiliation subie à l'automne 2007 par Nelly Arcan quand elle est « l'invitée vedette d'un talk-show très suivi de la télévision canadienne pour la sortie de son troisième livre, *À ciel ouvert*. L'animateur plaisante avec insistance sur son décolleté ; pas un instant il ne sera question d'elle comme écrivain » (*BDC*, 93).

Je m'occuperai ici de relire, en tenant compte de la perspective religieuse, *Putain* et les trois derniers textes de *Burqa de chair*, où la confession se replie sous le poids d'un péché originel. Il ne s'agit plus du témoignage extrême de l'abject[17] qui donne corps au récit compulsif de la femme « avouante », l'héroïne autofictionnelle de *Putain*, mais d'assumer une défaite, en accordant la chair humaine, enveloppe fragile d'une âme déchirée, « à ce scandale qu'est la vie » (*BDC*, 39). Les deux narrations – la première autofictionnelle, la seconde autobiographique – montrent l'invincible attrait, caché sous un apparent mépris, que la religion, avec son appareil et son cortège de questions, exercent sur l'auteure. Si l'élément commun à *Putain* et *Burqa de chair* est celui de la confession, qui élève la nature et la forme de la personnalité à autant de problèmes culturels que d'événements individuels[18], les deux textes se caractérisent par un changement significatif dans le style et le ton du discours. Suivre le fil rouge de la parole « avouante » de *Putain* à *Burqa de chair* me permettra de focaliser les éléments du discours religieux et le réseau de significations qu'ils forment.

Dans son texte inaugural, la narratrice insiste sur ce besoin de répéter indéfiniment l'histoire de son avilissement sexuel et psychologique aussi bien par l'oralité de la cure psychanalytique que par la narration littéraire[19] :

---

16 Arcan 2011, 39 ; Huston 1982 et Huston 2012, 9–31. La question de la mère et celle de la filiation sont centrales dans l'œuvre de Nelly Arcan.

17 *Cfr.* Tremblay-Devirieux (2012, 27) qui postule une association entre féminin et abjection dans la génération d'écrivaines à laquelle appartient Nelly Arcan.

18 Bruner 2002, 81–106.

19 Sur le besoin biologique primaire de ressasser notre histoire dans une narration, cfr. Eakin 2008, 106.

> je parle de tout et de rien sans m'interrompre pour qu'il n'y ait pas de trous entre les
> mots pour que ça ressemble à une prière […] je parle comme j'écris, assise sur le lit,
> devant les rideaux tirés de la fenêtre, en tournant sur moi-même, en fixant les murs,
> les draps, le fauteuil, la table de chevet, la mousse sur le plancher […] en sachant que
> ça ne sert à rien mais il faut s'entêter pour ne pas mourir sous le coup d'un silence trop
> subi, tout dire, plusieurs fois de suite et surtout ne pas avoir peur de se répéter (*P*, 65).

Le cadre formel dans lequel s'inscrit le discours sur l'abjection et l'avilissement du corps réifié est donc celui de la confession, avec son corollaire, la souffrance. Dans *Putain*, l'histoire de cette femme « avouante », qui passe son temps dans une quête inassouvissable de jeunesse et beauté[20], peut se lire comme une parodie stérile de la vie mystique. L'héroïne, l'escorte Cynthia, est un « moi-peau » – au sens où le verbe s'intègre totalement à la chair[21] – qui parle sans tricher de son propre corps et de celui de l'autre, dans l'espoir d'un rachat entièrement confié à l'écriture. En ce sens, le récit se propose comme un cas d'étude pour une anthropologie de la prostitution. Dans la représentation de la commercialisation des corps sexués, intégrant sa part d'abject et de monstrueux, la narratrice étonne le lecteur par la force de son regard, qui prend la forme d'un questionnement personnel et identitaire[22]. On retrouve, dans la violence de cette écriture, la rage d'une femme à la fois soumise et pleinement impliquée dans sa condition, jugeant et se vengeant par son écriture à bout portant. Certes, il y a aussi une part de plaisir à faire découvrir au lecteur les limites de ce plaisir monnayé, pulvérisé par sa consommation répétitive, où l'on confie, comme dans *Fils* de Serge Doubrovsky,

> le langage d'une aventure à l'aventure du langage, hors sagesse et hors syntaxe du
> roman traditionnel ou nouveau. Rencontres, *fils* des mots, allitérations, assonances,
> dissonances, écriture d'avant ou d'après littérature, concrète, comme on dit musique.
> Ou encore, autofriction, patiemment onaniste, qui espère faire maintenant partager
> son plaisir[23].

---

20 *Cfr*. Smart 2014, chap. 11. L'écriture de *Putain* et de *Burqa de chair* est hantée par le maquillage et la chirurgie esthétique pour « avoir dix-huit ans toute sa vie », Arcan 2001, 102.

21 J'emprunte cette définition prononcée par Michel Tournier pour décrire les corps tatoués des guerriers Nouba au Soudan photographiés par Leni Riefensthal (Tournier 1983).

22 *Cfr*. Courtine 2006, 95–132, 373–384, 391–396. Dans l'histoire du corps, le XXe siècle se caractérise par une mutation du regard et par l'appropriation de ce domaine, jusque-là apanage des hommes, par les femmes. À partir des années 70, la fin du regard oblique correspond au renforcement de la pulsion scopique : le corps devient l'objet-hantise de l'art, il pose son questionnement sur l'identité et la sensualité.

23 Doubrovsky 1977, dans Grell 2014, 8.

L'amour vécu d'abord comme une crucifixion et ensuite comme une rédemption sera le lot de Marie, l'héroïne adolescente d'*Une éducation catholique* de Catherine Cusset, qui aborde ses premiers désirs sexuels, tiraillée entre un père catholique et une mère athée[24]. Mais chez Nelly Arcan, la prostitution change la perspective et imprime une impulsion différente à la religion, qui se décline dans la posture sacrificielle de l'héroïne – le corps *ici* et la tête *ailleurs* –, dont elle fait remonter les origines à l'obéissance à la religion patriarcale, au respect des ordres et à la crainte des punitions.

Burqa de chair, en particulier, oscille entre thérapie, autoflagellation, aveu victimaire et pénitence par la parole. Reste l'impression de l'inefficacité de l'écriture à sublimer le mal et à combattre la pulsion autodestructive de la narratrice. Le pouvoir de salut que *Putain* avait confié à l'écriture a malheureusement échoué ici, par la complicité du glissement de l'aveu de la scène littéraire au plateau médiatique.

L'originalité de l'œuvre de Nelly Arcan ne réside ni dans la transgression proclamée – la représentation d'un corps féminin jeune, érotisé et marchandisé n'étant plus une exception de nos jours[25] – ni dans la dénonciation d'une société patriarcale avec comme corollaire le catholicisme sclérosé ou le traumatisme familial. L'anatomie subversive de son style se fonde sur une attitude paradoxale, mise en lumière par Barbara Havercroft et Isabelle Boisclair, entre l'agentivité énonciative de l'héroïne autofictionnelle, comme sujet de la parole « avouante » et sa subjectivité, c'est-à-dire sa soumission dans les événements narrés, sa passivité en tant qu'héroïne d'une histoire sacrificielle[26]. Dans cette articulation, les effets de la religion, sous la forme de l'interdiction, du péché et de la honte, conséquences de la culpabilité catholique, tout autant que l'aspiration à une rédemption qui semble toujours possible, à portée de la main, jouent un rôle subtil, axé sur le sentiment d'inadéquation et d'indignité de la protagoniste. L'empreinte de l'église catholique, toute-puissante dans les années de la Grande Noirceur jusqu'à la Révolution tranquille, s'est sans doute attardée en province, dans la région du Lac Mégantic, d'où l'auteure et sa famille sont originaires. Sur ce fond, vraisemblablement, le père de l'écrivaine incarne dans la représentation littéraire la lutte perpétuelle du fervent catholique pour affirmer ces valeurs morales et pieuses. Pour lui, le péché sexuel est le péché par excellence, qui limite l'ascèse de l'esprit, le plaisir qui l'accompagne étant par nature coupable. Pour sa part, Nelly Arcan

---

24 Cusset 2014.
25 *Cfr.*, à ce propos, les études de Dominique Baqué 2002, 92–100.
26 Havercroft 2005, 207–234 ; Boisclair 2007, 111–116.

fait remonter son abjection morale à l'acceptation passive de l'autorité religieuse, paternelle et renverse ainsi la doxa : « Dans un monde aussi rigidement divisé en deux, il est facile de basculer de l'autre côté, d'autant plus que l'autoritarisme des établissements de prostitution mime celui du milieu d'origine »[27].

C'est ainsi que Cynthia, l'escorte de *Putain*, devient l'emblème absolutisé de la femme sacrificielle : l'avilissement de la prostitution et sa rédemption mystique par l'aveu et le pardon sont représentés « comme l'envers et l'endroit d'une longue et tenace tradition d'abnégations féminines »[28]. Se faire prostituée ne serait donc pas pour l'écrivaine un geste de rupture avec son passé catholique, mais la répétition des comportements des religieuses qui ont peuplé son enfance. Selon Patricia Smart, dans *Putain* le père et la religion sont sommés et en même temps assommés dès l'incipit[29] qui débute par une description désopilante de ce contexte social et familial, de « cette campagne de fervents catholiques où on soigne […] les schizophrènes par exorcismes, où la vie y est très belle lorsqu'on se contente de peu, lorsqu'on a la foi » (*P*, 7). Issue d'une famille catholique dans une province où la force pénétrante de la religion a longtemps occupé bien des secteurs cruciaux de la vie sociale[30], Isabelle Fortier – vrai nom de Nelly Arcan – est éduquée par des religieuses, qu'elle décrit comme « des femmes sèches et exaltées devant le sacrifice » (*P*, 7). La narratrice s'étend tout particulièrement sur un épisode d'enfance à haute teneur symbolique : au lieu d'avaler l'hostie pendant l'eucharistie, elle la garde dans ses mains comme un trésor précieux, pour la cacher, une fois rentrée chez elle, entre les pages d'un de ses livres. Plus tard, lorsqu'elle la montre à son père, celui-ci réagit avec réprobation face à cet acte considéré comme « un sacrilège » (*P*, 7). Très tôt, dans la vie de l'héroïne, les principes d'autorité religieuse et patriarcale ont été confondus, prononçant des verdicts définitifs, inattendus et incompréhensibles à ses yeux, déclenchant une réaction qui devient l'annonce d'une vie et d'une écriture à contre-courant de la morale catholique et contre la religion du père, de ce père qui l'a même trop aimée : « Il m'a aimé pour deux, pour trois, […] heureusement qu'il y avait Dieu

---

27 Smart 2014, chap. 11.

28 *Ibid.*

29 *Ibid.*

30 Même si le Canada français traditionnel était une société foncièrement paternaliste, Pierre Maheu montre comment sur le plan religieux, familial et historique cette société a vécu sous l'emprise du mythe de la mère. Insérant le mythe œdipien d'une mère castratrice et envahissante dans le contexte paternaliste et patriarcal dès les années 1960, le pays procède à une féminisation des systèmes de valeurs. *Cfr.* Smart 1988, 235–264 et Maheu 1983, 27–38.

et le tiers monde pour me protéger de lui, pour canaliser ses forces [...] dans l'espace lointain du paradis » (*P*, 7).

À partir de ces constatations, une lecture en termes religieux de la confession de Cynthia – le nom choisi par la narratrice pour son métier d'escorte, « à l'instar de bonnes sœurs qui servent leur congrégation »[31] – me paraît plausible : le récit narre l'abjection d'une jeune femme scandaleuse, victime de la religion patriarcale, hantée par le péché et les dangers de la séduction. La prostitution, « caresse du désespoir » (*P*, 61), accable la femme dans l'étonnement de la soumission et les termes pour sa représentation font appel au réseau sémantique de la croyance : « je pourrais vous décrire la beauté du monde si je savais la voir, raconter comment la foi et le courage peuvent venir à bout des plus grands malheurs »[32]. *Putain* est une dénonciation de la religion paternelle et la révélation subjective d'un savoir, où des vérités personnelles et universelles sur le rapport entre l'homme et la femme sont crachées au visage du lecteur. La narratrice y souligne notamment son besoin du regard de l'autre pour se sentir exister. L'attention obsédante prêtée au corps révèle un matérialisme suffocant, l'autre face d'un sentiment de soi fragile, édifié contre le modèle maternel de la femme sacrificielle[33].

Déclenchée par la cure psychanalytique, la parole se charge d'une connotation « avouante », qui la transforme en *lamentatio*, en chant funèbre *ante litteram*, dans lequel l'héroïne invoque Dieu en y superposant l'image de son père auquel elle demande pardon :

> et chaque soir je priais les mains devant la bouche, mon Dieu faites que je sois bonne, que mon père m'aime et que je sois bonne, protégez ma famille [...] mon Dieu faites que je sois bonne, donnez-moi du courage, pardonnez-moi mes offenses et faites que mon père me croie bonne (*P*, 72).

De même, les mots ont un pouvoir qui s'étale du contexte psychanalytique à celui de l'écriture :

> je parle de tout et de rien sans m'interrompre pour qu'il n'y ait pas de trous entre les mots, pour que ça ressemble à une prière, et il faut que les mots défilent les uns sur les autres pour ne laisser aucune place à ce qui ne viendrait pas de moi, je parle comme

---

31 Cynthia est non seulement le prénom utilisé par l'escorte mais aussi celui de la sœur de l'écrivaine, morte en bas âge, qui restera pour elle le sujet d'une confrontation impossible.

32 *Ibid.*, 79–89. *Cfr.* aussi l'étude sur l'abjection de Julie Tremblay-Devirieux (Tremblay-Devirieux 2012). Selon cette dernière, l'abjection arcanienne est ambivalente, car elle oscille perpétuellement entre sa négativité fondamentale et sa relève possible.

33 Smart 2014, chap. 11 ; Ouellette-Michalska 2007, 77.

j'écris, assise sur le lit [...] je m'adresse à ce qui se tient ici en sachant que ça ne sert à rien (*P*, 65).

La foi est un exutoire au trop-plein de la violence verbale qui représente la réification corporelle et sexuelle. La narratrice s'attaque au catholicisme dualiste du père sur lequel elle greffe son nihilisme : « cet homme dressé comme Dieu le Père contre le Péché du monde, mon péché et aussi le sien, car je baise avec lui à travers tous ces pères » (*P*, 34). Par ses nombreux rappels, l'aveu connote l'œuvre par un reniement de la foi, sans doute par réaction au milieu religieux dans lequel l'auteure a été éduquée. Le père, porte-parole du catholicisme d'un certain Québec rural et traditionnel, installe un crucifix béni dans chaque pièce du nouvel appartement montréalais de sa fille, un geste pieux qu'elle interprète comme une mesure de surveillance panoptique supplémentaire à son égard, par religion interposée.

Dans *Putain*, le premier objectif de la parole est de démentir et même de tourner en dérision l'autorité parentale et son cortège spirituel. La forme dérisoire est la marque de la révolte contre le père, dont les dogmes sont rejetés, par une écriture de la haine. Toutefois, son désir d'écorcher cache un désarroi proche de l'affolement, signalant la présence d'un élément spirituel[34]. « L'écriture est le seul lieu où il est possible de se sortir d'un corps sacrificiel, un corps devenu sexe », affirme Lucile Ledoux[35], confirmant que la véritable originalité de l'œuvre arcanienne ne réside pas dans la transgression affichée, mais dans la vertu salvatrice du projet d'écriture issu de cette position éclatante. *Putain* étale ses péchés et ses vérités avec une lucidité javellisante[36], résultat d'une autoanalyse fiévreuse et compulsive. Le lecteur se trouve toutefois confronté ici à un récit prospectif plutôt que rétrospectif[37], le but de l'écriture étant celui de le convaincre à écouter la confession de la prostituée, transcendée en parole d'écrivaine.

Le caractère exceptionnel de l'aveu, dont le cadre énonciatif contient des éléments qui revoient aussi bien à la religion qu'à la psychanalyse – le contexte thérapeutique étant la condition d'énonciation du monologue et de sa rédaction – me paraît évident : tout en affichant le rejet des dogmes, il insiste sur le dualisme de la prostituée et sur son sacrifice, le corps immolé par une tâche que l'esprit considère comme une offrande. Aussi, le récit exemplaire d'un avilissement transfiguré par son écriture dédouane-t-il l'héroïne de l'image moralement

---

34 Ouellette-Mischalska 2007, 77.
35 Ledoux 2011, 29.
36 *Cfr.* la préface de Nancy Huston à *Burqa de chair* (2011, 9).
37 Jordan 2013, 76–84.

accablante de la prostituée. Se raconter, entre anecdotes, préceptes et thérapie, signifie donner corps au seul scénario possible de transformation du réel, la représentation littéraire, sans demander la complaisance du lecteur, ni sa pitié : « Mais ne vous en faites pas pour moi, j'écrirai jusqu'à grandir enfin, jusqu'à rejoindre celles que je n'ose pas lire » (*P*, 18).

Inscrite dans le confessionnal et affichant une parole qui expose les corps et leur sexualité, l'écriture arcanienne, au fil des ans, semble entretenir un rapport à la religion plus problématique et moins contestateur qu'à ses débuts. Dans *Burqa de chair*, accablée par la honte, la narratrice décrit impitoyablement les conséquences de sa défaite personnelle. Invoquant l'anéantissement, cette œuvre représente l'effondrement de la confession réparatrice. La parabole de la prostituée devenue écrivaine bute contre un état de crise personnelle. Le monologue n'est plus le théâtre alternatif du confessionnal ou du divan, mais un lieu clos étouffant, une prison. Dans ces espaces fermés et transformés par la narratrice en chambre suicidaire – le plateau de télévision, son appartement – la tension perlocutoire de la parole littéraire, si efficace dans le premier roman, résonne à vide. D'un point de vue plus général, la religion hante ce récit et lui confère un caractère dramatique. Ainsi la dissolution du moi sur le plateau de télévision est perçue par le lecteur comme le récit d'une blessure médiatique irréparable et précurseur du suicide. C'est dans *Burqa de chair* que la religion se relie définitivement au projet d'autodestruction, figé dans le présent, dans l'immobilité de la pose, l'ici et le maintenant devenant pour la femme le spectre de la mort. Ce repli douloureux sur soi est représenté dès le texte liminaire du recueil, « La Robe », et se concrétise par l'infra-ordinaire de la robe de chambre portée par l'ex-prostituée. Autrefois instrument de séduction, elle habille maintenant « un corps dans le déshabillé de la désincarnation » (*BDC*, 55). Ce texte est une longue plainte où la robe de chambre est le vêtement-théâtre dans lequel la narratrice interprète son agonie, accrue par le regard qu'elle projette sur elle même pour expier sa faiblesse de femme emprisonnée dans un « corps morcelé » (*BDC*, 40). La religion devient un élément important par lequel la narratrice s'attribue la décision du suicide. D'un côté, elle invoque une fin à « cette sommation à voir le jour » (*BDC*, 38) : la mise à mort de toute croyance, accentuée par la posture nihiliste, aurait l'avantage de rendre le suicide définitif, pour en finir avec « la vie éternelle, [...] la plus intolérable des possibilités » (*BDC*, 39). Toutefois la narratrice tisse avec habileté le lien entre sacrifice et suicide, à la recherche d'un soulagement par le pardon. Dans sa représentation proleptique, ce soulagement est aussi pathétique qu'inefficace :

> Sur le fond d'étoiles invisibles, je me suis souvent éteinte. Et la plupart du temps, quand ces gens de mon théâtre quittent la scène, je ne sais plus que faire de moi,

alors je recommence ailleurs à mourir, à être trouvée morte, et à être pardonnée. Je recommence à m'écraser ailleurs, comme un avion lancé dans le ciel qu'on a oublié d'entretenir (*BDC*, 53).

Deux champs lexicaux majeurs caractérisent le texte : celui de la représentation de soi et celui de la religion. Les emprunts au domaine lexical de la foi sont nombreux : les lettres laissées par les suicidés ressemblent à de longs « sermons » (*BDC*, 53); la foule de spectateurs « expie » avec l'auteure sa faiblesse ; un « archange » est invoqué pour « rompre le sort invivable de l'éternité » (*BDC*, 50). Tandis que la honte, causée par le sentiment de culpabilité, déclenche le désir de mourir, représenté comme une autodestruction : « on est mangé par son reflet dans le miroir » (*BDC*, 37). Dans l'anéantissement, Nelly Arcan aspire à retrouver la paix intérieure et l'indulgence de ses proches. Mais l'écriture dit l'hésitation de la narratrice, tiraillée entre des sentiments de consolation et de terreur face à la possibilité du néant. L'introspection se nourrit encore de termes puisés dans le lexique religieux : l'expiation, le père devenu Dieu, la faute, la recherche de la paix intérieure et l'indulgence. Ces marques scripturaires transportent le lecteur des mots aux structures profondes de la narration où la religion du père conserve évidemment sa force. Même si la transcendance est reniée et, avec elle, toute symbolique palingénésique, la souffrance s'expose par l'usage fréquent d'images bibliques : la nuit des temps, les forces du Ciel et « la tête du serpent qu'il faut couper en deux pour rompre le sort invivable de l'éternité, l'endroit précis où se joue le recommencement, l'impossible fin » (*BDC*, 50).

Dans cette narration mortifère, la solution suicidaire est littérairement balisée par l'insistance sur les reflets de l'image de l'héroïne dans les miroirs, dans les vitres, dans les clichés photographiques[38]. Toute surface est convoquée pour accomplir cette représentation. Privé de profondeur, de dimension transcendantale, ce reflet se transforme rapidement en autophagie. L'écriture représente non seulement le personnage comme une victime mais, puisqu'elle n'est plus un remède suffisamment lénifiant, le suicide littérairement performé en tant qu'il reprend jusqu'à son paroxysme le paradigme de l'agentivité et de la passivité, les combinant dramatiquement. La pendaison comme représentation de sa propre fin est récurrente dans *Burqa de chair* et sa valeur proleptique sera malheureusement confirmée par les événements. Dans « La Honte », la narratrice glisse sur le verglas, ses béquilles parties de côté (*BDC*, 120): « Nelly avait chuté de sa

---

38 Sperti 2014, 47–53. La représentation de nombreux reflets de l'image de la protagoniste témoigne de la présence d'une double focalisation – aliénante et mortifère – qui forme le noyau douloureux et scandaleux de l'écriture de Nelly Arcan.

pendaison. Elle était tombée en bas de l'élastique auquel elle s'était pendue, qui n'avait pas supporté le poids de son corps qui faisait des bonds et se secouait comme un damné » (*BDC*, 120). Très concrètement, elle représente le scénario d'une mort insupportable, où elle erre « sans fin dans son impossible libération, à trois pieds du sol » (*BDC*, 123).

« L'Enfant dans le miroir », texte ouvertement autobiographique, explore dans l'enfance de la narratrice les origines d'une honte existentielle se concrétisant dans le reflet de son image. Le syntagme répété en anaphore, « Quand j'étais petite » (*BDC*, 65–70), fige chronologiquement l'âge de l'innocence dans l'impossibilité d'atteindre le miroir pour y examiner son corps et son visage. De cette image manquante procède l'opacité du jugement caché derrière le regard que les parents de Nelly portent sur elle. Avec l'âge adulte, le reflet contient la « révélation […] des imperfections qui ont creusé un fossé entre [elle] et le monde » (*BDC*, 74). Se regarder est un acte de matérialisme esthétique, qui exclut toute référence spirituelle, tout élan transcendant : voir son intérieur est une manière d'« en [finir] avec nos affinités avec le ciel et nos aptitudes à s'envoler, on cesserait peut-être de se croire immortels », affirme-t-elle (*BDC*, 74).

Le regard schizophrène agit dès qu'on s'aperçoit « du point de vue d'un autre » (*BDC*, 57), dernier avatar du paradoxe arcanien[39]. C'est un avatar dangereux car le risque consiste dans l'impossibilité de sortir de son propre reflet – perçu dans le miroir, dans la vitre, dans la photo, mais plus encore dans la médiatisation de soi – jusqu'à ce que l'intime saccagé, extériorisé par le regard au deuxième degré, emporte la narratrice vers un désir autodestructif : « C'est une chose qui se développe et qui arrive quand on est mangé par son propre reflet dans le miroir. Se suicider, c'est refuser de se cannibaliser davantage » (*BDC*, 39). Le reflet cannibale est une mise à mort annoncée par une panoplie d'occurrences spirituelles et métaphysiques qui échouent l'une après l'autre : « le ciel comme réponse, en cas d'éloignement de son prochain. Ça marche un temps. Ça fait son temps ». Ensuite, quand le cosmos se vide « des réseaux d'explications », il « ne reste plus que le reflet cannibale dans le miroir » (*BDC*, 52). Ce « reflet comme un sacrifice qui s'impose » est comparé au cilice des sœurs qui ont habité l'enfance de la narratrice (*BDC*, 53).

Plus particulièrement, le regard de l'autre sur soi, obtenu à travers l'objectif photographique, est à la source du malaise existentiel de l'écrivaine, marquant le début de « sa honte », qui atteint son point culminant lors de son exposition médiatique. Une image d'elle, prise par son père, est révélatrice : Nelly Arcan

---

39 *Cfr.*, à ce propos, Sperti 2014, 49–52.

enfant est juchée sur une roche dans un sous-bois des Cantons de l'Est, elle a six ans. L'appareil photo, tout comme la caméra dans « La Honte », fonctionne dans le récit comme un régime de surveillance : « Je m'observe [...] et je pense : comme je suis belle, comme ces yeux seraient beaux sur un écran » (*BDC*, 40), écrit la narratrice. Mais l'élan judiciaire du Dieu-père, appuyant sur le bouton, déclenche son jugement définitif et fige la petite fille dans la honte d'une pose pareille à celle de la défécation dont le souvenir embarrassant lui est insoutenable. Cet instant décisif, dont la pose inconvenante est rectifiée par la mère de l'auteure, élève l'imaginaire arcanien à un manque existentiel, révélant l'impossible adéquation de l'objet – l'image de Nelly – au sujet, Nelly elle-même, et ce noyau de honte ébranle la mythologie personnelle de l'auteure.

« La Honte » est le texte le plus long du recueil et il représente une variante de la lapidation mise en acte dans le théâtre postmoderne de la société du spectacle, le plateau de l'émission « Tout le monde en parle ». Là, l'héroïne est massacrée à coups de questions sous l'œil vigilant de la caméra qui témoigne de sa défaite à se tenir droite sous les « pierres lancées depuis la grandeur sacrée de l'officier » – sur son corps « emputassé » (*BDC*, 96). Le dépaysement de Nelly est décrit de l'extérieur, mettant le maximum de distance entre le personnage et la narratrice. Son sacrifice est inutile et pour cela inacceptable. Elle paie « en humiliation publique le fait de s'être offert un corps » grâce à la chirurgie esthétique et culpabilise Dieu qui échoue à garantir « l'indestructibilité des fondements du monde ». Cette situation transforme l'héroïne en « offrande [...] impropre à la consommation » (*BDC*, 104). En fait, au moment où le présentateur et les autres invités attaquent la jeune écrivaine avec des commentaires sur son décolleté, Nelly « serre la croix en or blanc, symbole religieux ostentatoire qui lui faisait mal à la paume » (*BDC*, 105), et qui stigmatise sa honte existentielle et son ambiguïté envers la religion.

L'écriture se révèle impuissante face à « la plus vieille histoire des femmes, celle de l'examen de leur corps, celle donc de leur honte » (*BDC*, 95). Le corps « emputassé », le visage « transparent » (*BDC*, 96) et le décolleté corseté dans une robe trop à la mode offrent un plan de clivage à l'écriture qui pénètre dans les blessures ouvertes par la honte. L'écriture se heurte à l'écroulement de sa mythologie et l'échec sera représenté sous la forme dégradée de la divination : une voyante qui prédit à l'héroïne un futur sulfureux (*BDC*, 127). Divination et superstition prennent la place de la religion et la littérature se retrouvera alors au bord du silence.

L'image a pris le pas sur les mots, déshabillés définitivement de leur sens. Passant de l'autofiction de *Putain* à l'autobiographie de *Burqa de chair*, Nelly Arcan met en place une autoscopie ironique et désespérée qui anéantit la parabole de la prostituée écrivaine et sa plus profonde et tenace illusion, la littérature des grands à laquelle elle voulait appartenir. Son œuvre est caractérisée par ce malentendu, paradoxalement entretenu par l'écrivaine. Axée sur la vérité « avouante » et scandaleuse du sexe, son écriture suscite une curiosité autobiographique qui fait fi des valeurs littéraires et esthétiques que l'auteure voudrait pourtant mettre de l'avant, à la recherche d'une reconnaissance qu'elle ambitionne. Par conséquent, le théâtre arcanien de la représentation devient le lieu de sa performance autodestructive. La scène pornographique de *Putain* se transforme en thanatographie dans *Burqa de chair*. Dans les deux récits, la religion occupe une place importante. Si dans le premier elle est ouvertement méprisée, tout en expliquant le caractère de l'héroïne et de son milieu, dans le dernier elle est à la fois invoquée et repoussée, dans un tiraillement métaphysique à haute teneur pathétique : le désir mêlé d'horreur face au vide préconisé se double d'une aspiration au pardon, vestige d'une éducation religieuse profondément ancrée dans les structures psychologiques de la protagoniste.

D'une manière surprenante, l'œuvre de Nelly Arcan cultive le paradoxe de la tradition autobiographique féminine au Québec, polarisée entre l'écriture du moi et son anéantissement, conditionnée, même tardivement, par l'empreinte de la loi des pères[40]. La prostituée et la femme en détresse proposent leur corps comme une offrande dégradée. La mystique du sacrifice de soi a changé de sens et plonge dans le vertige autodestructif de la honte. Dans cette perspective, l'auteure jette sur sa vie et sur ses événements un regard lucide et scandaleux, qui constitue autant d'appels à la littérature et au pardon.

Bibliographie

Arcan, Nelly : *Putain*. Paris : Seuil 2001.

– *Folle*. Paris : Seuil 2004.

– *À ciel ouvert*. Paris : Seuil 2007.

– *Paradis clef en main*. Paris : Seuil 2009.

– *Burqa de chair*. Paris : Seuil 2011.

Baqué, Dominique : *Mauvais Genre(s) érotisme, pornographie, contemporain*. Paris : Éditions du Regard 2002.

Baudelle, Yves : « L'autofiction des années 2000: un changement de régime? ». Dans : Bruno Blanckeman et Barbara Havercroft (dir.) : *Narrations d'un*

40　Smart 2014, 332–350. Sur la place du père dans la société québécoise du point de vue historique et social, *cfr*. Ouellet 2013, 92–112.

nouveau siècle. Romans et récits français (2001–2010). Paris : Presses Sorbonne Nouvelle 2012, 145–157.

Boisclair, Isabelle : « Accession à la subjectivité et autoréification : statut paradoxal de la prostituée dans *Putain* de Nelly Arcan ». Dans: Daniel Marcheix et Nathalie Watteyne (dir.) : *L'écriture du corps dans la littérature québécoise depuis 1980*. Limoges : Presses Universitaires de Limoges, 111–123.

Bruner, Jerome : *Pourquoi ns racontons-nous des histoires ? Le récit au fondement de la culture et de l'identité nouvelle*. Paris : Pocket 2002.

Courtine, Jean-Jacques (dir.) : *Histoire du corps. 3. Les mutations du regard. Le XXe siècle*. Paris : Points 2006.

Cusset, Catherine : *Une éducation catholique*. Paris : Gallimard 2014.

Dauzet, Dominique-Marie : *La mystique bien tempérée, écriture féminine de l'expérience spirituelle XIXe–XXe siècle*. Paris : Cerf 2006.

Doubrovsky, Serge : *Fils*. Paris : Galilée 1977.

Eakin, Paul John : *Living autobiographically. How We Create Identity in Narrative*, Ithaca : Cornell University Press 2008.

Foucault, Michel : *Histoire de la sexualité I*. Paris : Gallimard 1976.

Grell, Isabelle : *L'Autofiction*. Paris : Armand Colin 2014.

Havercroft, Barbara : « (Un)tying the Knot of Patriarchy : Agency and Subjectivity in the Autobiographical Writings of France Théoret and Nelly Arcan ». Dans : Julie Rak (dir.) : *Auto/biography in Canada. Critical Directions*, Waterloo : Wilfrid Laurier University Press 2005, 207–234.

Huston, Nancy : *Mosaïque de la pornographie*. Paris : Denoël 1982 ; Payot 2004.

– *Préface* à Arcan 2011.

– *Reflet dans un œil d'homme*. Arles : Actes Sud 2012.

Jordan, Shirley : « Autofiction in the Feminine ». *French Studies* 67, n°1, 2013, 76–84.

Ledoux, Lucie : *Témoignages féminins de la vie sexuelle : pornographie, féminisme, subversion*. Thèse de doctorat : Université du Québec à Montréal 2011.

Maheu, Pierre : *Un Parti pris révolutionnaire*. Montréal : Parti pris 1983.

Maingueneau, Dominique : *La littérature pornographique*. Paris : Armand Colin 2007.

Noël, Bernard : *Romans d'un regard*. Paris : P.O.L. 2003.

Ouellet, François : *Passer au rang de père. Identité sociohistorique et littéraire au Québec*. Montréal : Éd. Nota Bene 2013 (2002).

Ouellette-Michalska, Madeleine : *Autofiction et dévoilement de soi*. Montréal : XYZ 2007.

Smart, Patricia : *Écrire dans la maison du père, l'émergence du féminin dans la tradition littéraire du Québec.* Québec : Québec-Amérique 1988.

– *De Marie de l'Incarnation à Nelly Arcan, se dire, se faire par l'écriture féminine.* Montréal : Boréal 2014.

Sperti, Valeria : « L'émoi douloureux du regard divergeant chez Nelly Arcan de *Putain* à *Burqa de chair* ». *Francofonia* XXXVI, n° 66, 2014, 39–54.

Tournier, Michel : *Des clefs et des serrures : images et proses.* Paris : Hachette 1979.

Tremblay-Devirieux, Julie : *L'abjection dans les récits de Nelly Arcan.* Mémoire de maîtrise : Université de Montréal 2012.

Petr Kyloušek
(Brno)

La tentation exemplaire de Jocelyne Saucier

L'imaginaire marial, le rachat des péchés du monde, la martyrologie, mais aussi l'attrait de la « bonne mort » sont autant d'aspects que l'on peut identifier dans les romans de Jocelyne Saucier. La présence du religieux peut rester discrète, comme dans *La vie comme une image* (1996) où l'obsession puritaine du corps aboutit au meurtre du père. Elle peut se manifester, comme dans *Il pleuvait des oiseaux* (2011), sous forme d'un vaste récit apocalyptique du grand incendie de la forêt ontarienne de 1916 auquel s'opposent l'amour, la dignité devant la mort, l'affirmation du libre arbitre et le rachat du mal par l'art. Le religieux peut occuper la trame de fond d'une saga familiale que sont *Les héritiers de la mine* (1999) agencés, de confession en confession, autour du sacrifice et du rachat de la faute jusqu'à la catharsis collective de l'ecclésia familiale qui va se reconstituer après des années d'errance. Le principe structural du drame religieux que ce roman met en place n'est pas sans rappeler la poétique du pageant et du drame antique que l'on identifie chez Michel Tremblay[1]. C'est aussi ce genre que Jocelyne Saucier insère comme composante dans *Jeanne sur les routes* (2006)[2], roman où le déploiement du religieux semble le plus ample, le plus riche aussi d'implications esthétique, noétique et éthique.

Dans son excellente présentation de l'œuvre de la romancière, André Brochu saisit une des constantes de ses textes : l'« *'ambivaloir' qui caractérise l'imaginare de l'écrivaine* » (Brochu 2012, 10). Ajoutons qu'il ne s'agit pas seulement de l'imaginaire ou de la thématique, car conjointement à l'imaginaire, on peut constater le jeu des stratégies narratives : c'est le cas des récits contrastants des sept narrateurs des *Héritiers de la mine* ; c'est le cas de la focalisation externe qui maintient le secret des personnages énigmatiques d'*Il pleuvait des oiseaux* ; c'est aussi la narration à la première personne de *La vie comme une image* qui sous une fausse transparence cache un mensonge existentiel fondamental. C'est cet aspect de l'écriture que Lucie Lequin a désigné, dans le compte rendu de ce dernier roman, comme « Le mensonge et la vie » (Lequin 1997, 393–396). La

---

1   La présence du religieux dans l'œuvre de Michel Tremblay est traitée systématiquement par Arino 2007. Pour le théâtre voir Jelínková 2007; ou Kyloušek 2009, 223–232.

2   Les références à ce roman seront désormais présentées dans le corps du texte à l'aide du sigle *JSR*, suivi immédiatement du numéro de la page.

jonction des aspects noétique et éthique est aussi une des raisons de notre choix de *Jeanne sur les routes* où la narration à la première personne joue justement sur l'ambivalence fusionnelle des deux discours idéologiques – religieux et communiste – mais dans une perspective noétique et éthique travaillant dans le sens de la *catharsis* où le religieux, déployé et célébré sur le plan thématique, est pris à distance par l'ironie de la perspective narrative, une ironie spécifique, toutefois, faite de distance et d'adhésion empathique. Aussi l'analyse que nous proposons va-t-elle envisager trois aspects : d'une part la thématique et la construction de l'intrigue, d'autre part l'usage des formes génériques qui accentuent la présence du religieux ambivalent ; les deux volets seront complétés par l'analyse narratologique et la mise à distance ironique qui semble constituer la clef de voûte du récit.

Amour, amour, amour (*éros* ou *agapé* ?)

Au niveau du lexique, la densité du religieux est signalée par la récurrence d'expressions telles que saint, sainteté, sacré, transsubstantiation, Temple (ukrainien du travail), bénir, fer de grâce, instant de grâce, foi salvatrice, espoir (au bout des mains), désolation, quête, pèlerinage, etc., qui trouvent leur centre putatif dans la notion de l'amour. Serait-ce l'amour du prochain – *agapé* – ou l'amour *éros* ? C'est en effet un des enjeux du récit qui conjugue ce clivage difficile à discerner avec l'aventure communiste des personnages en quête du bonheur au sein de l'Histoire. Idéologie pour idéologie, sacré pour sacré ? Sans doute. Mais surtout le sacré confronté à l'événementiel du temps historique. En effet, la doctrine catholique et l'idéologie communiste sont imbriquées :

> Quand je [la narratrice Jeanne] suis arrivée dix ans plus tard, tout était là, solidement ancré, et je n'ai jamais ressenti le besoin d'y changer quoi que ce soit. J'ai étudié les textes sacrés avec mes sœurs. Nous lisions Marx et Lénine dans la littérature pour Jeunes pionniers, le *Clarté* que notre père recevait à la maison quand il n'était pas frappé d'interdiction. Nous lisions le Nouveau et l'Ancien Testament, les feuillets racontant la vie des saints martyrs que notre mère rapportait de ses messes de dimanche. Nous lisions la correspondance de Jeanne, nos plus beaux moments de lecture. Et nous écoutions les récits de l'époque héroïque que nous faisait notre père (*JSR*, 49).

Le militantisme communiste est assimilé aux activités de la foi agissante :

> Vaara arrivait de la grande mouvance du nord, nourri de la révolte qui grondait sur les routes et de celle de son père, mort dans l'insurrection bolchevique d'Helsinki de 1918, et il portait sur son cœur, « comme un scapulaire », dira notre mère, une photo de Lénine (*JSR*, 56).

L'imaginaire religieux entre dans la description et la caractérologie : « Jeanne n'a pas bronché. Elle a la douce quiétude d'une image pieuse, c'est à peine si ses muscles ont relâché leur sourire d'icône quand le juge de paix a prononcé l'accusation » (*JSR*, 58).

Quel serait, dans ce contexte, la place de l'amour ? Celui qui domine est sans doute l'amour du père, journaliste, qui tombe sous le charme du Verbe et de la voix d'une jeune militante communiste, Jeanne Corbin, lors de sa harangue au Temple ukrainien du travail de Rouyn Noranda devant les bûcherons grévistes, en décembre 1933 : « Mon père est devenu amoureux en même temps que communiste » (*JSR*, 33). Par amour et dévouement et sans jamais adhérer au Parti communiste, il se lance dans le journalisme en 1934 en rédigeant en solitaire et en publiant par ses propres moyens une série de journaux communistes, à commencer par *Le Prolétaire*. Après le décès de Jeanne, en 1944, il veut prendre sa place, en partant sur les routes désolées de l'Abitibi où il répand la « bonne nouvelle » communiste, ne serait-ce que pour mieux s'identifier à celle dont il continue à être amoureux au point de donner son prénom à sa fille cadette, née au moment du décès de Jeanne Corbin : « Quand on lui a apporté l'enfant dans ses langes, mon père m'a levé au bout de ses bras et a dit : 'Voici celle qui changera le monde' » (*JSR*, 121). Scène patriarcale, archétypale, quasi tirée de l'Ancien Testament : l'élévation de l'enfant acquiert du coup le caractère sacré, en même temps sacrificiel et victimaire. C'est cette Jeanne, la narratrice du roman, qui, entre ses treize et dix-sept ans, accompagnera son père sur les routes. Le prosélytisme du père, déployé au moment de la prospérité économique des années 1950, tient de la folie. L'amour auquel il s'accroche sans discerner la part spirituelle, idéelle, de la part charnelle, finit par lui faire confondre les deux Jeanne. Au moment où la lucidité lui revient et qu'il comprend son égarement qui le pousse à l'inceste, il s'enfonce dans la forêt boréale, seul, pour disparaître.

Le deuxième amour, non moins extraordinaire, est celui de la mère. Lorsque son mari, tombé sous le charme de Jeanne Corbin, rentre après une nuit d'errance pour lui avouer qu'il est amoureux d'une autre femme,

> [e]lle a conclu, je crois, un pacte avec elle-même quand elle a découvert tout cet espace occupé par une femme dans l'âme de son mari. Elle a résolu qu'il n'y serait pas seul, que nous allions tous le suivre dans cette voie, elle et les enfants qu'elle donnerait à naître. Nous allions tous aimer Jeanne d'un même amour (*JSR*, 45).

> Elle était jeune alors, à peine vingt-cinq ans, enceinte jusqu'aux aisselles puisqu'elle allait donner naissance à Alexandra deux mois plus tard, donc une femme viscéralement inscrite dans le continuum de la vie et pourtant déjà marquée par cette quête mystique qui allait lui faire courir tous les offices religieux qu'il y avait en cette ville et elle avait reconnu une sœur spirituelle dans la femme qui s'agitait sur l'estrade.
> « Une sainte, c'était une sainte. On n'a rien a à craindre d'une sainte » (*JSR*, 43–44).

Amoureuse de son mari, elle inclura Jeanne Corbin dans son amour. Candeur, inconscience, calcul, dévouement inconditionnel, voire quête mystique du bonheur dans une *agapé* parfaite ? Toujours est-il qu'elle soutiendra son mari sans faille. Une fois transformée en sainte, Jeanne Corbin commence à scander la vie de la famille.

> Il me semble être née sachant déjà tout de cette histoire. Mon père aimait une autre femme que ma mère et cet amour, loin d'apporter le malheur dans notre famille, a été l'élément qui l'a solidifiée, car Jeanne a été au centre de nos plus grandes exaltations (*JSR*, 34).

C'est la mère qui, à la demande de son mari, ira vérifier, par une nuit hivernale, la robe de Jeanne au moment de son rendez-vous avec le chef du journal D. A. Jones. Jaloux de son patron et angoissé, le père attend le retour de sa femme, enceinte. Elle le rassurera : « Ce n'était pas la robe d'une amoureuse » (*JSR*, 83). C'est elle aussi qui soutiendra son mari dans ses activités insensées en allant demander pour lui une voiture à Vaara afin de faciliter et son prosélytisme et les pèlerinages mensuels de la famille chez Jeanne, à Timmins (*JSR*, 99 sqq.). C'est elle qui trouve le moyen de consoler son mari, abattu par l'inanité de son prosélytisme, en lançant la récitation de la geste héroïque de Jeanne et de ses discours et en instaurant ainsi une sorte de culte familial au moment des repas, à l'image à la fois de la Cène et d'un office religieux.

> Ont commencé alors les récits de l'époque héroïque amorcés par notre mère un soir que notre père était revenu particulièrement déprimé d'une de ses malheureuses tournées, et la vie a tourné de bord (*JSR*, 123).

> Le génie de cette femme m'est un étonnement sans fin (*JSR*, 125).

La troisième forme de l'amour est incarnée par Vaara, « joueur, jouisseur et renégat » (*JSR*, 114 et passim), communiste et révolutionnaire de la première heure, mais qui déchire sa carte du parti au moment où Staline attaque sa patrie, la Finlande. Son amour, inconditionnel, efficace, est un amour terrestre et qui semble dépourvu de toute idéologie si ce n'est celle du grand cœur ouvert à tous ceux qui sont dans le besoin. Discrètement amoureux de la mère, il soutient financièrement la famille qu'il ne cesse de protéger. C'est lui aussi qui s'engage dans les brigades internationales et participe à la guerre d'Espagne à la place du père afin de protéger ceux qu'il aime. Il sera ensuite le confident et le père adoptif de la narratrice Jeanne qui finit par souligner son allure angélique :

> Ce qu'il y a de plus remarquable chez le vieillard qu'il est devenu, ce sont ses cheveux, blancs, soyeux et surtout très abondants, une chevelure d'ange coiffant un vieux dinosaure débonnaire (*JSR*, 110).

Il a été bien plus qu'un pourvoyeur. Il a été notre protecteur, notre bon ange, celui vers qui nous nous tournions quand tout allait mal. Les occasions n'ont pas manqué. Notre père avait de tels égarements ! (*JSR*, 111).

[…] je peux sentir ses grandes ailes protectrices m'envelopper dès que je mets un pied dans son capharnaüm (*JSR*, 113).

Légende et pageant : deux modes générique de *l'Imitatio*

Qu'il s'agisse de l'*éros* sublimé du père, de l'*agapé* manipulatrice de la mère ou de *l'agapé* accomplie de Vaara, les trois aspects de l'amour perçus par la narratrice sont amplifiés par les formes génériques inscrites dans le roman. Le premier genre convoqué est sans aucun doute le récit légendaire, hagiographique. En premier lieu celui de Jeanne Corbin : naissance en France, voyage au Canada, vie d'enfant de colons pauvres en Alberta, études, activités de militante communiste, discours, maladie et mort exemplaire. La sainteté est soulignée par l'absence de tout trait qui signalerait la faiblesse humaine. L'image de la lumière évoque l'auréole :

Elle est jeune, elle est jolie, elle a les boucles dorées qui captent la lumière au moindre mouvement et elle a cette détermination dans le regard qui dit qu'elle est heureuse (*JSR*, 46).

Son « sourire d'icône » (*JSR*, 58) lui confère des pouvoirs extraordinaires :

Jones vient d'entrer dans le cercle magique des admirateurs de Jeanne. « Personne ne peut rester insensible à la grâce de Jeanne », dit encore notre mère. Nous voilà donc réunis (avec Jones !) dans l'adoration de l'auréole de pure beauté qui ceint le front d'une sainte. Petite mère courage ! (*JSR*, 76).

L'adoration du père transforme les visites de la famille chez Jeanne en pèlerinage, fait souligné par le vocabulaire religieux :

De station en station, il se rendait à la chambre de Jeanne qui le retenait pendant un long moment dans l'encadrement de la porte, car il n'osait pénétrer plus avant […] (*JSR*, 105).

Les lettres que Jeanne envoie de son sanatorium sont lues dans la perspective de sa mort exemplaire :

J'ai étudié l'ensemble de la correspondance échangée pendant ces deux années et j'en ai déduit qu'elle écrivait pendant une accalmie, entre deux attaques, quand la maladie la laissait dans un état de *salvation*, comme elle disait, et qu'elle reprenait le combat, car elle n'a jamais cessé, *l'espoir au bout des mains, l'espoir au bout de l'espoir, il faut rester du côté ensoleillé* (*JSR*, 117).

Et la mort même fait l'objet de la représentation iconographique de l'assomption :

> […] nous avons imaginé des scènes où Jeanne s'élève au-dessus de son corps et rejoint le panthéon des âmes communistes qui ont sauvé le monde. […] « Et Marx lui dit : 'Bienvenue parmi nous, camarade Corbin.' Puis voilà que Lénine se lève à son tour. Il a une rose rouge à la main et il porte une belle capote militaire. Il s'approche de Jeanne et il lui dit. 'Camarade Corbin, nous saluons en toi une grande héroïne du parti.' Puis Jdanov et Liebknecht et Boukharine, ils viennent tous, chacun leur tour, une rose rouge à la main, et tous ensemble entonnent l'Internationale ». Les moments les plus touchants sont ceux où les camarades Kollontaï et Zetkin viennent lui rendre hommage (*JSR*, 119).

Le récit légendaire de Jeanne Corbin, une sainte communiste, est souligné par des procédés stylistiques, telles les reprises incantatoires, caractéristiques des prières, soulignées par le jeu euphonique des consonnes et des voyelles :

> Concentrons-nous *sur les lèvres* délicatement *ourlées, sur le sourire* qui *affleure* par moments, *sur le col* qui répand sa *blancheur* de lait et *Jones tombera sous le charme.* C'est ce que dit notre mère à la fin du récit. *Jones est tombé sous le charme.* Elle a soutenu notre père pendant tout le temps qu'a duré le récit et maintenant qu'il lui faut conclure, c'est elle qui vient à sa rescousse et pose une main réconfortante sur son bras et dit, comme si les mots lui étaient dictés par l'au-delà : « *Et Jones est tombé sous le charme* ». *Et tout est bien ainsi.* […] « *Jones est tombé sous le charme* et il a eu du mal ensuite à écrire le nom de Jeanne sans ajouter un adjectif qui ne la complimente sur son courage, sa douceur, sa beauté » (*JSR*, 76; c'est nous qui soulignons).

Le comportement des personnages obéit au modèle légendaire dans la mesure où la légende constitue un *exemplum* à suivre, une identification. Ce modèle peut avoir une forme bénigne : les sœurs de la narratrice portent les prénoms des saintes communistes Alexandra Kollontaï et Klara Zetkin, alors que la narratrice portera celui de Jeanne Corbin. Mais l'identification peut dépasser les limites du raisonnable en aboutissant à l'enfermement quasi « autiste » du père qui s'entête à refaire le travail de Jeanne, y compris ses discours qu'il reprend mot-à-mot dans une situation historique qui ne s'y prête plus.

Le modèle légendaire du récit des temps héroïques et des discours de Jeanne Corbin que la mère lance pour consoler son mari aboutit à leur mise en scène, sous forme d'une sorte de pageant à caractère sacré :

> Je ne sais pas quand exactement a commencé notre théâtre de chambre. […] Clara, je crois, entame la première phrase du discours de Jeanne. Alexandra lui répond, Clara poursuit, et de l'une à l'autre vient le moment où je sens que je dois glisser ma contribution, maladroite il va sans dire, […] mes sœurs décident de m'apprendre le mot à mot du discours de Jeanne et m'installent dans le grand lit, sous la photo de Lénine (*JSR*, 126).

On le voit, la scénographie est celle du théâtre sacré, voire de l'*Imitatio*, et cela avec une connotation de l'*Incarnation* :

> Notre père est arrivé au moment où je dis, *Contre les serviteurs de l'impérialisme, il faut opposer une ligne de piquetage forte comme le roc.* Il a reconnu sans peine la phrase [...]. Alexandra était alors dans le placard, à changer de déguisement, et quand elle en est sortie avec le vieux paletot de notre père, il a souri, le jeu lui est apparu très clairement, il savait ce que nous faisions et il s'est glissé dans notre théâtre comme si nous l'attendions dès le début.
>
> Ce jour-là, au lieu d'une Alexandra empêtrée dans un manteau trop grand, nous avons eu un bel homme élégant, jouant son propre rôle et j'ai vécu le choc de me sentir follement amoureuse de mon père lorsque je l'ai vu marchant lentement à ma rencontre, souriant comme un bienheureux et, contrairement à nos attentes, il m'a tendu la main pour m'aider à descendre du lit (*JSR*, 127).

Ironie élégiaque

La mimésis de la légende sous forme du théâtre sacré rythme les souvenirs de la narratrice, insérés dans une évaluation ambivalente, moitié adhésion, moitié mise à distance, avec un effet à la fois élégiaque et ironique, conjuguant le regret du temps perdu et la lucidité.

La narration à la première personne met en scène une Jeanne désemparée, faisant face à un vide existentiel :

> J'ai dix-sept ans sur cette photo et je crois qu'un jour je serai quelqu'un d'autre, mais je sais qu'il n'en sera rien. Je serai toujours aux prises avec cette exigence qui me porte à vouloir élever un être supérieur sur les gravats de ma personne. [...] je me dis que cette exigence est un besoin d'absolu, que je suis mue par quelque chose de plus grand que moi, qu'il y a en moi une force d'accomplissement extraordinaire. Il ne faut pas très longtemps pour qu'une voix ironique ne vienne grincer à mes oreilles. Alors, ma vieille, on aspire encore à la sainteté ? (*JSR*, 9).

La distance temporelle d'un demi-siècle permet à la lucidité d'entamer le bloc compact de l'illusion. Les images se nuancent. Quelques détails laissent deviner l'effritement de la façade. Le comportement de la mère n'est pas, à vrai dire, une *agapé* désintéressée : « C'est ainsi qu'il faut comprendre, je crois, son acharnement à préserver son bonheur dans un vaste amour œcuménique » (*JSR*, 87). L'acharnement (tout est dans le détail de l'expression) peut aussi traduire la jalousie, la crainte de perdre son mari. Au moment où ses filles imaginent de mettre en scène le baiser du père et de Jeanne, elle intervient : « [...] nous entendrons la voix douce de notre mère dire sur un ton presque autoritaire : 'Ils ne se sont pas embrassés' » (*JSR*, 47). Autrement dit, Jeanne Corbin doit rester cantonnée dans son rôle de sainte pour ne pas détruire l'amour conjugal. L'*agapé* n'est qu'un leurre, peut-être instinctif, de la « petite mère courage » (*JSR*, 76, passim).

La manipulation de la mère qui veut sauver son mari ne fait que prolonger une situation tragique, car le journaliste s'enfonce de plus en plus dans une espèce d'aveuglement qui ignore la réalité. Jeanne, la narratrice, qui l'accompagne pendant cinq ans sur les routes de l'Abitibi est témoin de sa déchéance :

> Je souffre, il faut le dire, de le voir ainsi exposé au ridicule. Je sais cependant qu'il est heureux, oui, heureux d'être à son tour celui qui agite l'espoir des temps nouveaux comme les grands orateurs de l'époque héroïque, et l'humeur rieuse de la foule n'y changera rien. Je suis à ses côtés avec ma pile de journaux, je le vois qui s'emporte, qui s'empourpre, qui s'envole hors du temps et je sais avec une certitude à la fois ravie et effarée qu'après tel passage, j'entendrai […] des phrases tirées du très célèbre discours au Temple ukrainien du travail, et l'illusion sera complète. Il se voit entouré d'ardents militants, une foule bigarrée, des fichus colorés, des chemises brodées, des bérets au feutre épais, au lieu de cette foule uniformément mollassonne et polissonne sur le parvis d'une église de campagne (*JSR*, 68–69).

Elle est aussi victime de la méprise fondamentale : l'amour du père pour Jeanne Corbin et son imitation n'est qu'une sublimation du désir érotique longtemps réprimé, mais qui ressurgit au moment de la dernière crise de la folie du père qui confond Jeanne Corbin avec sa fille. Retrouvant sa lucidité, qui l'arrête dans son élan incestueux, il se suicide.

> Nos regards se sont fondus l'un dans l'autre soudés dans la même horreur, et nous nous sommes l'un et l'autre rejetés d'un même mouvement de répulsion.
>
> Il s'est laissé glisser de la roche et il a marché le long de la rive. Avant qu'il ne disparaisse tout à fait dans les derniers feux du soleil, il s'est retourné et il a tenté de me faire un signe de la main.
>
> Pardonne-moi (*JSR*, 139).

La blessure de la narratrice est d'autant plus profonde qu'elle est la conséquence, elle aussi, du modèle légendaire. Elle avait été en effet assimilée à la sainte dont elle avait assumé le rôle dans la dramaturgie familiale au point d'en être imprégnée. Elle a été pendant longtemps la collaboratrice de son père. Le roman s'ouvre sur une scène qui tient du reportage et qui se prolonge par les réflexions sur le choix du meilleur titre de l'article pour le prochain numéro du journal du père. La narratrice elle-même embrasse, adulte, la carrière journalistique et continue la vie errante de son père avec, bien au fond, indéracinable, l'image de Jeanne la Sainte :

> Il y a bien longtemps que je me tiens sur les routes par simple goût de l'errance. Je n'ai plus de mission, plus de foi salvatrice, j'ai perdu le sens du monde. C'est pitié de se promener ainsi par pur plaisir existentiel quand on a dans sa vie une Jeanne qui soutient

la voûte du ciel avec son seul espoir. Jeanne sur les routes ne craint rien, car elle est investie d'une mission (*JSR*, 34).

La blessure et le vide existentiel sont d'autant plus cuisants que sa propre vie familiale et amoureuse est un échec (*JSR*, 133, passim) et que son travail de journaliste à la pige pour divers journaux et magazines bourgeois a complètement effacé, jusqu'à la possibilité de le refaire, le style militant de son père (*JSR*, 129–130). C'est l'échec de l'*Imitatio* dont elle s'était investie. Le retour en arrière n'est plus possible. Des trois amours, seule et durable reste l'affection réelle et efficace de l'ange gardien Vaara.

Conclusion

Le sacré – qu'il tienne du rituel catholique ou communiste – constitue la grille interprétative de l'histoire événementielle narrée à laquelle il est confronté. Le roman puise dans cette confrontation sa dimension éthique et noétique. Pourtant la relation entre l'éthique et la noétique est paradoxale, à la fois de négation et d'affirmation. Car c'est la démarche noétique (la lucidité qui cherche à expliquer le passé) qui démonte les illusions de l'éthique postulée. Mais elle devient une éthique à son tour qui assume le passé et ses valeurs dans une sorte de reconnaissance des facteurs ontologiques qui avaient donné sens à une époque, à des existences. Le fait est souligné par l'épilogue du roman. La publication d'une recherche historique *Scènes de la vie rouge. L'époque de Jeanne Corbin*[3] déçoit la narratrice car « nulle part il n'est question de l'amour dans le livre d'Andrée Lévesque, sauf dans les quelques lignes où elle règle le cas d'une rumeur qui lui a prêté une idylle avec un dirigeant du parti » (*JSR*, 141). Le roman remplit donc les vides, il est une contre-histoire et, à son tour, un exorcisme du mal existentiel. Il libère de la fatalité et apporte la sagesse d'une vie qui s'assume tout en prenant ses distances. La prétérition, figure raffinée, reflète la complexité de cette attitude paradoxale que l'esthétique sait concilier :

> La Petite Jeanne est devenue prudente, je ne suis plus la petite fille qui claironnait à pleins poumons le discours de la grande Jeanne sous le regard de Lénine, je ne me risquerais pas à raconter à qui que ce soit le théâtre de chambre, les pèlerinages, la robe écarlate, non plus que toutes ces années de randonnées propagandistes sur les routes qui ne m'ont donné d'autre vie que celle de porter un nom qui ne m'appartenait pas (*JSR*, 141).

───────────────

3   Lévesque 1999.

Une libération donc ? Le roman de Jocelyne Saucier est aussi une méditation par fiction interposée et qui aboutit à une catharsis où la dimension historique et l'idéologie s'effacent devant la contingence individuelle.

Bibliographie

Arino, Marc : *L'Apocalypse selon Michel Tremblay*. Pessac : Presses Universitaires de Bordeaux 2007.

Boivin, Aurélien : « *Les héritiers de la mine* ou le prix du sacrifice ». *Québec français*, n° 164, 2012, 93–95.

Brochu, André : « Jocelyne Saucier ou l'ambivalence créatrice ». *Lettres québécoises : la revue de l'actualité littéraire*, n° 148, 2012, 9–11.

Desjardins, Louise : « Jocelyne Saucier : le plaisir d'allumer des feux ». *Lettres québécoises : la revue de l'actualité littéraire*, n° 148, 2012, 6–8.

Jelínková, Markéta : *La dynamique scripturale dans le «cycle des Belles-sœurs » de Michel Tremblay*. Brno : Masarykova univerzita 2007.

Kyloušek, Petr : « Le drame religieux dans le théâtre de Michel Tremblay ». Dans : Bremer, Thomas (ed.) : *Literature in Cultural Contexts. Rethinking the Canon in Comparative Perspectives*. Halle : Martin-Luther-University 2009, 223–232.

Lequin, Lucie : « Le mensonge et la vie ». *Voix et Images*, vol. 22, n° 2, (65) 1997, 393–396.

Lévesque, Andrée : *Scènes de la vie rouge. L'époque de Jeanne Corbin*. Montréal : Éditions du Remue-Ménage 1999.

Pelletier, Jacques : « Feu ! Feu ! Joli feu ? ». *Nuit blanche, magazine littéraire*, n° 123, 2011, 10–12.

Saucier, Jocelyne : *La vie comme une image*. Montréal : XYZ 1996.

– *Les héritiers de la mine*. Montréal : XYZ 1999.

– *Il pleuvait des oiseaux*. Montréal : XYZ 2011.

– *Jeanne sur les routes*. Montréal : XYZ 2006 (réédition 2013).

Saucier, Jocelyne : « J'aime les histoires ». *Lettres québécoises : la revue de l'actualité littéraire*, n° 148, 2012, 5.

Représentation de la judéité et oubli du religieux dans la fiction contemporaine

Piotr Sadkowski
(Toruń)

Exodes post-séculiers.
Réinterprétations de la figure de Moïse chez Michel Tournier, Gilles Rozier et Sergio Kokis

Des romanciers, des poètes, des psychologues, bien plus experts que nous, ont essayé de sonder « l'illustre vie de Moïse ». Ils n'ont pas réussi à nous dispenser de retourner au récit biblique, dont la tonalité est, en fin de compte, bien plus juste que celle des transpositions les plus habiles. Et il suffirait, pour faire connaître au lecteur quel homme était Moïse, de lui recommander la lecture attentive de la Bible.
Mais la question n'est précisément pas de savoir quel homme était Moïse, mais qu'il était un homme. De cette constatation, de l'aperception de l'humanité de Moïse, dépend en effet la compréhension globale de toute sa personnalité, dans laquelle sont inextricablement nouées une aventure individuelle et une œuvre[1].

Introduction

Les observations d'André Neher qui servent d'épigraphe à la présente étude nous réfèrent à un immense corpus de textes qui, depuis l'époque talmudique jusqu'à nos jours, proposent des interprétations de la figure de Moïse, soit dans un contexte religieux donné (judaïque, chrétien, islamique), soit sur un plan culturel profane. Il est vrai que parmi tous les récits de l'Ancien Testament, le destin du patriarche et l'histoire de l'Exode de son peuple qu'il guide à travers le désert semblent *a priori* constituer une matière hypotextuelle particulièrement attrayante pour les romanciers, poètes et dramaturges[2]. Cependant, la complexité psychologique et spirituelle du prince égyptien qui, ayant retrouvé son origine et sa vocation juives, défie le pharaon en combat singulier, ainsi que les aspects dramatiques et pittoresques des aventures vécues par les Hébreux depuis la sortie de la captivité jusqu'à l'arrivée en Terre Promise n'ont que rarement nourri l'imagination des écrivains français. À part *Moyse sauvé* (1653) de Saint-Amant,

---

1 Neher [1956] 2004, 55.
2 Comme le note très pertinemment André Chouraqui : « Son histoire est écrite dans la Bible en un style qui n'est pas sans rappeler le synopsis d'un film. Chaque verset représente un tableau vivant [...] » (Chouraqui 1995, 311).

la tragédie de Chateaubriand *Moïse* (1821) et le célèbre poème d'Alfred de Vigny (1826), nous ne trouvons pas, avant le XXe siècle, d'œuvres littéraires importantes qui réécrivent cette narration biblique.

Le dernier ouvrage de Sigmund Freud de 1939, *Moïse et le monothéisme*, dont la traduction française paraît en 1948, attire l'attention sur les problèmes de l'étrangeté, de l'origine et de la dualité du personnage perçu traditionnellement comme fondateur d'une identité collective monolithique. Malgré sa valeur heuristique controversée, le texte freudien a le mérite de rouvrir l'histoire de l'Exode à des relectures qui interrogent la multiplicité de ses sens et énigmes.

Dans la littérature de langue française de la deuxième moitié du XXe siècle, la première tentative de réactualiser l'hypotexte vétérotestamentaire apparaît dans l'ouvrage d'Edmond Fleg (1874–1963), *Moïse raconté par les Sages*, de 1956, qui consiste en un prolongement des interprétations talmudiques afin de rapprocher la figure du prophète du monde contemporain. Mais c'est seulement vers la fin du XXe et au début du XXIe siècle que nous observons un essor de la réécriture du mythe mosaïque qui accompagne souvent divers aspects de la pensée post-séculière. La transtextualité biblique qui se manifeste avec force dans la littérature contemporaine semble confirmer la thèse, qui sous-tend les recherches d'Agata Bielik-Robson, selon laquelle indépendamment du triomphe des systèmes profanes centrés sur l'immanence, il est impossible d'échapper à la religion. La philosophe polonaise caractérise de cette façon la condition post-séculière qui, certes, ne consiste pas dans la tentative d'un retour définitif à la foi religieuse, conçue à travers ses doctrines ou appuyée sur le concept de révélation, mais qui s'oppose tout de même à l'idée de l'élimination totale de toute trace de la transcendance de la réalité humaine, ce qui explique un recours constant à des formules « crypto-théologiques », bien qu'elles soient réinterprétées et détachées des systèmes dogmatiques et confessionnels[3].

Les trois exemples de la réécriture romanesque du récit biblique qui constituent l'objet du présent article – *Éléazar ou La Source et le Buisson* (1996)[4] de Michel Tournier, *Moïse fiction* (2001)[5] de Gilles Rozier et *Amerika* (2012)[6] de Sergio Kokis – illustrent éloquemment la tension entre la possibilité et l'impossibilité de la rupture avec l'héritage religieux juif et chrétien dans le monde postmoderne. Nous nous proposons d'y examiner de quelle manière la sécularisation littéraire de l'hypotexte sacré accueille ou refuse la transcendance.

---

3   *Cf.* Bielik-Robson 2008 et 2013.
4   Désormais *É* suivi du numéro de la page.
5   Désormais *M* suivi du numéro de la page.
6   Désormais *A* suivi du numéro de la page.

Michel Tournier et l'Exode syncrétique

Selon Petr Kyloušek, *Éléazar ou La Source et le Buisson* de Michel Tournier « soutenu par la forte présence de l'hypotexte biblique, traduit une intentionnalité proche de la parabole »[7]. Effectivement, la transposition hétérodiégétique[8] de l'Exode qui sert à thématiser la condition humaine partagée entre le sacré et le profane s'accompagne de nombreux commentaires interprétatifs et didactiques que le narrateur, par le biais du discours indirect libre, attribue à son héros, ce qui, par ailleurs, limite les possibilités d'une lecture ouverte de ce texte.

Le roman raconte l'aventure d'un pasteur protestant irlandais, Éléazar O'Braid, qui, en 1845, ayant commis un meurtre au moment où la famine décimait le pays, décide d'émigrer avec sa famille en Californie. Aussi bien le scénario global du roman que divers détails du monde représenté s'imposent comme une reprise analogique de l'histoire de Moïse connue de la Thora, mais relue à la lumière du Nouveau Testament. Cependant, il serait abusif de traiter le roman de Tournier comme une illustration littéraire de la spiritualité chrétienne conforme à la foi dogmatique et à la révélation. Bien que fort ancré dans la tradition, le roman s'écarte de l'interprétation typologique qui fait voir la vie de Moïse comme une préfiguration du Christ. Bien au contraire, aux yeux du héros qui interprète son propre devenir par l'intermédiaire des récits bibliques, Jésus et Moïse seraient plutôt des héros antinomiques. Ayant du mal à accepter pleinement l'orthodoxie luthérienne, dans un premier temps Éléazar s'identifie avec « le Nouveau Testament, ses miracles, ses paraboles et surtout la présence de Jésus », tandis que l'Ancien Testament s'associe pour lui « au monde archaïque et brutal des premières origines, des prophètes et de Yahweh » (*É*, 19). Dans son imaginaire qui oppose l'eau et le feu en tant que symboles du profane et du sacré, l'univers évangélique serait donc associé, selon le pasteur, à ce premier élément dont la valeur est essentiellement humaine, tandis que le désert avec le buisson ardent apparaîtrait comme un domaine réservé au divin. Pour Esther, la femme catholique du pasteur, Jésus demeure « la contre-figure de Moïse, la réfutation de sa terrible logique et le recours contre ses effrayantes rigueurs » (*É*, 39). Elle oppose deux épisodes clés de ce qu'elle appelle « la révolution chrétienne » (*É*, 39) :

---

7 Kyloušek 2004, 62.

8 Gérard Genette distingue parmi les pratiques hypertextuelles : les transformations homodiégétiques – qui gardent la même identité du personnage et les mêmes données spatio-temporelles que celles de l'univers mis en scène dans l'hypotexte, et les transformations hétérodiégétiques – dans lesquelles « l'action change de cadre, et les personnages qui la supportent changent d'identité » (Genette 1982, 422).

le Sinaï et le mont Thabor, le premier signifiant le contact avec le sacré abstrait d'un Dieu caché et le second manifestant l'incarnation de la splendeur céleste d'un Dieu fait homme. Elle instaure ainsi le clivage entre l'humanité clémente du Nouveau Testament, figurée essentiellement par l'imaginaire aquatique, et la divinité sévère de Yahveh de l'Ancien Testament associée, dans le roman, au feu et au désert. Une telle lecture dualiste de la Bible, étrangère à la tradition typologique aussi bien catholique que protestante, relève ici d'un certain marcionisme[9] qui, corrélé à d'autres inspirations hétérodoxes et à la philosophie élémentaire de Michel Tournier, appuyée sur sa lecture de Bachelard, fonde cette spiritualité spécifique de l'écrivain qui se définit comme un « naturaliste mystique »[10].

La fréquentation des livres bibliques racontant la vie et la mort de Moïse suscite chez Éléazar l'expérience de l'inquiétante étrangeté, quand il commence à faire siens les dilemmes concernant la relation de l'homme avec le sacré auquel il se dévoue complètement et qui pourtant lui échappe, et qui, comme chez Kierkegaard, le soumet à l'angoisse et au tremblement. Les questions qu'il se pose au sujet du prophète correspondent à ses propres troubles identitaires. La traversée des espaces immenses de l'Amérique du Nord qui, tout comme l'errance dans les déserts pour Moïse se terminera avant l'entrée dans la Terre Promise, révèle pour Éléazar le sens profond de l'Exode lu comme l'histoire du déchirement de l'être entre l'humain et le divin. Tous les hypotextes bibliques présents dans le roman nous ramènent vers la fonction noétique et ontologique du mythe qui, comme le démontre Petr Kyloušek, « confère à la réalité représentée [...] son horizon métaphysique, sacré »[11].

L'expérience transcendante d'Éléazar, qui découle autant de sa lecture des textes sacrés que d'une initiation gnostique au mysticisme du monde de la matière, a aussi une dimension essentiellement syncrétique. Au centre de ce parcours du nouveau Moïse, l'écrivain situe l'épisode du serpent d'airain qui est une transposition du récit du chapitre 21 du Livre des Nombres. En réagissant à la tentative d'une révolte du peuple découragé de son sort dans le désert, Dieu le punit en envoyant des serpents venimeux dont les morsures provoquent la mort de plusieurs Israélites. Quand Moïse vient implorer son pardon en faveur des pécheurs, l'Éternel lui ordonne de faire un serpent en métal et de l'accrocher en haut d'une perche. Dès lors, si quelqu'un était mordu, il pouvait avoir la vie sauve par l'acte de foi qui devait se manifester par le regard fixé sur le serpent d'airain.

---

9 La doctrine dualiste de Marcion (IIe siècle) qui oppose le Dieu d'Amour du Nouveau Testemant et Dieu de Justice de l'Ancien Testament.

10 Tournier 1986, 245.

11 Kyloušek 2004, 119.

La tradition chrétienne y voit une préfiguration du Christ et de sa mort salvatrice pour les croyants[12]. La réécriture tournérienne une fois de plus fait rejeter cette interprétation typologique et se dirige vers des croyances animistes par l'intermédiaire du personnage de l'Amérindien appelé Serpent d'Airain qui, après avoir guéri Benjamin, le fils d'Éléazar mordu par un crotale, initie le pasteur au sacré émanant des espaces désertiques. L'Indien lui raconte une légende sur le serpent qui en tant que « la plus parfaite des créatures du Grand Esprit » s'est cru égal à celui-ci, ce qui a causé la colère de Dieu (*É*, 90–91). Puni, démembré et déformé, il est alors réduit à la forme du reptile. Éléazar l'associe alors à Lucifer, à « l'ange-tronc » qui a « enseigné sa sagesse ténébreuse au premier couple humain, Adam et Ève ».

La relecture syncrétique de la Bible, bien caractéristique de la transtextualité tournérienne, outre sa valeur subversive, semble ici révélatrice de la pensée post-séculière qui détecte la trace de la transcendance dans le monde immanent. L'auteur avoue qu'en écrivant son « western » métaphysique et biblique[13], il s'est inspiré de *Moïse. Voyage aux confins d'un mystère révélé et d'une utopie réalisable* d'André Chouraqui. Il y puise surtout l'idée des réinterprétations de l'arrêt de Dieu qui ne permettra pas au prophète d'entrer en Canaan. En rejetant les explications traditionnelles, qu'elles soient rabbiniques ou chrétiennes, Tournier trouve chez Chouraqui l'idée que l'inachèvement du voyage de Moïse ne signifie nullement que Dieu veut châtier son manque de confiance à Meriba ou lui faire expier les fautes de son peuple :

> C'est la médiocrité de notre esprit qui nous fait voir une punition dans l'interdiction d'entrer en Terre promise dont Yahweh frappe Moïse. Il s'agit en vérité d'un acte d'amour. Mais l'amour de Yahweh est un amour jaloux et tyrannique, et l'élu qui en est l'objet ne peut l'accueillir que dans l'angoisse et le tremblement.
>
> Moïse veut dire « sauvé des eaux », et toute sa vie il aura ainsi une relation dramatique avec l'élément liquide, toute sa vie sera partagée entre le Buisson et la Source. Et sa mort sera le triomphe du Buisson contre la Source (*É*, 99–100).

Tournier appelle Chouraqui « le plus grand théologien d'Israël »[14]. Cependant, il importe de noter que cette vision de la mort de Moïse en tant qu'un recouvrement serein de l'intégrité identitaire qui consiste dans l'union parfaite avec Dieu n'est pas un héritage du judaïsme rabbinique. Chouraqui la trouve dans le samaritanisme, au sein d'une religion mosaïque, opposée à la tradition

---

12 *Bible d'étude* 2005, 219 (note pour Nombres 21, 9).
13 *Cf.* Bouloumié 1996–1997, 57.
14 *Ibid.*

talmudique[15]. Par ailleurs, tout son livre est imprégné de nombreux éléments syncrétiques où l'auteur établit des liens non seulement entre les religions abrahamiques mais aussi avec le bouddhisme.

Prophète d'un universalisme humaniste plutôt que d'une orthodoxie religieuse ou d'une communauté territorialisée, le Moïse de Chouraqui se distingue par son hybridité culturelle. Ce trait de la personnalité du prophète est aussi transféré au héros du roman tournérien : « Ainsi sa condition hybride de protestant en pays catholique était-elle éclairée par le statut équivoque de Moïse, enfant hébreu, sauvé, recueilli et élevé par une princesse égyptienne » (*É*, 96). De cette manière, l'interrogation du sacré soulève en même temps le problème de la fragilité identitaire d'un homme situé à la croisée des religions, langues et appartenances nationales.

Gilles Rozier et son Moïse, prophète de la finitude humaine[16]

La personnalité de Moïse en tant qu'identité nomade, incertaine, qui s'exprime par une parole troublée préoccupe également Gilles Rozier pour qui le récit biblique constitue un point de départ pour la fictionnalisation des interrogations concernant sa propre judéité. L'écrivain, né en 1963, parle ainsi de son rapport au passé familial : « J'ai toujours su que ma mère était juive »[17], mais il ajoute que longtemps cette identité lui a été indifférente. Après avoir appris l'hébreu et le yiddish, langues de ses ancêtres, Gilles Rozier redéfinit sa relation avec le patrimoine juif qui fera objet de ses explorations littéraires et traductologiques[18].

Le traitement hypertextuel auquel l'écrivain soumet dans *Moïse fiction* le récit vétérotestamentaire correspond à la pratique que Jean Kaempler qualifie de « profanation romanesque », qui consiste en une recontextualisation de l'hypotexte sacré « dans les espaces laïques de la littérature »[19]. L'auteur souligne que sa relecture de la Thora, bien que diamétralement opposée à l'orthodoxie

---

15 *Cf.* Chouraqui 1995, 236–237.

16 Dans cette partie de l'article nous reprenons en abrégé notre étude « La transposition profane de l'Exode dans *Moïse fiction* de Gilles Rozier » (*cf.* bibliographie).

17 Rencontre avec Gilles Rozier et Denis Lachaud animée par Anne Schuchman au Musée d'art et d'histoire du judaïsme à Paris, le 5 octobre 2011. L'enregistrement disponible en ligne : http://www.akadem.org/sommaire/themes/culture/culture-yiddish/la-litterature/d-un-pays-sans-amour-13-10-2011-28371_446.php (consulté le 13 mai 2013).

18 *Cf.* Sadkowski 2013a.

19 Kaempler 2003, 170.

théologique, s'inscrit « dans une tradition juive »[20]. Il importe de noter que l'action du roman se situe dans l'espace-temps biblique ; pourtant de nombreuses anachronies, ayant pour effet la proximisation ou le rapprochement de la diégèse du monde contemporain, font considérer le personnage romanesque comme une figure autonome, détachée de son prototype hypotextuel et fonctionnant dans une autre temporalité. Ainsi Rozier, en réécrivant le récit vétérotestamentaire, fait appel à l'esprit talmudique, si par ce dernier nous comprenons l'interprétation de la Thorah procédant par des *midrashim*, ajouts, spéculations et discussions. Néanmoins, en mettant l'accent dès le titre du roman sur le caractère fictionnel de son écriture, l'auteur s'octroie le droit de donner sa vision subjective de l'Exode dont il élimine la dimension sacrée.

Le romancier français ayant maîtrisé relativement tard les langues juives semble projeter sur Moïse ses propres dilemmes identitaires et culturels. L'étrangeté linguistique joue le rôle primordial pour le héros qui se pose la question : « Comment peut-on être hébreu et égyptien ? » (*M*, 125–126). Moïse commente son bégaiement dans le contexte de son aliénation ressentie dans le palais du pharaon et de sa bâtardise, qui sont de plus associées à un imaginaire linguistique contraire à la vision du monde véhiculée par la langue ancestrale qu'il redécouvre dans son inconscient (*Cf. M*, 20 et 23).

Le récit de Moïse, sous forme de monologue, commence au moment où le héros prend conscience de sa mort imminente sur le mont Nébo, pour ensuite, rétrospectivement, retracer tout son destin. Cependant il embrasse aussi du regard les temps futurs en évoquant le royaume de David, la Palestine à l'époque de l'activité de Jean-Baptiste (*M*, 13–14), le monde chrétien (*M*, 75), l'avenir diasporique d'Israël (*M*, 81) et les souvenirs des atrocités de l'esclavage égyptien s'associant à l'histoire de la Shoah (*M*, 62–63). L'auteur commente ainsi son projet de la réappropriation de la figure de Moïse : « J'avais envie de montrer comment, derrière l'image du prophète, il y a un être humain, avec ses convictions, ses souffrances, ses hésitations, ses doutes, par rapport à la loi, et par rapport à la terre d'Israël »[21]. De la sorte, Gilles Rozier réactualise une tradition apocryphe du judaïsme, à savoir le *Livre des Jubilés*, selon laquelle Moïse aurait reçu au mont Sinaï le don de la connaissance de tous les événements, passés et futurs, de l'histoire du monde[22].

---

20 Benbessa 2003 : 277.
21 Benbassa 2003 : 279.
22 Wigoder 1996 : 692.

Contrairement à l'univers tournérien habité par d'innombrables signes du sacré, dans *Moïse fiction* il n'y a pas de place pour la métaphysique religieuse. Pour cette raison, l'épisode du buisson ardent, ainsi que le nom même de Dieu, n'apparaissent pas dans le récit. Néanmoins, une certaine réflexion agnostique semble inquiéter le héros qui se pose des questions :

> Malgré mes airs de prince, je ne cesse de m'interroger. Des cinquante portes que compte la Connaissance, quarante-neuf m'ont été ouvertes durant les quarante jours sur les hauteurs du mont Moïse. Il me revenait, après la descente, de faire céder la cinquantième, d'y consacrer les quarante années qu'il me restait à vivre. Où est-elle, cette ultime porte ? Arriverai-je à l'enfoncer, à découvrir le trésor qu'elle dissimule ? Son franchissement a-t-il décidé de ma mort ? La réponse à ces questions est un sésame pour la porte close. Je ne trouverai pas cette clé parmi les milliers pendues au trousseau (*M*, 130–131).

On y entend un écho de la tradition kabbalistique qui perçoit la connaissance en tant que voie initiatique menant l'adepte à travers cinquante portes. Moïse est considéré comme le seul être humain qui les a traversées toutes sauf la dernière, derrière laquelle se cache l'essence divine[23]. Cependant, dans le roman de Gilles Rozier, l'inaccessibilité de la cinquantième porte s'interprète plutôt comme le refus de l'explication mystique de l'existence pour l'homme préoccupé par le mystère suprême de l'absurde de sa propre finitude. Son Moïse l'exprime en ces termes : « Je ne peux pas mourir. Le monde n'y survivrait pas. Pourquoi avoir créée la terre, le soleil au firmament et la lune si belle quand elle glisse au-dessus des monts de Moab ? » (*M*, 12). Prophète de la finitude, le guide des Hébreux qui pleure la mort de ses frères égyptiens, le Moïse réinterprété par Gilles Rozier enseigne aussi l'éthique de la compassion à l'égard de l'*autre* avec qui il partage sa condition mortelle.

Sergio Kokis ou un Exode kierkegaardien

Dans son roman *Amerika* (2012), Sergio Kokis s'empare du mythe de l'Exode, relu à la lumière de l'Apocalypse et du *Concept d'Angoisse* de Søren Kierkegaard, pour donner une forme épique à la quête de ses origines baltes et de l'histoire de l'immigration lettone au Brésil. Simultanément, plusieurs éléments de cet univers diégétique nous rappellent *Éléazar ou La Source et le Buisson*. Tout comme chez Tournier, la Terre Promise est située dans le Nouveau monde et le romancier attribue le rôle du Moïse moderne à un pasteur dont la communauté minoritaire constitue un îlot séparé dans un environnement religieux perçu comme étranger,

---

23 *Ibid.*

voire hostile, au protestantisme. Comme le note à juste titre Pascel Riendeau :
« Kokis mise sur l'humour, l'ironie et un certain esprit carnavalesque pour dé-
peindre les mœurs villageoises, en mêlant, comme il le fait si souvent, le sexe aux
échanges philosophiques et théologiques »[24].

Waldemar Salis, un étrange mystique et fornicateur, dirige une paroisse luthérienne à Lazispils, une bourgade livone en Lettonie (*A*, 13), qui à l'époque fait
partie de l'Empire russe. Angoissé par ses visions eschatologiques qu'il associe
aux échos des troubles sociaux et politiques en 1905, il encourage une partie
de ses fidèles à émigrer vers un pays inconnu situé quelque part en Amérique.
Pour Waldemar, comme pour l'Éléazar tournérien, l'Apocalypse selon Saint
Jean, l'histoire de l'Exode et le destin de Moïse constituent une grille d'interprétation de son propre devenir. Afin de convaincre ses paroissiens à l'idée du
départ, il leur dépeint le Brésil tout à la fois comme un nouveau Canaan, une
nouvelle Jérusalem et une nouvelle Lettonie, conjuguant ainsi projets religieux et
politique. Il croit non seulement pourvoir échapper à une catastrophe eschatologique, mais aussi fonder sur le sol sud-américain une communauté luthérienne
qui pourra librement exercer sa foi, loin de la dangereuse hégémonie orthodoxe,
et garder sa langue maternelle qui en Livonie était menacée par la politique de
la russification[25].

Un long et éprouvant voyage de Lazispils, via Riga, à Hambourg, suivi de
la traversée de l'Atlantique, constituent une première étape de la désillusion
quand les paysans lettons ressentent douloureusement leur désorientation et
dépaysement hors de l'espace natal. Dès l'arrivée au Brésil, ils se rendent compte
immédiatement que leur espoir d'y trouver une terre promise n'était qu'une utopie naïve qui s'évanouit devant la dérisoire et cruelle réalité. Obligés de modifier
leurs noms conformément à l'usage de la langue portugaise, ils s'aperçoivent de

---

24 Riendeau 2012, 130.
25 L'orthographe du toponyme constituant le titre du roman fait que le nom Amerika
   peut être lu comme s'il était transféré directement de chacune des trois langues
   appartenant à la mythologie familiale de l'écrivain – du letton, de l'allemand, et
   du russe, dans ce dernier cas après la translittération en caractères latins. Qui plus
   est, l'écrivain considère la lettre k comme emblématique de son statut d'apatride. Il
   en parle dans *Le sortilège des chemins* : « […] ma curiosité au sujet de mes origines
   n'avait fait que grandir tout au long de ma vie, et elle a souvent orienté mes lectures
   vers ce qui se passait en Russie et dans les contrées baltiques. Après tout, la lettre *K*
   dans mon nom – absente de l'alphabet brésilien durant mes années scolaires – avait
   contribué au renforcement de mon identité en tant qu'étranger dans l'âme, futur
   citoyen du monde » (Kokis 2015, 174).

l'inutilité de leur idiome natal. Déjà le premier contact avec la société brésilienne leur fait comprendre la puissance de la religion catholique dans le monde où leur communauté protestante se dissout très rapidement et les familles se défont. Le pire sort est réservé à ceux parmi les paroissiens qui sont restés fidèles au projet de fonder ensemble leur colonie lettone, car la terre qui leur est octroyée dans une région inhospitalière se montre complètement incultivable malgré leur travail acharné de défrichement. Ils sont décimés par une épidémie de la fièvre jaune qui emporte aussi Waldemar Salis, tourmenté, avant de mourir, par « la pensée qu'il avait conduit ses ouailles vers un gouffre » (A, 258). Contrairement à son prototype biblique, mais aussi à Éléazar de Tournier, il n'a même pas la possibilité d'entrevoir le sens de sa quête : « Il oublia alors définitivement la terre promise pour se concentrer sur les horreurs de l'Apocalypse, desquels il se disait qu'il n'aurait jamais dû s'éloigner » (A, 259).

Moïse, en tant que prototype du protagoniste d'*Amerika*, apparaît surtout ici, une fois de plus, comme un archétype de l'étranger éternel. La première épigraphe du roman, empruntée à l'écrivain américain James Carlos Blake, le décrit en ces termes :

> L'étranger se définit par le sentiment d'exclusion face au monde qui l'entoure, mais cette impression de détachement dépasse la simple géographie. Même dans son propre pays, parmi ses propres concitoyens, au milieu de sa propre famille, il se sent étranger, le gardien d'un cœur tourné vers l'ailleurs (A, 9).

La caractéristique, qui pourrait être appliquée à plusieurs personnages des romans kokisiens, s'inscrit ici également dans la problématique post-séculière de la trace de la transcendance dans le monde désacralisé. L'auteur de commenter :

> Je me suis longtemps demandé ce qui avait poussé ces gens à tout quitter pour un lieu où la fièvre jaune était endémique. Quand j'ai découvert que c'était d'abord pour des raisons religieuses et non économiques – ils s'en venaient attendre l'Apocalypse sur une terre sauvage –, j'ai senti que je tenais quelque chose[26].

Ce passage obligé de la pensée post-séculière par le discours religieux s'accompagne, dans *Amerika*, d'un dialogue avec Kierkegaard. La citation d'un fragment de son *Concept d'Angoisse* sert de deuxième épigraphe au livre : « L'homme formé par l'angoisse l'est par le possible, et seul celui que forme le possible l'est par son infinité. C'est pourquoi le possible est la plus lourde des catégories »[27].

---

26 Cité dans Lapointe 2012.
27 Kierkegaard 1948, 329.

Lecteur passionné du philosophe danois, Waldemar voit son projet migratoire comme une aventure spirituelle qui répond au vertige de la liberté. Le pasteur, en simplifiant le message existentiel de Kierkegaard, le détache de la problématique du péché et en fait une lecture réconfortante et apologétique, pour définir le possible comme « le fait de montrer que les choses peuvent être autrement qu'on a toujours cru » (A, 137). Néanmoins le chemin de l'exode se pose pour lui comme une aventure eschatologique et un acte de foi qui, comme il l'espère, devrait le libérer de l'angoisse. Tout au long du roman le récit d'événements alterne avec de longs dialogues dans lesquels Waldemar discute avec son beau-frère Alexandr, un matérialiste et anarchiste convaincu, au sujet des concepts kierkegaardiens. Le rôle de ce deuxième personnage s'apparente à la fonction d'Aaron en tant qu'interprète de Moïse auprès de son peuple. Alexandr traduit au pasteur en langage positiviste ses spéculations théologiques et les ramène à la réalité sociale des émigrants :

> Tu vis dans le monde irréel de ta Bible, tu es un étranger partout. Quelqu'un qui n'est jamais parti ne peut pas savoir ce que c'est de s'arracher du sol maternel, de ses maigres possessions, de ses habitudes ou de sa langue [...] Alors, beau-frère, dis-toi bien qu'il est peut-être plus facile d'éprouver de l'angoisse devant un dieu absent que d'avoir la frousse devant un voyage en terres inconnues. Et ton Brésil n'a rien à voir avec l'Amérique (A, 139).

Cependant, c'est pour Alexandr, réinterprétant Kierkegaard à sa guise, que l'exode conçu comme la tentative du possible ne se termine pas dans un cauchemar dystopique. Tandis que l'utopie de Waldemar, qui pensait reconstruire au Brésil le monde délaissé en Lettonie, mène à la catastrophe, le projet radical de son beau-frère promet une nouvelle vie. En décidant de rompre définitivement avec le passé, il se sépare de ses compatriotes et s'engage dans l'activité politique et éducative avec des anarchistes russes au Brésil et en Argentine. Néanmoins, comme le commente le narrateur : « Jusqu'à la fin, il garda une pensée affectueuse pour son ami Waldemar Salis, dont la folie mystique l'avait aidé à s'arracher à l'étroitesse de Lazispils pour partir à l'aventure » (A, 266).

La réécriture du mythe biblique et la fiction romanesque constituent pour Sergio Kokis un moyen d'effectuer la reconquête de la post-mémoire familiale, permettant donc de sortir de l'oubli les premiers colons lettons au Brésil qui y émigraient motivés par leur foi mystique. À la fin du livre, il explique que l'histoire de Waldemar Salis et des gens de Lazispils

> fut écrite parce que l'auteur la gardait dans son esprit depuis l'enfance, et il ne voulait pas qu'elle se perdît lorsqu'il ne serait plus là pour continuer à s'en souvenir, à l'enjoliver, à la transformer avec ses propres fictions au point d'en être réduit à l'imaginer entièrement à partir de simples bribes glanées il y a très longtemps. Même s'il ne vécut pas

cette épopée, elle marqua sa vie d'un sceau profond et elle fut à la source de certaines directions qu'il a imprimées, volontairement ou non, à sa propre existence (*A*, 267–268).

La quête des traces des ancêtres s'accompagne alors de la relecture du récit de l'Exode et de l'Apocalypse afin d'approfondir l'imaginaire qui est à l'origine de l'univers littéraire de l'auteur, dans lequel le langage biblique, bien que détaché de sa fonction religieuse, ne cesse d'interroger les plus profonds problèmes identitaires et axiologiques.

En guise de conclusion

La lecture des trois romans contemporains dans lesquels le personnage de Moïse et l'histoire de l'Exode servent à explorer divers aspects de la condition post-séculière, n'est que la première esquisse d'un vaste projet de recherche visant l'étude comparée du fonctionnement de ce thème dans la littérature d'expression française des XXe et XXIe siècles. Ses configurations romanesques et essayistiques demandent une analyse approfondie à la lumière de dialogues avec les traditions juives, chrétiennes et islamiques, qui tantôt expriment un désenchantement à l'égard du religieux dans le monde d'aujourd'hui, tantôt y cherchent un langage apte à redécouvrir la transcendance dans l'immanent, ou encore expriment une utopie syncrétique et œcuménique, comme celle qu'André Chouraqui affirme dans ces lignes :

> Malgré son ancienneté qui remonte à l'origine des temps historiques, Moshè ressuscite, de nos jours avec son peuple, le *Verus Israël*, composé d'hommes rescapés de tous les esclavages du monde, juifs, chrétiens, musulmans, Asiatiques, Africains, croyants ou athées, tous s'attendent à l'ultime réalisation de la Promesse[28].

Bibliographie

BENBASSA, Esther : « Écrivains juifs d'aujourd'hui. Table ronde animée par Esther Benbassa avec Colette Fellous, Brigitte Perskine, Henri Raczymow et Gilles Rozier ». Dans : Jean-Christophe Attias et Pierre Gisel (dir.) : *De la Bible à la littérature*. Genève : Labor et Fides 2003, 267–279.

Bible d'étude. Charols : Éditions Excelsis 2005.

BIELIK-ROBSON, Agata : *„Na pustyni". Kryptoteologie późnej nowoczesności*. Cracovie : Universitas 2008.

– « Ślad, widmo, karzeł. Nowoczesność i pamięć transcendencji ». Dans : Teresa Szostek, Roma Sendyka, Ryszard Nycz (dir.) : *Od pamięci biodziedzicznej do postpamięci*. Varsovie : Instytut Badań Literackich PAN 2013, 89–114.

---

28 Chouraqui 1995, 493.

Bouloumié, Arlette : « Entretien avec Michel Tournier ». *L'École des Lettres*, II, n° 5, 1996–1997, 57–64.

Chouraqui, André : *Moïse. Voyage aux confins d'un mystère révélé et d'une utopie réalisable*. Monaco : Édition du Rocher 1995.

Fleg, Edmond : *Moïse raconté par les Sages*. Paris : Albin Michel [1956] 1997.

Freud, Sigmund : *Moïse et le monothéisme*. Traduit de l'allemand par Anne Berman. Paris : Gallimard [1948] 1980.

Genette, Gérard : *Palimpsestes. La littérature au second degré*. Paris : Seuil (Points Essais) 1982.

Kaempler, Jean : « La profanation romanesque ». Dans : Jean-Christophe Attias et Pierre Gisel (dir.) : *De la Bible à la littérature*. Genève : Labor et Fides 2003, 169–184.

Kierkegaard, Søren : *Le concept d'angoisse, simple éclaircissement psychologique au problème du péché originel*. Trad. Knud Ferlov et Jean-J. Gateau. Paris : Tel Gallimard 1948.

Kokis, Sergio : *Amerika*. Montréal : Lévesque éditeur 2012.

– *Le sortilège des chemins*. Montréal : Lévesque éditeur 2015.

Kyloušek, Petr : *Le roman mythologique de Michel Tournier*. Brno : Masarykova Univerzita 2004.

Lapointe, Josée : « Sergio Kokis : croire au possible ». *La Presse*, 24 février 2012, http://www.lapresse.ca/arts/livres/201202/24/01–4499321-sergio-kokis-croire-au-possible.php.

Neher, André : *Moïse et la vocation juive*. Paris : Seuil [1956] 2004.

Riendeau, Pascal : « Quelle Amérique ? ». *Voix et Images*, vol. 38, n° 1, (112) 2012, 129–134.

Rozier, Gilles : *Moïse fiction*. Paris : Denoël 2001.

Sadkowski, Piotr : « La transposition profane de l'Exode dans *Moïse fiction* de Gilles Rozier ». Dans : Edyta Kociubińska et Judyta Niedokos (dir.) : *Entre le sacré et le profane*. Lublin : Werset (série *Quêtes littéraires*) 2013a, 174–183.

– « Les romans de Gilles Rozier ou les langues et la post-mémoire juives sorties de l'impasse du silence ». *Studia Romanica Posnaniensia*, vol. 40/4, 2013b, 41–50.

Tournier, Michel : *Petites proses*. Paris : Gallimard 1986.

– *Éléazar ou La Source et le Buisson*. Paris : Gallimard 1996.

Wigoder, Geoffrey : *Dictionnaire encyclopédique du judaïsme* (adapté en français par Sylvie-Anne Goldberg). Paris : Cerf/Robert Laffont 1996.

Martine-Emmanuelle Lapointe
(Montréal)

Figures de la judéité dans
le roman québécois contemporain

Si les relations entre Juifs et Québécois francophones ont longtemps semblé incertaines, voire quasi inexistantes, il en va de même du dialogue entre les deux cultures qui est demeuré plutôt superficiel jusqu'à tout récemment. Dans le domaine littéraire, certains passeurs, traducteurs, critiques ou chercheurs, ont tenté de faire dialoguer les deux cultures en réfléchissant sur leurs apports mutuels. Naïm Kattan notamment a fait paraître, dès les années 1960, des collectifs consacrés aux rapports entre Juifs et Canadiens sous l'égide du Cercle juif de langue française[1]. Vers la fin des années 1980, paraissent les études du traducteur Pierre Anctil, de l'essayiste et romancière Régine Robin, mais aussi du critique littéraire Pierre Nepveu[2]. Dans la foulée des travaux du groupe de recherche *Montréal imaginaire*, ce dernier organise le 2 mai 1990 le colloque « Montréal. L'invention juive ». La période contemporaine voit ce dialogue se prolonger de diverses manières : par l'entremise de l'étude de la littérature anglo-québécoise qui rassemble des auteurs importants de la tradition juive, de Klein à Cohen, en passant par Richler, par l'ouverture du champ à de nouveaux chercheurs qui se spécialisent dans l'étude de la littérature yiddish[3], par les études traductologiques[4]. Plusieurs des travaux parus à ce jour se consacrent à la redécouverte d'un patrimoine culturel négligé et s'attachent davantage à l'ancrage historique et sociologique des œuvres qu'aux représentations littéraires des rapports interculturels. C'est le cas notamment dans *À la découverte du Montréal yiddish* de Chantal Ringuet qui privilégie les parcours biographiques des auteurs juifs plus que les textes de ces derniers. De manière générale, ces redécouvertes mènent à l'exploration d'une mémoire et d'un territoire particuliers – le Montréal yiddish, le Mile End de Klein et de Richler, les lieux de la troisième solitude, pour reprendre l'idée de Nepveu. Cette troisième solitude rassemblerait les membres

---

1   Kattan 1965 et 1967.
2   *Cf.* Anctil 1988 ; Robin 1989 ; Nepveu 1991.
3   *Cf.* Margolis 2011 et Ringuet 2011.
4   *Cf.* Leclerc 2010 et Simon 2006.

de la communauté juive, considérés comme des tiers inclus au sein des relations interculturelles entre francophones et anglophones[5].

Dans le cadre de cet ouvrage intitulé *Présences, résurgences et oublis du religieux dans les littératures française et québécoise*, je n'entends pas reconduire la vulgate sociologique sur la méconnaissance réciproque des Juifs et des Canadiens français ou exhumer les caractéristiques d'une « identité juive » et / ou « québécoise ». Je me propose plutôt de réfléchir aux diverses représentations de la rencontre des cultures dans un corpus de romans québécois parus depuis la fin des années 1980[6] et d'examiner, pour reprendre les mots de Pierre Nepveu, « quelle demande identitaire et quelle situation existentielle, culturelle, linguistique sont en cause dans les références à la judéité »[7]. Il s'agira pour l'essentiel de penser la rencontre culturelle sous le signe de la médiation, de l'identité narrative, lesquelles sont à l'image des cultures, en perpétuel mouvement, transformées, redéfinies, interprétées. Les exemples retenus, ressortissant pour la plupart à des écritures réalistes, tracent le plus souvent les contours d'un territoire et d'une mémoire dont le difficile partage s'accentue au fil des échanges culturels, que ces derniers soient fructueux ou non. Aussi la judéité – « fait et manière d'être juif », selon la définition qu'en propose Albert Memmi dans *Portrait du Juif*[8] en 1957 – est-elle rarement ramenée à ses rituels religieux, qui demeurent généralement assez superficiellement décrits, mais bien à sa culture, à sa mémoire et à son histoire tragiques. Dans les romans étudiés, tout se passe comme si la communauté juive, plus particulièrement hassidique, était liée au passé, évoluant de manière quasi anachronique dans le présent de la ville montréalaise. Symptôme d'un décalage volontaire, d'un dépaysement recherché, l'anachronisme n'affecterait pas uniquement l'inscription du sujet en un lieu, mais aussi en un temps, à une époque. Dans son ouvrage *Devant le temps*, Georges Didi-Huberman confère même à l'anachronisme une valeur heuristique et épistémologique à la fois. Le philosophe de l'art, en effet, ose aller à l'encontre de l'un des fondements de la méthode historique en affirmant, à la suite de Nicole Loraux, qu'« il n'y a d'histoire que d'anachronismes »[9]. La fécondité de l'anachronisme ne ferait aucun doute car

---

5 Pierre Nepveu s'inspire de l'ouvrage de Greenstein 1989.

6 Des analyses préliminaires des romans *Hadassa*, *Le ciel de Bay City* et *Le sourire de la petite Juive* ont donné lieu à des chroniques sur le roman contemporain parues dans la revue *Voix et Images* : Lapointe 2007, 2009 et 2011.

7 Nepveu 2004, 59.

8 Memmi 2003 [1962], 29.

9 Didi-Huberman 2000, 39.

pour accéder aux multiples temps stratifiés, aux survivances, aux longues durées du plus-que-passé mnésique, il faut le *plus-que-présent* d'un acte réminiscent : un choc, une déchirure de voile, une irruption ou apparition du temps, tout ce dont Proust et Benjamin ont si bien parlé sous l'espèce de la « mémoire involontaire »[10].

L'anachronisme naîtrait ainsi de la rencontre, voire de la fusion inopinée des temporalités, et se situerait par là même au croisement de la survivance du passé et de la fulgurance du présent.

Rencontrer l'autre

Je procéderai d'entrée de jeu à un premier rassemblement de romans qui partagent plusieurs traits : sis dans le quartier Outremont, esquissant les contours d'une cartographie urbaine aux repères aisément identifiables, les textes retenus se vouent également à la rencontre – improbable, le plus souvent – de la communauté juive hassidique. *Babel prise deux ou Nous avons tous découvert l'Amérique* de Francine Noël[11], *Hadassa*[12] de Myriam Beaudoin et *Le sourire de la petite juive* d'Abla Farhoud[13] mettent tous trois en scène des personnages féminins qui souhaitent entrer en contact avec les représentants de la communauté hassidique, obtenir ne serait-ce qu'un sourire de leurs voisins. À ces romans pourraient s'ajouter le tout récent film *Félix et Meira* de Maxime Giroux (2014), qui relate les amours improbables d'une jeune juive hassidique et d'un Québécois francophone.

Le dénouement de *Babel, prise deux* de Noël exprime la communion des représentantes des communautés québécoise francophone et hassidique en mettant en scène un échange de regards et de sourires. Si cet échange se présente comme le degré zéro de la communication, il n'en demeure pas moins emblématique d'une forme de victoire sur l'indifférence mutuelle qui avait caractérisé jusqu'alors les rapports entre la narratrice Fatima et ses voisins hassidiques :

> Il faisait doux cet après-midi, j'étais au coin de la rue, à contempler un magnifique 101 sur fond rouge, quand j'ai aperçu la grand-mère hassidique d'à côté. Elle rentrait chez elle avec son cabas. Elle était seule. Je lui ai souri comme d'habitude, et c'est alors que quelque chose s'est produit : ELLE M'A SOURI. En me regardant droit dans les

---

10 *Ibid.*, 20.
11 Noël 1990.
12 Beaudoin 2006.
13 Farhoud 2011.

yeux. Mais vraiment souri ! Puis, elle a passé son chemin. Il n'y avait personne autour de nous[14].

Furtif, à l'abri des regards indiscrets, l'échange emprunte la forme d'une épiphanie (d'où l'utilisation des majuscules pour en rendre compte), agit telle une réparation en conclusion d'un roman qui insistait davantage sur les ratés que sur les succès de la rencontre interculturelle. Le motif du sourire est également retenu par Abla Farhoud dans *Le sourire de la petite juive*. Empruntant la forme d'une mise en abyme, le roman présente l'écrivaine Françoise Camirand qui habite la rue Hutchison depuis trente-neuf ans. À l'instar d'Abla Farhoud, elle choisit d'écrire un livre sur la vie de son quartier composé des portraits de ses voisins. L'originalité du roman d'Abla Farhoud réside dans la mise en scène de la jeune juive Hinda Rochell qui est fascinée par la langue française et l'œuvre de Gabrielle Roy. Des pages du journal intime de celle-ci, rédigées en français, sont intégrées au roman et dévoilent ses pensées secrètes, celles qu'elle ne saurait communiquer aux membres de sa famille immédiate. Scellant symboliquement la réconciliation des communautés, la rencontre entre la petite juive du titre et l'écrivaine Françoise Camirand a lieu vers la fin du roman. Dans son journal, Hinda relate ce moment singulier :

> Je l'ai vue souvent cette femme-là. L'été, elle s'habille toujours en blanc. Et l'hiver en noir. Je l'ai déjà vue sourire aux petits enfants de notre communauté, mais pas aux filles de mon âge ni aux adultes. Avant de me parler, elle m'a souri. J'étais à deux pas de la maison. Je l'ai vue traverser la rue et venir vers moi. Son sourire m'a trop surprise. Je n'ai pas souri[15].

Le point de vue de la jeune fille, saisie par la familiarité de l'attitude de sa voisine, constitue une stratégie narrative permettant d'inverser les rapports généralement établis entre minoritaires et majoritaires. Notons, par ailleurs, que le titre du roman témoigne d'une obsession assez courante dans les romans sis dans le Mile End ou à Outremont, soit le désir souvent déçu d'une véritable rencontre avec les membres de la communauté juive hassidique. Le mystère de ce groupe autosuffisant, vivant en marge du monde des autres Montréalais, fascine. En ce sens, le motif du sourire, exploré par Francine Noël et Abla Farhoud, dit bien les limites et les possibilités de la rencontre : au seuil de la véritable connaissance de l'autre, mais dans le respect de sa différence, le sourire est à la fois ouverture et frontière.

---

14 Noël 1990, 369.
15 Farhoud 2011, 169.

Hadassa de Myriam Beaudoin, auquel je m'attarderai un peu plus longuement, témoigne également d'une fascination pour le milieu juif hassidique. Alice, jeune diplômée universitaire, a été engagée pour enseigner le français dans une école pour jeunes filles. Dès son arrivée, les autres professeures non juives lui conseillent de ne pas espérer se faire aimer de ses élèves. Le premier paragraphe du roman expose clairement les contraintes de la rencontre culturelle :

> J'étais vêtue selon les normes du contrat qui excluaient les blouses sans manches, les jupes au-dessus du genou, les pantalons, les tissus qui brillent, les coupes ajustées [...]. J'avais roulé ma tresse en chignon, je me tenais raide, nerveuse, et les bras le long du corps. Autour de moi tournaient, s'approchaient, rigolaient des centaines de fillettes en uniforme bleu marine qui examinaient à deux ou à plusieurs, ma tenue, mon bracelet d'étain, mon sourire gêné avant de retourner jouer, puis de revenir encore. On m'avait mise en garde : surtout ne pas me faire d'illusions, je ne serais jamais leur amie, ni leur confidente[16].

S'esquisse d'emblée une opposition entre le corps raide et malaisé de l'enseignante, isolée, objet de curiosité, voire animal traqué, et le groupe dansant des jeunes fille. Le rôle d'Alice semble parfaitement accessoire. Elle ne sert que de relais entre le Ministère de l'éducation du Québec et les fillettes juives qui profiteront peu des enseignements qui leur seront transmis. La transmission, avant même d'avoir commencé, semble vouée à l'inutilité, à la perte. Et pourtant, la jeune Alice saura intéresser momentanément celles qui,

> [d]epuis la maternelle, [...] apprenaient que les professeures de français n'étaient pas juives, qu'elles vivaient autrement et qu'il était strictement interdit de s'intéresser à leur vie, pas de questions, pas de curiosité. De la même façon, elles devaient demeurer discrètes, ne pas dévoiler les cérémonies de la synagogue, ne pas traduire des versets des livres sacrés, et surtout, ne jamais discuter de Dieu devant des non-juifs[17].

Au fil du récit, enseignante et élèves en viennent à partager des « secrets de juifs » et de non-juifs, développent une amitié qui repose également sur le plaisir commun de la lecture. Néanmoins, Myriam Beaudoin ne cesse de souligner la difficile communion des membres des deux communautés. Si Alice est appréciée de ses élèves, si on l'invite par politesse au mariage de la secrétaire Rifky, elle ne saurait entrer réellement dans le cercle des intimes. Le climat de camaraderie comme la chaleur et la familiarité qui règnent dans sa salle de classe sont voués à disparaître ultérieurement, constituent une sorte de parenthèse circonstancielle. Lorsqu'elles auront célébré leur Bat Mitzva, Hadassa et ses amies n'auront plus le droit d'adresser la

---

16 Beaudoin 2006, 13.
17 *Ibid.*, p. 25.

parole aux non-juifs. Récit d'une découverte, d'une amitié réciproque, *Hadassa*
est aussi le roman de la perte et de la désillusion. La négativité de la rencontre est
inscrite dans le récit, sur un mode quasi prémonitoire : « Aussi, plus les semaines
passaient, plus les "secrets de juifs" grignotaient ma tête » ; « Naïve, j'aspirais à
être un jour leur invitée du shabbat »[18], s'avoue Alice. Ce désir de devenir autre a
d'ailleurs été considéré comme suspect par le critique David Dorais :

> Il me semble que derrière une façade de bonnes intentions, le roman *Hadassa* ex-
> prime, non pas la rencontre harmonieuse de deux cultures bien définies, mais plutôt
> l'angoisse identitaire du Québec actuel. Cette angoisse donne naissance à un désir de
> fusion avec le monde juif, prenant la forme d'un amour de l'enfance et d'une nostalgie
> du Québec ancien[19].

Il ajoute un peu plus loin que « le roman donne à lire une tolérance en creux, où
une conscience apparemment sans cadre de référence accueille béatement l'altérité,
quel qu'en soit le visage »[20]. Je passerai sous silence les allusions à peine voilées
au contexte politique et sociologique du Québec contemporain, lesquelles nous
éloignent du domaine littéraire, pour insister sur l'idée du vide identitaire, de
l'absence de cadres et de repères qui semble condamner Alice à l'errance et obli-
térer chez elle toute forme de regard et de distance critiques devant la différence
culturelle. Quitte à contredire David Dorais, je dirais que l'enseignante se projette
dans la vie des Hassidim non parce qu'elle est vide et sans identité ferme, mais bien
parce qu'elle comprend qu'en tant que non-juive elle ne pourra jamais communier
réellement avec ses élèves. Elle sera toujours de l'autre côté de la frontière, parmi les
infidèles. En se projetant dans la vie des femmes juives, Alice s'invente des doubles
fictionnels, par excès d'empathie, par curiosité. Le fait qu'elle refuse de renouveler
son contrat témoigne cependant de sa lucidité ; elle sait trop bien que son année
d'enseignement ne fut qu'une parenthèse dans la vie des jeunes filles.

Dans les trois romans évoqués, la communauté hassidique constitue l'altérité la plus radicale qui soit, ébranlant nombre de valeurs issues du républica-
nisme français et américain, comme en témoigne la lecture intempestive de
David Dorais. À l'heure de la laïcité, cette communauté se définit littéralement
en fonction de sa pratique et de ses rituels. En offrant un exemple radical de
rencontre, non pas avortée, mais imparfaite, ces romans nous ramènent à ce
qui gît en toute forme de tentative d'échange et de partage : la résistance, l'improbabilité d'un don absolu, l'inexistence d'un langage transparent, ce qu'à leur

---

18 *Ibid.*, 83.
19 Dorais 2007, 50.
20 *Ibid.*, 51.

manière carnavalesque, satirique et tragique à la fois – quoique bien différente, j'en conviens – Réjean Ducharme et Mordecai Richler exhument également. Le Hassid incarnerait l'autre dans toute son altérité, l'autre irrémédiable, impénétrable, irrécupérable, coupable d'insularité, d'indépendance, refusant de nourrir des relations avec les membres de sa société d'adoption.

On retrouve le même sentiment d'étrangeté chez David Homel et Régine Robin, auteurs de culture juive, qui font dire à leurs personnages Morris Allan et Michel Himmelfarb que les Hassidim d'Outremont leur rappellent leur passé et incarnent par là même le passé, l'isolement et l'insularité. Dans *Midway* de Homel, le personnage de Morris Allan est né dans l'Ancien Monde, mais demeure fasciné par l'Amérique, par sa liberté et sa diversité. C'est d'ailleurs une rêverie sur l'opulence de l'Amérique qui précède sa rencontre avec un jeune Hassid : « It was amazing how much variety this world could produce. […] How could anyone stand to leave it? » Interrompu dans ses réflexions, il voit soudain apparaître « something he recognised, something very close to him but that had come from very far away ». Les Juifs Hassidim qui s'avancent vers lui sont « an unwelcome vision from his past, like a dusty old bogeyman who suddenly steps out of your childhood closet »[21]. Morris Allan reconnaît la familiarité de ceux-ci, les associe à son autre vie, aux spectres gênants de l'enfance et à un passé qu'il croyait enfoui. Une telle résurgence du souvenir n'est pas sans rappeler une autre scène similaire mais plus allusive, tirée de la nouvelle « Mère perdue sur le World Wide Web » de Régine Robin. Alors qu'il se promène dans le quartier Outremont, Michel Himmelfarb, Juif français de passage à Montréal, a lui aussi « une hallucination »[22]. C'est le mot qu'emploie Robin :

> Au détour d'une rue, il vit apparaître quatre ou cinq Hassidim en costume avec leur caftan et leur *shtraïml*, ce bonnet de fourrure qu'ils portaient aux jours de fête par tous les temps, et leurs chaussettes blanches qui leur montaient jusqu'aux genoux. Barbus, maigres et blafards, ils avançaient gravement, lentement comme dans un film au ralenti. Il resta pétrifié. La dernière fois qu'il avait vu une scène semblable, c'était en Pologne, en 1937, l'année de la mort de son père et de leur départ pour la France. Il avait sept ans. Depuis, rien. Ces gens, c'était la réincarnation du Shtetl, d'un monde qui était parti en fumée. Il prit peur. Montréal lui sembla une ville étrange, la ville des fantômes[23].

Ici aussi, la présence de Juifs Hassidim en terre américaine a un caractère anachronique, au sens strict du terme. Figure inactuelle, indissociable d'une culture

---

21 Homel 2010, 161.
22 Robin 1996, 91.
23 *Ibid.*

est-européenne quasi effacée pendant la Deuxième Guerre mondiale, le Juif hassidique ramène le passé dans le présent, est même qualifié de « réincarnation du Shtetl ».

La culpabilité de l'Amérique

Le rapport à l'Histoire s'exprime aussi, dans certains romans contemporains publiés au Québec et aux États-Unis, sous la forme d'une culpabilité à l'égard du passé de la communauté juive, et plus particulièrement de la tragédie de la Deuxième Guerre mondiale. Chez Philip Roth comme chez Mordecai Richler, plusieurs des personnages juifs évoluent avec le sentiment d'avoir vécu en marge de l'Histoire, d'avoir échappé à la tourmente, à l'Holocauste, alors que les leurs subissaient les pires tourments. Plusieurs réactions découlent de cette prise de conscience : la culpabilité bien sûr, laquelle sera vécue de manière aiguë par les personnages richleriens ; la vengeance, la revanche, et j'en passe.

Dans *Le ciel de Bay City*, Catherine Mavrikakis préfère adopter une tonalité moins réaliste que chez les autres auteurs que nous avons abordés afin de réfléchir à cette culpabilité de l'Amérique. Réaliste, le roman de Mavrikakis ne l'est guère, sinon de manière à la fois détournée et exagérée. Dès les premières pages de son roman, Catherine Mavrikakis esquisse les contours d'un lieu qui n'existe pas, qu'elle qualifie même d'inconnaissable :

> De Bay City, je me rappelle la couleur mauve saumâtre. La couleur des ciels tristes qui se couchent sur les toits des maisons préfabriquées [...].
>
> Je ne sais même pas s'il y a une baie dans cette petite ville du Michigan où j'ai passé dix-huit années de ma vie, et puis surtout tous les étés bien longs de mon adolescence. Je ne sais même pas s'il y a une promenade au bord de l'eau, un chemin sur lequel les foyers américains vont faire des balades le dimanche après-midi ou encore tiennent à faire courir Sparky, le gros labrador blond, après avoir laissé l'Oldsmobile à quatre portes sur le parking attenant aux berges. Je ne sais pas si l'hiver sur le lac Huron rappelle quelque période glaciaire, primitive et oubliée [...] Je ne sais si l'esprit des Indiens d'Amérique hante encore quelque rive sauvage et si le mot Pontiac veut dire autre chose qu'une marque d'automobile.
>
> De Bay City, je ne connais rien. Je ne sais que le K-Mart à un bout de Veronica Lane, la maison de ma tante à l'autre bout [...] Et puis le ciel, ce ciel mauve, amer dans lequel je ne vois aucun destin[24].

---

24 Mavrikakis 2008, 10. Les références à ce roman seront désormais présentées dans le corps du texte à l'aide du sigle *CB*, suivi immédiatement du numéro de la page.

De Bay City, en somme, on ne connaît rien, on ne sait rien, on ne devine pas le destin. Lieu à la fois ordinaire – les maisons de tôle, les piscines, les *barbecues*, les voitures et les virées au centre commercial s'y multiplient – et invraisemblable, il est dominé par un ciel n'offrant aucun espoir. Tiraillée entre le souvenir et l'inconnaissance, la narratrice Amy Duchesnay décrit un lieu à la fois familier et invraisemblable où domine l'amnésie des origines. À cet égard, il n'est guère étonnant qu'elle s'interroge sur les vestiges de la civilisation amérindienne, oblitérant le sens même du nom Pontiac.

Plutôt que d'appartenir pleinement à son époque, l'héroïne du roman porte en elle la mémoire honteuse de l'Occident. Elle vit avec les morts. Les nombreuses victimes de l'Holocauste, fantômes dont elle ne cesse de rêver la nuit, viennent la visiter et effacent les frontières entre les mondes visible et invisible, mais aussi entre les époques et les territoires. Expiant les drames d'une communauté aveugle, Amy se mesure à l'Histoire, au ciel : « Pourquoi suis-je celle à qui il est demandé de porter partout, à travers des milles célestes la peine de six millions de corps injustement, sous le ciel bleu si consentant, sous le ciel bleu, bouche de la mort ? » (*CB*, 51–52).

En créant ainsi un personnage américain littéralement hanté par le passé européen, Catherine Mavrikakis réinvestit l'un des mythes fondateurs de l'histoire des États-Unis. *Le ciel de Bay City* joue en effet de la traditionnelle opposition entre le Nouveau Monde, « semblable à nul autre parce que né du néant, sur une table rase »[25] et la vieille Europe corrompue, aux traditions aussi paralysantes qu'empoussiérées. Si Amy échappe au temps, si elle n'arrive pas à s'enraciner dans un lieu, c'est bien parce qu'elle est l'héritière d'une double Histoire, celle de l'Europe, qui conserve et qui commémore, et celle de l'Amérique qui souhaite oublier pour mieux se refonder. Selon la tante et la mère de la narratrice, « il faut [d'ailleurs] préférer le ciel de l'Amérique gonflé de son futur vide à tous les cieux du monde » (*CB*, 37).

Le roman entier repose sur ce conflit des héritages. Amy hérite d'un trop-plein de mémoire dans un lieu où s'impose l'amnésie. Ce legs, tragique sans doute, n'en permet pas moins la survie de la conscience de l'Holocauste en terre américaine, et dépasse le simple rituel commémoratif. Comme dans les œuvres de Philip Roth (*The Plot Against America*), de Art Spiegelman (*Maus*) ou de Mordecai Richler (*Solomon Gursky Was Here*, plus particulièrement), le personnage fictif incorpore, au sens strict chez Mavrikakis, l'expérience concentrationnaire. Il n'est pas que le témoin impuissant du traumatisme historique, il le rejoue et l'inscrit dans le présent, ce qui constituerait selon plusieurs commentateurs la

---

25 Marienstras 1988, 25.

seule manière d'en entretenir la juste mémoire[26]. Or, la tragédie du personnage
d'Amy réside dans son incapacité à trahir son double héritage – qui trahir, que
subvertir, se demande-t-elle – et à réellement se débarrasser du passé. Elle peut
bien affirmer « [j]e veux mourir sans aucun souvenir de ce que j'ai vécu. Ne rien
laisser derrière moi, ne posséder aucun bagage de vie, être vierge de tout espoir,
de toute aspiration » (*CB*, 155), elle ne saura jamais croire au ciel vierge et pur,
à la transcendance vide des États-Unis d'Amérique. Pire, Amy demeure une
survivante, l'incendie de la maison de tôle emportant toute sa famille, sauf elle.
Même en fuyant Bay City, en tentant de se purifier par tous les moyens, en élevant
sa fille Heaven dans la clarté du Nouveau-Mexique, Amy n'arrive guère à oublier
ses origines : les spectres de ses grands-parents, comme ceux des membres de sa
famille disparue continueront littéralement à la hanter.

Je citerai l'un des exemples les plus révélateurs de ce conflit des héritages qui
conduit à l'amnésie et à la négation des tragédies passées – incluant celle de la
disparition des autochtones de l'Amérique :

> C'est à Dearborn où se trouve le siège international de la compagnie Henri Ford que
> naquit Henri Ford. Là, les chaînes de montage produisirent les premières Ford T qui
> ont sillonné, pleines d'espoir, le territoire magnifique, infini de ce pays. C'est de Dear-
> born que Ford contrôlait sa succursale allemande qui tournait fort grâce au travail des
> prisonniers. Le 22 mai 1920, le journal hebdomadaire de Ford attaqua les Juifs dans ses
> pages. *Le Dearborn Independant* était distribué à travers toute la nation, à environ trois
> cent mille exemplaires. Ford lui-même publia quatre brochures antisémites à partir
> d'articles parus dans son journal et rassembla des textes dans un recueil intitulé *The In-
> ternational Jew*. Ce livre connut un grand succès en Allemagne et influença la jeunesse.
> Hitler aimait Ford, avait un portrait de lui dans son bureau à Munich, le louangea dans
> *Mein Kampf* et lui octroya la Grande Croix de l'ordre suprême de l'Aigle en 1938. Les
> chaînes de montage d'automobiles pensées par Ford ont été imaginées après une visite
> du jeune Henry dans les abattoirs de viande de Chicago. C'est ce rapport à l'efficacité
> dans la production qui hanta l'Allemagne nazie autant que les usines du Michigan.
>
> Tout a donc commencé sous le ciel de l'Amérique. Le Michigan est complice des morts
> d'Auschwitz. Il n'est pas le seul coupable. Nous le sommes tous (*CB*, 250–251).

L'Amérique serait donc collaborationniste, aurait toléré plus d'un génocide. Si
l'accusation est lourde de conséquences, elle n'en fait pas moins signe vers les
prétentions de la mythologie étatsunienne qui se fonde sur le recommencement,
pour ne pas dire la purification des mœurs. L'industrialisation, illustrée ici par les
chaînes de montage qui ne sont pas sans rappeler l'horreur clinique des camps, est
étroitement liée chez Mavrikakis au fantasme de la recréation d'une société neuve,

---

26 Voir notamment Todorov 1995 et Robin 2001.

parfaitement rodée, caractérisée par l'efficacité technique, débarrassée de ses corps impurs, étrangers. Plusieurs des passages du roman superposent, voire confondent, les références, les lieux et les temporalités historiques. Le feu de la maison de tôle le 4 juillet 1979, ultime cène familiale, rappelle la disparition des ancêtres dans les camps ; l'odeur des carcasses planant dans Bay City, les poussières d'Auschwitz polluant le ciel américain renvoient à la mémoire honteuse de l'Occident. Ces surimpressions donnent encore une fois à lire une poétique de l'anachronisme.

La lecture de Catherine Mavrikakis peut paraître exagérée, caricaturale, peut-être même injuste. La trajectoire de Henry Ford – au même titre que celle de l'aviateur et sympathisant nazi Charles Lindbergh dans *The Plot Against America* de Philip Roth – ne constitue-t-elle pas une exception, ne rendant nullement compte de la réalité étatsunienne à l'époque de la Deuxième Guerre mondiale ? En insistant ainsi sur la culpabilité de figures publiques naguère estimées, Catherine Mavrikakis, si elle force la rencontre entre deux mondes que tout semble éloigner de prime abord, s'en prend à la bonne conscience d'une Amérique qui, par ses silences, a permis la barbarie. Les allusions répétées au génocide autochtone, autre spectre hantant les pages du *Ciel de Bay City*, font signe vers une forme de dénonciation de l'amnésie collective et exhument les dérives d'une culture fondée sur l'absorption et l'effacement des différences culturelles.

De manière plus prosaïque, et moins dénonciatrice sans doute, les romans analysés dans la première partie de cet article donnent à lire les difficultés de la rencontre culturelle, en relèvent les problèmes et les impasses. Le choix de la communauté hassidique ne s'avère guère étonnant, dans la mesure où il permet de rendre compte de manière aiguë de l'improbabilité d'une communication parfaitement transparente entre les membres de différents groupes culturels. L'étrangeté, la radicale différence des Hassidim, sert ainsi de révélateur des tensions, mais également des espoirs, que porte la rencontre avec l'autre. Fascinante et angoissante à la fois, la différence culturelle ne saurait être accueillie sans médiation, traduction, interprétation. Il s'agit sans doute d'un truisme, mais elle ne peut exister en soi, elle ne se définit que par le contraste et la comparaison, remettant en cause tout fantasme d'universalité. Comme le soutient Jean-Luc Nancy dans son essai *La communauté affrontée* :

> [i]l faut tenir, contre une morale « altruiste » trop benoîtement récitée, à la sévérité du rapport à l'étranger dont l'étrangeté est condition stricte d'existence et de présence. Et il faut tenir à ce qui, devant nous, nous expose au rayonnement sombre de notre propre devenir et de notre propre déchirure[27].

---

27 Nancy 2001, 19.

Bibliographie

ANCTIL, Pierre : Le Devoir, *les Juifs et l'immigration : de Bourassa à Laurendeau*. Montréal : Institut québécois de recherche sur la culture 1988.

BEAUDOIN, Myriam : *Hadassa*. Montréal : Leméac 2006.

DIDI-HUBERMAN, Georges : *Devant le temps*. Paris : Minuit 2000.

DORAIS, David : « Comment peut-on être juive? ». *L'inconvénient*, n° 30, août 2007.

Farhoud, Abla : *Le sourire de la petite Juive*. Montréal : VLB 2011.

GREENSTEIN, Michael : *Third Solitudes. Tradition and discontinuity in Jewish-Canadian Literature*. Kingston / Montréal / London : McGill's / Queen's University Press 1989.

HOMEL, David : *Midway*. Toronto : Cormorant Books 2010.

KATTAN, Naïm (dir.) : *Les Juifs et la communauté française*. Montréal : Éditions du Jour 1965.

– *Juifs et Canadiens*. Montréal : Éditions du Jour 1967.

LAPOINTE Martine-Emmanuelle : « Comment juger le monde ? ». *Voix et Images*, n° 96, printemps 2007, 132–138.

– « Rencontres et solitude ». *Voix et Images*, n° 109, automne 2011, 137–141.

– « Sous le ciel ». *Voix et Images*, n° 101, 2009, 146–150.

LECLERC, Catherine : *Des langues en partage. Cohabitation du français et de l'anglais en littérature contemporaine*. Montréal : XYZ 2010.

MARGOLIS, Rebecca : *Jewish Roots, Canadian Soil : Yiddish Culture in Montreal, 1905–1945*. Montréal : McGill-Queen's University Press 2011.

MARIENSTRAS, Élise : *Nous, le peuple*. Paris : Gallimard 1988.

MAVRIKAKIS, Catherine : *Le ciel de Bay City*. Montréal : Héliotrope 2008.

MEMMI, Albert : *Portrait du Juif.* Paris : Gallimard 2003 [1962].

NANCY, Jean-Luc : *La communauté affrontée*. Paris : Galilée 2001.

NEPVEU, Pierre : « Les Juifs à Montréal : le tiers inclus ? ». Dans : Pierre Nepveu : *Montréal. L'invention juive*. Montréal, Département d'études françaises, Université de Montréal 1991, 73–86.

– « Désordre et vacuité : figures de la littérature juive montréalaise ». Dans : Pierre Nepveu : *Lectures des lieux*. Montréal : Boréal 2004.

NOËL, Francine : *Babel prise deux ou Nous avons tous découvert l'Amérique*. Outremont : VLB 1990.

RINGUET, Chantal : *À la découverte du Montréal yiddish*. Montréal : Fides 2011.

Robin, Régine : *Le roman mémoriel : de l'histoire à l'écriture du hors-lieu,* Longueuil, Le Préambule, 1989.

– « Mère perdue sur le World Wide Web ». Dans : Régine Robin : *L'immense fatigue des pierres.* Montréal : XYZ 1996.

– *Berlin Chantiers.* Paris : Stock 2001.

Simon, Sherry : *Translating Montreal : Episodes in the Life of a Divided City.* Montréal : McGill-Queen's University Press 2006.

Todorov, Tzvetan : *Les abus de la mémoire.* Paris : Arléa 1995.

Yvonne Völkl

(Graz)

Un travestissement instructif. Esther Brandeau dans *Une Juive en Nouvelle-France* de Pierre Lasry

Si vous n'avez jamais étudié l'histoire de la communauté juive du Canada, vous n'avez peut-être jamais entendu parler d'Esther Brandeau, car la vie de cette femme reste en majeure partie une page blanche dans l'Histoire. Tout ce que nous savons avec certitude est qu'Esther Brandeau fut la première personne à se déclarer ouvertement juive en Nouvelle-France, à une époque où la présence des Juifs était interdite dans toutes les colonies françaises. Sa biographie aux zones d'ombre se prête donc bien à l'impulsion créatrice des artistes, dont quelques-suns ont essayé de reconstituer le passé en se forgeant leur propre image d'une femme forte qui s'est frayé un chemin à travers un environnement hostile, aussi bien aux juifs qu'aux femmes. L'un d'eux est le cinéaste et écrivain Pierre Lasry qui, dans *Une Juive en Nouvelle-France*[1], a mis en rapport l'histoire individuelle d'Esther Brandeau avec le contexte historique de la France et du Québec au Siècle des Lumières.

Pour une meilleure compréhension du contexte de la transmission de l'histoire d'Esther Brandeau, nous esquisserons, dans un premier temps, l'apparition du personnage dans les livres d'histoire et dans les créations artistiques au Canada. Dans un second temps, nous examinerons la façon dont Pierre Lasry met en scène la vie d'Esther dans *Une Juive en Nouvelle-France* en recourant au genre du roman historique. Notre étude portera alors sur des questions concernant trois sujets constitutifs du roman, soit le motif d'Esther dans son travestissement de sexe et de religion, les répercussions de sa manière d'agir aussi bien en France qu'en Nouvelle-France, ainsi que le processus d'apprentissage déclenché par le travestissement. Dans un troisième temps, nous nous livrerons à des réflexions concernant l'apport du roman historique de Lasry (et d'autres œuvres artistiques) à la mémoire culturelle du Canada.

---

1   Lasry 2004 [2000]. Toutes les citations provenant du roman seront dorénavant identifiées dans le texte par l'abréviation *JNF* suivie par le numéro de la page indiqué entre parenthèses.

Esther dans l'histoire et la fiction canadiennes

Étant donné que la vie du personnage historique d'Esther Brandeau est mal documentée dans les archives, il n'est pas étonnant que son évocation dans les livres d'histoire canadienne soit également restreinte. Par contre, Nathalie Ducharme (2004) nous apprend que parmi la communauté juive du Canada, l'histoire d'Esther Brandeau est bien connue grâce à son évocation « dans les livres d'histoires des Juifs »[2]. Or, comme nous le démontrerons par la suite, l'ampleur de l'histoire d'Esther varie largement d'une publication à l'autre et laisse une grande partie de sa vie dans l'obscurité.

Dans le premier ouvrage portant sur l'histoire des Juifs au Canada, *History of the Jews in Canada* (1945, réédité 1965) publié en yiddish par Benjamin G. Sack, l'histoire d'Esther est reconstituée de façon relativement détaillée à l'aide de documents originaux issus des Archives nationales du Canada[3]. Dans *Les Juifs et la Nouvelle-France* (1968), Denis Vaugeois a aussi incorporé quelques paragraphes sur Esther[4]. Par contre, dans *Juifs et Québécois français – 200 ans d'histoire commune* (1986), Jacques Langlais et David Rome font seulement mention d'Esther Brandeau en une ligne à la fin de leur livre, à savoir dans la chronologie sur les Juifs au Québec[5]. Irving Abella livre dans *A Coat of Many Colours. Two Centuries of Jewish Life in Canada* (1990) au moins quelques paragraphes concernant l'histoire de la première Juive en Nouvelle-France[6]. De son côté, Joe King dans *Les Juifs de Montréal : trois siècles de parcours exceptionnels* (2002) consacre tout un chapitre à Esther Brandeau intitulé « Je suis juive. L'histoire d'Esther, la Juive rebelle »[7]. Comme Sack, il cite des passages du rapport rédigé par le Commissaire de la Marine à Québec en 1738. À la fin de ce chapitre, King s'étonne que nulle part on ne puisse apprendre les raisons pour lesquelles la jeune femme s'est déguisée en homme ou pour lesquelles elle a entrepris le voyage en Nouvelle-France ; il concède qu'« [i]l est assez évident toutefois qu'Esther Brandeau était courageuse et déterminée, elle qui affronta les autorités en déclarant 'Je suis juive' »[8]. L'historienne américaine Leslie Choquette a également décrit les aventures d'Esther dans son article intitulé « Religious Diversity : Protestants,

---

2   Ducharme 2004, 6.

3   *Cf.* Sack 1965, 6–9.

4   *Cf.* Vaugeois 1968, 55.

5   *Cf.* Langlais et Rome 1986, 262.

6   *Cf.* Abella 1990, 1–2.

7   King 2002, 7.

8   *Ibid.*, 10.

Jews, and Catholics » (2006). Elle y cite quelques lettres de l'Intendant de la Nouvelle-France aux autorités françaises et affirme que

> Canadian officials were nearly as concerned with Esther Brandeau's unfeminine behavior as with her religion, and they asked her about it point-blank. Her explanation, however, did not allude to her sex at all, but rather presented her conduct as the result of a religious choice[9].

Par la suite, Gerald Tulchinsky dans *Canada's Jews. A People's Journey* (2008) indique bien l'arrivée d'Esther Brandeau en Nouvelle-France dès la première page de son œuvre, mais dans une simple incise : « Aside from an interesting story of a stowaway to New France, Esther Brandeau, [...], and a Dutch Jew [...], there is evidence that Jews traded with the French colonies in the Americas, [...] »[10]. Dernièrement, Ira Robinson mentionne brièvement le destin d'Esther dans l'ouvrage de synthèse *Les communautés juives de Montréal. Histoire et enjeux contemporains* (2010) :

> [A]ucun Juif pratiquant n'avait le droit de vivre en Nouvelle-France. Une exception confirma cette règle : il s'agit d'Esther Brandeau, une femme juive originaire de Bordeaux qui arriva en Nouvelle-France en 1738 déguisée en homme. Lorsque son identité juive fut révélée, elle fut renvoyée quelques mois plus tard dans son pays natal[11].

En considérant les passages respectifs dans ces livres d'histoire, nous observons que relativement peu de choses sont connues sur la dénommée Esther Brandeau, qui n'a pas seulement enfreint la loi interdisant aux Juifs de se rendre en Nouvelle-France, mais qui a aussi transgressé les lois sociales en se faisant passer pour un homme. L'histoire ou plutôt le mythe d'Esther Brandeau laisse ainsi beaucoup de place libre à l'esprit créateur des artistes. Comme nous le verrons par la suite, Esther a été, jusqu'à présent, plus d'une fois le personnage principal d'un roman ou d'une autre œuvre de fiction.

Au Québec, ce fut Pierre Lasry[12] qui se consacra le premier à reconstituer la vie d'Esther en France et au Québec au XVIIIe siècle avec son premier roman

---

9 Choquette 2006, 208.

10 Tulchinsky 2008, 13.

11 Robinson 2010, 23.

12 Pierre Lasry, un immigrant d'origine juive marocaine, est réalisateur de films documentaires. Dans ses documentaires, il pose toujours son regard sur des couches sociales défavorisées, telles que des familles monoparentales ou des chômeurs. C'est seulement depuis la fin du millénaire qu'il se consacre à l'écriture et comme l'a formulé Mechthild Gilzmer « [s]es activités [filmiques] expliquent peut-être le choix du sujet de son premier [...] roman : *Une juive en Nouvelle-France*, qui reconstitue à

Une Juive en Nouvelle-France[13]. Tandis que le roman met largement en relief les circonstances du travestissement ainsi que la *vie d'homme* d'Esther en France, il consacre moins de temps à sa présence dans la colonie française. Néanmoins, Lasry peint un portrait détaillé des sociétés française et québécoise de la première moitié du XVIIIe siècle et il éclaire le monde restreint des Juifs et celui des femmes desquels Esther s'est éloignée temporairement.

À notre connaissance, deux autres écrivaines anglo-canadiennes furent intriguées par la vie de cette jeune Juive en reconstituant son parcours insolite. En 2004, Sharon E. McKay, originaire de Montréal, a publié un roman pour jeunes adultes intitulé *Esther* dans lequel elle explore l'affaire « Esther Brandeau ». McKay a peint une intrigue passionnante avec des périls en mer, des êtres méchants, et même quelques types de marraine-fée. À la fin du roman, Esther est renvoyée en France, mais il semble qu'elle s'échappe du navire afin de retrouver son amour, Philippe, en Louisiane, et d'éviter ainsi de rentrer en France où la prison l'attend. En 2012, l'écrivaine torontoise Susan Glickman, issue du milieu juif anglophone de Montréal, a publié *The Tale-Teller*[14], un roman historique « mâtiné d'un récit d'aventures aux allures de conte des mille et une nuits »[15]. Dans ce roman, Esther devient une Shéhérazade qui, en racontant des histoires féeriques, est prise en affection par les habitants de la Nouvelle-France. Néanmoins, à la fin du roman, elle sera ramenée à la mère patrie où son destin se perd dans les brumes de l'Histoire.

À côté de ces romans, d'autres adaptations ont été effectuées, dont la première, d'après l'article de Bill Gladstone (2013), fut un scénario de télévision sur Esther de Gitelle Goldwater Betnesky, réalisé en 1963[16]. En outre, il existe une adaptation théâtrale de l'histoire d'Esther Brandeau, à savoir la pièce anglophone *Sometimes known as Esther* (2001) de Sarah Leavitt et Wendy Oberlander, deux artistes de Vancouver, et une exposition multimédia, *Translating Esther* (2003),

---

partir de sources d'archives l'histoire et l'aventure d'une fille autrement marginale du XVIIIe siècle » (Gilzmer 2007, 22). En 2008, Lasry a publié *Don Juan et les moulins à vent*, les aventures romanesques d'un homme vieillissant ainsi que le roman policier *L'Homme qui n'avait rien à dire* (*cf.* Bensoussan 2010, 641–642.)

13 Ce roman a été également publié en anglais sous le titre *Esther : A Jewish Odyssey* (2004) aux éditions Midbar.

14 En 2014, ce roman a été publié en français aux éditions Boréal sous le titre *Les aventures étranges et surprenantes d'Esther Brandeau, moussaillon.*

15 Lapointe 2014.

16 *Cf.* Gladstone 2013.

qui a été installée par Wendy Oberlander à Toronto[17]. De plus, en 2012, la poète et artiste torontoise Heather M. Hermant a réalisé la pièce de théâtre multilingue et interdisciplinaire *Ribcage : this wide passage / thorax : une cage en éclats*. Sa thèse de doctorat porte également sur « Esther Brandeau / Jacques La Fargue : Performing a Reading of an Eighteenth Century Multicrosser »[18].

Une Juive en Nouvelle-France : un roman historique

En ce qui concerne son statut générique, le premier roman de Pierre Lasry suit les conventions du roman historique, genre qui remonte à l'écossais Walter Scott. Au début du XIXe siècle, ce dernier mettait pour la première fois « à l'avant-scène des héros fictifs issus de toutes les couches sociales et [prônait] dans l'écriture la (re)découverte d'un authentique passé national »[19]. Au Québec, ce genre a été populaire jusqu'en 1950, après quoi il a été supplanté par d'autres genres. Mais il n'est pas mort pour autant, étant réapparu dans les années 1980 sous la forme de la saga historique[20] ou de la « nouvelle fiction historique »[21], où il s'inspire toutefois de personnages réels et authentiques.

Étant donné que le roman historique nous permet de voyager dans d'autres temps et d'autres lieux, abordant des vies sur lesquelles nous aimerions en savoir un peu plus, c'est un genre littéraire qui jouit d'une certaine popularité. Jean-Pierre Charland, historien et écrivain québécois de romans historiques dépeignant le Québec aux XIXe et XXe siècles, explique que le secret de cette aisance de la lecture se trouve notamment dans le personnage principal qui doit être un représentant attachant de son époque :

> La facilité avec laquelle les lecteurs voyagent dans le passé est attribuable à l'empathie qu'ils ont pour un personnage un peu décalé et hors du temps. Ce personnage, qui peut avoir beaucoup voyagé ou être plus instruit que les autres, devient alors les yeux

---

17 *Cf.* Ducharme 2004, 6–7.

18 *Cf.* Hermant 2013.

19 Desbiens 2006, 26.

20 Selon un article récent dans *La Presse*, les sagas historiques sont très en vogue au Québec, où « […], les ventes de sagas historiques populaires représenteraient plus de 25 % du chiffre d'affaires en littérature » (Blais 2014).

21 Ce terme a été forgé par Seymour Menton dans *Latin America's New Historical Novel* (1993). À la différence du « roman historique traditionnel [qui] avait avant tout servi à écrire le récit fondateur de la nation, la 'New Historical Fiction' vise la représentation de toutes les identités (postcoloniales, migrantes, féminines, etc.) mises de l'avant à l'ère postmoderne » (Desbiens 2006, 28).

du lecteur sur l'époque qui est évoquée. Dans la distance que celui-ci a par rapport à son présent, il permet aux gens d'aujourd'hui de voir son temps à travers ses yeux[22].

Dans *Une Juive en Nouvelle-France*, Pierre Lasry nous présente une période de la vie de la jeune Française Esther Brandeau qui, étant d'origine juive, mène une vie dure dans la France des Lumières. Le thème central et l'axe de l'intrigue suivent chronologiquement le parcours d'Esther en décrivant ses actions, ses gestes, et sa vie intérieure sur fond social. La première fois que nous la rencontrons, c'est à la chocolaterie de son père à Bayonne où nous l'observons appliquée à son travail :

> À l'intérieur, Esther Brandao, arrière-petite-fille d'Esther, [...]. Belle comme une gitane de quinze ans, avec, en moins, l'arrogance, elle s'affaire dans l'étroit réduit qui donne sur la ruelle et procède à genoux au pilage et tamisage des graines de cacao pendant qu'elle surveille un sirop de sucre en train de tourner au caramel dans un petit réchaud posé par terre (*JNF*, 40).

Cette adolescente nous est d'abord présentée comme une fille cultivée et protégée des vices du monde par son père qui l'a envoyée dans un couvent catholique après la mort de sa mère, alors qu'elle était âgée de huit ans. En même temps, elle nous est présentée comme une fille rebelle déchirée entre les religions. Élevée pendant sept ans avec les dogmes chrétiens, elle ne s'identifie plus avec ses origines juives et commence à les remettre en question. En outre, elle se prend à désobéir aux traditions juives et à s'opposer aux lois étatiques : d'un côté, elle refuse de se marier et de l'autre, elle viole la loi en achetant au détail, ce qui était interdit à tous les Juifs de Bayonne. Pour la mettre à l'abri de la loi, Esther est rapidement envoyée chez une tante à Amsterdam, où elle doit continuer à exercer son métier de chocolatière. Pour comble de malheur, elle n'arrive jamais au port d'Amsterdam parce que son bateau fait naufrage dans une tempête à proximité de Biarritz avec toute sa cargaison matérielle et humaine. Comme par miracle, Esther échappe de justesse à la mort, mais se voit obligée de se travestir en garçon pour ne pas tomber dans les mains de ses persécuteurs. Durant tout le temps de son travestissement, qui se perpétue pendant plusieurs années, l'adolescente passe par un processus de développement intérieur, s'affranchit de son déchirement identitaire et commence de plus en plus à chérir sa judaïté et ses origines auxquelles elle avait renoncé.

Malgré cette focalisation sur Esther au cours du récit, le roman de Lasry ne commence pas avec l'histoire de son héroïne, mais avec l'histoire de sa tribu, c'est-à-dire des Juifs séfarades qui, dans la première partie du XVIIIe siècle,

---

22 N.N. : « Jean-Pierre Charland : des histoires au service de l'Histoire » *Campus Montréal* (30 avril 2014) [en ligne].

mènent une existence misérable en France et sont exclus du Nouveau Monde[23]. Selon Max Byrd, l'auteur américain de romans historiques sur les présidents *Jefferson* (1993) et *Jackson* (1998), cet arrière-plan thématique, qu'il appelle « history of the tribe »[24], est un des trois points essentiels pour écrire un roman historique à succès. Or, placés en tête de l'histoire d'Esther Brandeau, se trouvent deux prologues esquissant les raisons et les circonstances pour lesquelles les ancêtres d'Esther ont quitté l'Espagne et le Portugal et se sont installés dans le sud-ouest de la France quelques siècles auparavant. Ainsi, nous devenons témoins d'un supplice du feu d'une jeune Juive à Barcelone à la fin du XIVe siècle

---

23 Durant la domination coloniale des Français la loi interdisait aux Juifs d'entrer en Nouvelle-France ou de s'y installer. Ce règlement remontait aux ordonnances de la mère-patrie. Dans la France de l'Ancien Régime, les Juifs n'avaient plus la permission de séjourner dans le royaume, depuis la loi de 1394. Pourtant, cette loi n'était pas appliquée dans toutes les régions de sorte qu'elle fut renouvelée en 1615. Cette interdiction de séjourner en France (à quelques exceptions près) eut pour conséquence que toute présence juive était également prohibée dans les territoires coloniaux français. La promulgation de l'édit de Nantes en 1598 par Henri IV n'améliora pas la situation des Juifs puisque cette ordonnance officielle ne s'étendit qu'aux sujets protestants. En 1627, le cardinal de Richelieu fonda la *Compagnie de la Nouvelle-France* avec le but de relier davantage la colonie en Amérique du Nord à la couronne et à la terre mère. D'autres motifs pour la création de la société commerciale furent d'une part de promouvoir le peuplement permanent de la Nouvelle-France, habitée à cette époque par un peu plus de cent colons français, et d'autre part de promouvoir le développement agricole. Selon les statuts de la *Compagnie*, Richelieu visa à établir en Nouvelle-France une société purement catholique, qui remplirait les valeurs chrétiennes, ce qui exclut l'installation de Juifs ainsi que de protestants en Nouvelle-France. Néanmoins, la Charte de la *Compagnie* offrit différentes possibilités d'interprétation qui permettaient aux dirigeants locaux d'appliquer les lois avec une certaine négligence. En conséquence, il existait des possibilités pour les non-catholiques de demeurer dans la colonie sous certaines conditions. Pour les fidèles du protestantisme, il était, par exemple, interdit de s'établir de façon permanente en Nouvelle-France, mais la loi n'interdisait pas explicitement de s'y établir de façon temporaire. Les Juifs aussi eurent la possibilité de s'établir de façon permanente dans la colonie française, mais la condition essentielle fut lourde de conséquences, car il n'agissait rien moins que du renoncement à la religion juive et de la conversion au christianisme. À côté des nouveaux-chrétiens, comme on nommait les Juifs convertis, vivait en Nouvelle-France un nombre de Juifs impossible à quantifier parce qu'ils avaient simplement gardé silence concernant leurs origines (*cf.* Benbassa et Rodrigue 2005, 28–45 ; Benbassa 1999, 23, 71 ; Choquette 2006, 200–205, 217 ; King 2002, 5 ; Langlais et Rome 1986, 4, 40 ; Poliakov 1955, 133, 196 ; Wellenreuther 2000, 208–215).

24 Byrd 2007, 27.

et de la fuite d'un groupe de Juifs portugais poursuivis par l'Inquisition à la fin du XVe siècle. À la tête de ce groupe se trouve l'ancêtre d'Esther, Rabbi David Brandao, qui mène les siens jusqu'à Bordeaux, d'où les « survivants de la famille Brandao essaiment dans les Pyrénées Atlantiques » (*JNF*, 27). Ensuite, nous nous transportons à Saint-Jean-de-Luz en 1622[25], où nous assistons à l'arrivée de la trisaïeule d'Esther en France, qui y apportait une recette secrète pour faire du chocolat et qui est devenue la première artisane chocolatière de Bayonne – ville qui est jusqu'à aujourd'hui fameuse pour son chocolat.

Après ces deux prologues d'une trentaine de pages débute finalement le roman. Comme souvent dans un roman historique, l'histoire d'Esther est rapportée par un narrateur à la troisième personne, hétérodiégétique et extradiégétique, qui procède par focalisation interne variable. Comme dans les incipits des prologues, le premier des dix-neuf chapitres, qui sont tous précisés avec des topoï de la date et du lieu, commence *in medias res* – deuxième point essentiel pour un roman historique réussi[26]. Pour remettre le lecteur dans l'ambiance du XVIIIe siècle, le narrateur décrit le ghetto juif portugais « Saint-Esprit, près de Bayonne, [en] avril 1733 » (*JNF*, 34) avant d'étaler chronologiquement le parcours d'Esther jusqu'en juin 1739. En décrivant les événements sur le pont de Bayonne, ce narrateur contemporain assume lui-même le rôle de *pont*[27] entre les lecteurs et Esther, entre aujourd'hui et hier : en revêtant cette fonction, il nous explique le contexte historique dans lequel se situe la vie d'Esther Brandeau tout au long de son odyssée à travers l'Ancien et le Nouveau Monde. En outre, il décrit les conditions de vie d'antan aussi bien en France qu'en Nouvelle-France en dépeignant, par exemple, le paysage sauvage à l'embouchure du fleuve Saint-Laurent qui se présente aux yeux des voyageurs français. De plus, le narrateur relie pour le lecteur les grands contextes historiques et religieux en établissant des liens entre les différentes conditions de vie des Juifs dans différents espaces et à travers les siècles. Dans des prolepses, le narrateur établit, par exemple, des liens avec Auschwitz ou le pogrom de Kielce :

> *Qu'on se souvienne de Kielce en Pologne, pas au Moyen Âge, pas au dix-huitième siècle d'Esther Brandao, non, par un beau dimanche ensoleillé, un 4 Juillet 1946, un an après les horreurs de la deuxième guerre mondiale et le cauchemar d'Auschwitz ! Au sortir de*

25　Afin de comprendre les raisons pour lesquelles les Juifs pouvaient s'installer autour de Bayonne dans un royaume où les Juifs étaient officiellement exclus depuis le XIVe siècle, regardez l'article d'Anne Zink : *Une niche juridique. L'installation des Juifs à Saint-Esprit-lès-Bayonne au XVIIe siècle* (1994).

26　*Cf.* Byrd 2007, 28.

27　*Cf.* Byrd 2007, 29.

> *la messe dominicale, alors que trois enfants chrétiens polonais ont disparu, la vindicte populaire se tourne vers un hospice où sont réfugiés des Juifs, survivants des quatre camps d'extermination construits par les Allemands dans cette ville. Pour les gens de Kielce, ville chantée de Solidarnosc, tous les Juifs sont coupables de meurtres rituels. Quand les trois enfants polonais égarés reviennent chez eux à la tombée de la nuit, il est trop tard. Quarante-deux Juifs, dont dix-sept enfants, des femmes, des vieillards, sont morts, massacrés, certains dépecés à la hache, et une centaine grièvement blessés par des chrétiens en émoi* [en italique dans l'original] (JNF, 240).

Qui plus est, le narrateur assume le rôle de *télescope*[28] en nous présentant des détails surprenants, mais insignifiants, pour le développement de l'histoire. Il mentionne, par exemple, que chaque invité d'un banquet au Québec apportait avec lui sa propre fourchette, qui était « forgé[e] d'une manière et matière équivalentes à son rang » (JNF, 292).

Afin de rendre l'histoire d'Esther plus 'présente', plus vive, et plus vraisemblable, le narrateur en fait le récit au présent historique et étale l'intrigue non seulement par le point de vue de la protagoniste, mais aussi à travers la perspective d'autres personnages. Le fait qu'un roman historique soit généralement consistant et peuplé de personnages fait partie intégrante du troisième élément de sa réussite[29]. Cette polyphonie narrative permet d'aborder plusieurs aspects de l'histoire tout en assurant que ceux-ci soient reflétés sous des angles différents. Parce qu'Esther rencontre un grand nombre de ses contemporains pendant son odyssée, cela favorise la multiplication des personnages, une focalisation variable ainsi qu'un style plutôt épique. La subjectivisation de la narration est liée d'un côté à la présence de dialogues, qui miment parfois le parler local, et de l'autre côté à l'insertion de documents historiques. À plusieurs reprises cependant, nous avons l'impression que l'opinion du narrateur se mêle ou même se superpose à l'opinion des personnages. Cette ambivalence entre les pensées des personnages et le discours du narrateur se manifeste parce que beaucoup de passages sont rapportés dans le discours indirect libre. Pour Nathalie Ducharme, le fait qu'Esther « apparaît toujours dans le regard des autres personnages »[30] est regrettable, car cette distribution des voix entraîne la mise à l'écart du point de vue de son personnage pour une assez grande partie du roman. Ce nonobstant, l'insertion de différentes perspectives sur la vie d'Esther concourt à mieux faire passer le vécu humain.

---

28 *Cf.* Byrd 2007, 29.
29 *Cf. ibid.*, 31.
30 Ducharme 2004, 6.

Compte tenu de l'absence de notes historiographiques détaillées sur la vie d'Esther Brandeau, le roman de Lasry – ainsi que les deux romans anglophones susmentionnés – s'appuie principalement sur quelques feuillets de documents d'archives émanant de deux fonctionnaires français stationnés en Nouvelle-France : d'un côté, le procès-verbal du Commissaire de la Marine Jean-Victor Varin de la Marre rédigé le 15 septembre 1738 ; de l'autre, les observations sur Esther Brandeau de l'Intendant de la Nouvelle-France Gilles Hocquart (cousin de Louis XV). Vers la fin de son récit, le narrateur cède la parole à ces personnages historiques en insérant les documents que ceux-ci nous ont légués. De la sorte, le procès-verbal du Commissaire de la Marine aux autorités françaises ainsi que la correspondance entre l'Intendant de la Nouvelle-France et le ministre des Colonies en France se retrouvent par extraits cités dans le chapitre quinze. Dans l'épilogue, la dernière lettre de l'Intendant Hocquart et la réponse du roi Louis XV avant le rapatriement d'Esther en France ont également été en partie reproduites.

Naufrage, travestissement et processus d'apprentissage

Rappelons qu'Esther a fait naufrage près de Biarritz, au cours de sa fuite depuis Saint-Esprit, suite à ses démêlés avec la justice. D'un côté, ce naufrage accentue la rupture d'Esther avec sa judaïté et implique la rupture avec toute sa famille, qui la croit morte. D'un autre côté, ce naufrage peut être interprété comme la punition divine d'Esther pour son manque de foi et de respect envers les traditions juives. Bien plus importante à nos yeux, cette expérience-limite amorce chez l'adolescente un lent processus de changement intérieur et de réorientation spirituelle au bout duquel elle retrouvera sa foi, sa famille ainsi que son futur époux. Ce développement de la jeune héroïne est en étroite relation avec l'environnement qu'elle parcourt suite au naufrage. Elle y fait des expériences concrètes et surmonte des épreuves qui la font graduellement grandir, mûrir et en tirer des leçons personnelles. De la sorte, le roman historique de Lasry devient simultanément un roman d'apprentissage aux allures de roman d'aventures dans lequel « le trajet romanesque aboutit à l'intégration et [...] à l'harmonie entre l'individu et la société, ou à l'accomplissement de celui-là dans celle-ci »[31].

Le premier changement subi par Esther est une transformation d'ordre physique : lorsqu'elle est exposée au harcèlement d'un de ses 'sauveurs', le duc de Gramont, elle prend la fuite avant que celui-ci ne puisse abuser d'elle et se travestit

---

31 Gengembre 2006, 101.

en garçon. Comme dans un conte, cette transformation a lieu dans une forêt à la faveur de la nuit. Esther « change ses vêtements » et efface tous les signes sociaux de sa féminité en coupant ses cheveux et en défigurant son visage. De prime abord, ce travestissement physique et vestimentaire en jeune garçon, présenté comme purement circonstanciel, représente pour Esther un gain de survie. Quand elle passe le lendemain devant la sœur de son agresseur, cette dernière ne reconnaît pas « sous son accoutrement, le visage d'Esther, bandeau sur l'œil, cheveux trop courts et sourcils tailladés. Elle est méconnaissable, avec sa chemise grossière et ses chausses mal ficelées. Même son regard a changé. Il est empreint d'une dureté nouvelle » (*JNF*, 128).

Rapidement, Esther découvre qu'elle gagne une plus grande liberté sociale grâce au travestissement masculin. Selon l'historienne française Sylvie Steinberg, « les femmes qui se travestissent [dans l'Ancien Régime] s'arrogent un privilège, celui de gravir une marche dans la hiérarchie des êtres et c'est en ces termes-là que leurs contemporains comprennent leurs comportements »[32]. Le même constat peut être fait pour Esther, à qui le travestissement vestimentaire permet de quitter son environnement accoutumé, celui de jeune femme, de juive et surtout de proscrite, et d'entrer dans la société majoritaire : d'abord masculine, ensuite chrétienne.

Fuyant les représailles de son agresseur, le duc de Gramont, la jeune femme parcourt l'espace français en tant que garçon pendant quatre ans, durant lesquels elle explore les différentes classes sociales des chrétiens. Comme dans d'autres romans historiques, cette collectivité est « représentée par l'addition d'un nombre limité de personnages typiques »[33] qui inclut aussi « les marginaux de toute nature »[34] : corsaires, bandits, prostitués, esclaves, et même une soi-disant sorcière dans le cas d'Esther. Après avoir fui le château du duc (donc la noblesse), elle découvre le tiers état et le clergé grâce à ses métiers multiples. D'abord, elle prend l'identité d'un certain « Pierre Alansiette, né à Dax, dans les Landes. Apprenti boulanger-pâtissier, membre du Devoir de Bordeaux. Fais mon tour de France » (*JNF*, 166). Puis elle travaille comme mousson sur un trois-mâts, apprenti tailleur et domestique pour les récollets (donc le clergé). Ensuite, elle « prend service [...] en qualité de valet de pied, dans une énorme maison bourgeoise » (*JNF*, 205), avant de travailler finalement, de nouveau, comme chocolatière.

---

32 Steinberg 2006, 37.
33 Gengembre 2006, 95–96.
34 *Ibid.*, 96.

En acceptant à tour de rôle des emplois à Bordeaux, Nantes, Rennes, Clisson et Saint-Malo, Esther se rend également compte que la condition des communautés juives dans la première partie du XVIIIe siècle diffère énormément à travers le monde francophone. Elle apprend ainsi que l'existence des Juifs portugais de Saint-Esprit est vigoureusement contrôlée par les autorités catholiques, qu'« il leur est [entre autres] interdit, sous peine de prison, de se trouver en dehors du ghetto après le coucher du soleil » (*JNF*, 38). Officiellement, les Juifs de Saint-Esprit étaient de nouveaux chrétiens, mais tout le monde dans la région était au courant qu'ils avaient recommencé à pratiquer leur culte. En outre, ils doivent porter la *rouelle* sur leurs vêtements, une « pièce d'étoffe jaune [qui] doit être cousue et visible » (*JNF*, 44). À Bordeaux, par contre, Esther perçoit que les Juifs vivent sans marquage et sans peur d'être dévoilés : « À Bordeaux, il n'y a ni nouveaux chrétiens, ni Espagnols, ni Portugais, simplement des Juifs retournés à la foi de leurs ancêtres, vivant dans une relative liberté » (*JNF*, 140). À Saint-Malo, au contraire, elle s'aperçoit qu'un Juif cache de préférence sa judaïté dans le marranisme s'il veut survivre : « Le maranne [*sic*] est un chrétien qui tue sa vraie nature, pour avoir le droit de vivre dans le monde. Le maranne [sic !] sacrifie sa vie au nom de sa survie » (*JNF*, 215). Au sujet du Nouveau Monde, Esther apprend finalement qu'il est « interdit aux Juifs et aux non-catholiques de résider en Nouvelle-France, tout comme dans les autres colonies du royaume » (*JNF*, 274).

Le déchirement identitaire qui, au début, incite Esther à se distancier des siens favorise l'avancement de sa quête identitaire et du processus d'apprentissage pendant son odyssée. Les expériences faites au sein des mondes chrétien et juif l'ouvrent à une vision du monde différente. Au début du roman, la jeune femme est tiraillée entre les religions et entre les cultures, mais à mesure que le récit progresse, elle réalise que « [l]e monde n'est pas celui qu'on lui a enseigné au couvent. Un monde simple, de sales Juifs et de bons chrétiens » (*JNF*, 163). Chez Lasry, la quête d'Esther l'amène, à la fin, à sa *téchouvah*, qui dans le judaïsme désigne le processus du repentir, comme l'explique le narrateur :

> Quand Dieu créa le monde, la *téchouvah* existait déjà. Sachant que l'homme avait besoin du péché pour s'affranchir de ses limites et mériter le libre arbitre, Dieu avait créé le remède de la *téchouvah* avant la maladie du péché. L'être aspire à la *téchouvah* comme Adam, l'être primordial, aspire à retrouver Ève, la partie de lui qu'il a perdue. L'âme, étincelle divine, qui est venue pure au monde, aspire toujours à son état premier [les italiques sont dans l'original] (*JNF*, 224).

Déguisée en homme, Esther n'arrive pas à accomplir sa *téchouvah* en France ; c'est seulement en Nouvelle-France qu'elle pourra déterrer les dernières « couches de son identité profonde » (*JNF*, 274). Cependant, comment arrive-t-elle dans la colonie d'outre-mer, où elle n'était pas censée aboutir ? Esther Brandeau y est envoyée par la maréchaussée en tant que Jacques Lafargue. La gendarmerie nationale de l'Ancien Régime l'a prise pour un voleur et l'a placée devant le choix de faire trente-six mois en Nouvelle-France ou d'être envoyée aux galères. En conséquence, à bord du *Saint-Michel* Jacques/Esther entreprend le voyage de six semaines vers la Nouvelle-France pendant lequel son identité féminine et juive sera révélée. De même que la tempête du début, avec le naufrage, a mené à la transformation d'Esther de fille en garçon, sa retransformation de garçon en fille a lieu sur un bateau au milieu d'une tempête. Néanmoins, le retour au judaïsme prend un peu plus de temps.

Outre-mer, Esther tombe sur un monde à l'image de la France, qui la traite par contre, pour la première fois de sa vie, non pas de « sale Juive », mais « de Française de l'autre bord » (*JNF*, 286). Ce qui la frappe, dès son arrivée, ce sont les manières moins formelles de la part des Franco-Canadiens qui les rapprochent des Juifs. Par exemple, lorsqu'elle rencontre son premier coureur des bois, le narrateur nous laisse comprendre qu'elle

> n'en reste pas moins étonnée par le manque total d'étiquette envers l'autorité et la franchise incongrue du Canadien. Comme ces Juifs soumis à Dieu […], les Canadiens peuvent […] confronter un pouvoir arbitraire ou l'éviter en fuyant les villes, se fondant autant que possible dans la nature sauvage avec des gens d'une plus grande liberté de mouvement et d'expression qu'eux, les autochtones d'Amérique (*JNF*, 286).

Ce constat, couplé avec le fait que les autorités ne semblent pas pressées de renvoyer l'âme perdue d'Esther vers la métropole, laisse transparaître que la société de la Nouvelle-France, déjà à cette époque, est bien différente de celle de la France. À son arrivée, les autorités coloniales essayent de convertir Esther au christianisme par sa participation obligatoire au cours de catéchisme. Cependant, instruite en religion juive et en littérature, la jeune femme démolit chaque argumentation et met au désespoir ses enseignants jésuites qui abandonnent ce projet, tandis qu'elle se fortifie dans sa propre foi. Étant donné que les religieux commencent à désespérer d'elle, Esther passe l'hiver de 1738/39 chez une famille de paysans à Sillery, qui était à l'époque un village de pelletiers. C'est chez les Gélinas qu'Esther est accueillie, eux qui ont également des racines juives comme l'explique le narrateur : « Les Gélinas, admis dans la colonie il y a un siècle comme nouveaux chrétiens, ont un ancêtre, le Juif Élie de Léna, établi à Saintes, près de Bordeaux, après l'expulsion des Juifs d'Espagne. Juif Élie se contracta, en langage populaire, en Juélina, en Gélinau ou Gélinas » (*JNF*, 331). Chez cette famille, Esther éprouve enfin son *moment d'épiphanie* qui aboutit dans un changement permanent, contribuant à l'accomplissement de sa *téchouvah* : passant le temps des fêtes chez les Gélinas, elle reconnaît chez eux une ancienne coutume juive séfarade, soit le geste des enfants de la famille qui

> font la queue pour embrasser la main droite de Ti-Jo [leur grand-père] qui pose ensuite les mains sur la tête en signe de bénédiction. Cette ancienne coutume juive séfarade, encore pratiquée aujourd'hui autour du jour de l'an à travers tout le Québec est un reliquat de marannisme [sic] chez les Québécois (*JNF*, 338).

En observant cette famille crypto-juive, Esther fait une sorte de voyage dans le futur et y voit un avenir potentiel pour son peuple. Elle se rend compte qu'elle « assiste au phénomène de la disparition de sa propre culture » (*JNF*, 341). La famille Gélinas a sans doute gardé un certain nombre de traditions et coutumes, mais elle n'observe plus aucune loi mosaïque : ni celle du repos (le Shabbat), ni celle de la nourriture (le Cacherout), ni celles liées aux jours de fête. Quand l'hiver touche à sa fin, les autorités de la Nouvelle-France entreprennent un dernier essai pour convertir Esther, mais ni l'isolement dans les cachots de Québec ni le plus 'doué' des inquisiteurs en personne n'arrivent à la convertir.

L'histoire se termine aussi abruptement qu'elle a commencé. Le narrateur clôt son récit brusquement avant le retour d'Esther en France, laissant ainsi en suspens la question de son retour, d'autant que nous ne savons pas qui paiera pour ce voyage. Le fait qu'Esther ait finalement pu regagner la France nous est seulement communiqué dans l'épilogue. Le narrateur y révèle les circonstances dans lesquelles Esther a été rapatriée en septembre 1739. Nous apprenons qu'à la fin de son voyage d'initiation, qui l'a confrontée non seulement à une multitude de personnes, mais aussi à la perte de sa culture d'origine, Esther se réconcilie avec elle-même et les siens. En d'autres mots, elle part pour renaître, renaître en tant qu'individu et renaître en tant que femme juive, prête à assumer ses devoirs au sein de la communauté de Saint-Esprit.

L'apport du roman de Lasry à la mémoire collective

« [V]ouloir, à travers ses romans, rendre la culture et l'histoire du Québec plus accessible aux gens qui ne vont plus à l'école ou qui ne sont pas nécessairement très scolarisés »[35], n'est pas seulement l'intention de Jean-Pierre Charland, mais sans doute de chaque auteur de romans historiques. Ce genre se prête bien à l'éducation des gens au sujet d'histoires méconnues comme celle d'Esther Brandeau, car, selon Umberto Eco, dans le roman historique « [l]es agissements des personnages servent à faire mieux comprendre l'histoire, ce qui s'est passé, et

---

35 N.N., 2014.

bien qu'ils soient inventés, ils en disent plus, et avec une clarté sans pareille, sur […] l'époque, que les livres d'histoire consacrés »[36]. Qui plus est, la relation affective que les lecteurs établissent avec les personnages principaux et leur environnement a une influence sur ce qu'ils en retiennent. Selon la théoricienne de la culture Aleida Assmann, la sensation de l'affect joue un grand rôle dans le processus de la mémorisation parce qu'elle peut amplifier la perception et ainsi agir comme un stabilisateur de la mémoire[37]. En d'autres termes, plus l'histoire est émotionnelle, plus le lecteur a des chances de se la rappeler. Ce rapport affectif entre lecteur et personnage dépend évidemment de chaque lecteur et ne s'établit peut-être pas dès le début du roman de Lasry, où Esther nous est présentée comme une gamine affichant une attitude rebelle et indépendantiste. L'inclusion émotionnelle des lecteurs se fait probablement seulement après son naufrage, lorsque l'héroïne traverse plusieurs aventures pendant lesquelles sa vraie identité risque d'être révélée à différentes reprises.

Afin de répondre au devoir moral et éducatif que tout auteur de romans historiques juge devoir remplir en faisant revivre le passé pour son public[38], Pierre Lasry a opté dans *Une Juive en Nouvelle-France* de montrer l'histoire d'Esther Brandeau non seulement dans la perspective de la jeune héroïne, mais également dans une perspective plus large et multiple. Suivant la perspective d'un individu vivant en marge de la société, les lecteurs d'aujourd'hui découvrent « les actions, les comportements, les discours, [et] les mentalités »[39] des sociétés d'autrefois en même temps que la protagoniste. Mettre en rapport l'histoire individuelle d'Esther avec le contexte historique plus large fait mieux comprendre les conditions sociopolitiques qui ont influencé la vie de tout un chacun dans les sociétés française et franco-canadienne de la première moitié du XVIIIe siècle et nous montre un panorama varié de la vie d'antan.

De plus, avec la reconstitution de l'histoire d'Esther dans la conscience publique, Pierre Lasry – tout comme les autres auteurs et artistes perpétuant le souvenir d'Esther Brandeau – ranime un récit fondateur de la communauté judéo-canadienne – récit qui, selon le chercheur allemand Jan Assmann, est nécessaire pour chaque communauté, nation ou culture afin de constituer sa mémoire culturelle et son identité collective[40]. En d'autres mots, la fiction culturelle sur Esther et les origines de la communauté juive au Québec est en mesure

---

36 Eco 1985, 87.
37 *Cf.* Assmann 2003.
38 *Cf.* Byrd 2007, 30.
39 Gengembre 2006, 17.
40 *Cf.* Assmann 2005.

de devenir un souvenir collectif, capable de rassembler toute une communauté. Comme l'explique Gérard Gengembre, « [l]e roman est [...] lié à une société qui cherche à (se) comprendre, et il se fait moyen de savoir »[41]. Et comme l'a déjà montrée Mechthild Gilzmer, c'est la condition d'exilé, caractéristique pour les Juifs depuis l'Exode, qui provoque le plus ou le mieux une quête d'identité individuelle autant que collective. Par la suite, cette quête identitaire incite à concevoir des origines réelles ou imaginées, qui sont fréquemment associées à la création d'un personnage féminin :

> Décrire des événements historiques qui retracent les moments clés d'un peuple, d'un groupe ou d'une personne pour avoir recours ainsi à un mythe fondateur constitue une stratégie littéraire privilégiée pour légitimer une présence sur un autre territoire (l'exil), une nation ou un ordre politique (la situation postcoloniale en l'occurrence). Cette évocation du passé est souvent liée à la création d'un personnage féminin, qui, telle « Maria Chapdelaine » dans le roman fondateur de la littérature québécoise de Louis Hémon, représente l'unité tant désirée [...].
> Le recours à l'histoire et au personnage féminin dans le roman de Lasry peut être lu plus [...] comme évocation des origines lointaines, comme métaphore de la fuite et de la persécution des Juifs d'Europe. Esther Brandeau représente alors de manière allégorique le peuple juif chassé, obligé de cacher sa vraie identité (dans le cas de cette fille qui se déguise en garçon) et qui finalement ne trouve refuge nulle part[42].

Lasry ouvre aussi avec *Une Juive en Nouvelle-France* une nouvelle voie thématique aux milieux artistique et culturel du Québec et du Canada. Comme nous l'avons démontré dans la première partie de cet article, l'histoire d'Esther Brandeau était largement oubliée dans l'esprit des habitants canadiens de toute origine, mais elle trouve lentement son chemin dans d'autres milieux artistiques francophones et anglophones du Canada depuis la publication du roman historique de Lasry. Ce qui captive dans ces productions en particulier, ce sont, selon Nathalie Ducharme, leurs « tentatives pour l'interpréter [la vie d'Esther Brandeau], pour aller au-delà du procès verbal [*sic*] de l'interrogatoire et tenter d'en combler les vides »[43]. Vu sous cet angle, il nous semblerait intéressant de comparer les différentes interprétations de la vie d'Esther réalisées par Pierre Lasry, Sharon E. McKay, Susan Glickman, Gitelle Goldwater Betnesky, Sarah Leavitt, Wendy Oberlander et Heather M. Hermant.

En transformant le savoir des historiographes sur Esther en roman, Pierre Lasry et les autres artistes qui l'ont suivi érigent des monuments littéraires et

---

41 Gengembre 2006, 20.
42 Gilzmer 2007, 23.
43 Ducharme 2004, 4.

artistiques à la mémoire de la 'fille rebelle', contribuant ainsi à ce que ce personnage historique presque oublié de l'Histoire soit insufflé d'une nouvelle vie. En montrant la petite histoire d'Esther Brandeau et de ses contemporains, *Une Juive en Nouvelle-France* et les autres œuvres qui s'en inspirent deviennent donc les médiateurs d'une partie de la grande Histoire des Juifs. De la sorte – et pourvu que le roman ait une grande résonance parmi le public –, auteurs et lecteurs pourraient conjointement réintégrer Esther Brandeau dans la mémoire culturelle du Canada dans son ensemble. Il s'ensuit de là que chaque lecteur devient porteur du souvenir, individuel et collectif, de l'histoire d'Esther.

Bibliographie

ABELLA, Irving : *A Coat of Many Colours. Two Centuries of Jewish Life in Canada.* Toronto : Lester & Orpen Dennys 1990.

ASSMANN, Aleida : « Three Stabilizers of Memory : Affect – Symbol – Trauma ». Dans : Udo J. Hebel (dir.) : *Sites of Memory in American Literatures and Cultures.* Heidelberg : Winter 2003, 15–30.

ASSMANN, Jan : *Das kulturelle Gedächtnis. Schrift, Erinnerung und politische Identität in frühen Hochkulturen.* 5ᵉ éd. München: C.H. Beck 2005.

BENBASSA, Esther : *The Jews of France : A History from Antiquity to the Present.* Princeton, N.J. : Princeton University Press 1999.

– /Rodrigue, Aron : *Die Geschichte der sephardischen Juden von Toledo bis Saloniki.* Bochum : Dr. Dieter Winkler 2005.

BENSOUSSAN, David : *Anthologie des écrivains sépharades du Québec.* Montréal : Éditions Du Marais 2010.

BLAIS, Marie-Christine : « Les sagas historiques : histoire(s) pour tous ». *La Presse* (1ᵉʳ fév. 2014), 2014, en ligne : http://www.lapresse.ca/arts/livres/201401/31/01–4734483-les-sagas-historiques-histoires-pour-tous.php, 13/09/14.

BYRD, Max : « The Brief History of a Historical Novel », *The Wilson Quarterly* 31 (2007), 25–31.

CHOQUETTE, Leslie : « Religious Diversity : Protestants, Jews, and Catholics ». *International Journal of Canadian Studies / Revue internationale d'études canadiennes* 33–34 (2006), 199–221.

DESBIENS, Marie-Frédérique : « Le roman historique : (r)Évolution d'un genre ». *Québec français* 140 (2006), 26–29.

DUCHARME, Nathalie : « Fortune critique d'Esther Brandeau, une aventurière en Nouvelle-France ». Conférence aux Congrès de l'ACFAS, Montréal, 14 mai 2004, en ligne : http://er.uqam.ca/nobel/alaq/publications/pdf/DUCHARME_Article_Brandeau_Nouvelle-France_Alaq.pdf, 12/09/14.

Eco, Umberto : *Apostille au « Nom de la rose »*. Paris : Grasset 1987.

Gengembre, Gérard : *Le roman historique*. Paris : Klincksieck 2006.

Gilzmer, Mechtild : « Littérature migrante francophone d'origine marocaine au Québec ». *Zeitschrift für Kanada-Studien* 27 (2007), 9–29.

Gladstone, Bill : « Novel focuses on legendary Jewess in New France » 2013, en ligne : http://www.billgladstone.ca/?p=9471, 12/09/14.

Glickman, Susan : *The Tale-Teller*. Markham, ON : Cormorant Books 2012.

Hermant, Heather : « Becoming Archive. ribcage: this wide passage », *CTR* 153, Winter 2013.

King, Joe : *Les Juifs de Montréal : trois siècles de parcours exceptionnels [From the ghetto to the Main: the story of the Jews of Montreal]*. Trad. Pierre Anctil. Outremont, QC : Carte blanche 2002.

Langlais, Jacques/Rome, David : *Juifs et Québécois français : 200 ans d'histoire commune*, Montréal : Fides 1986.

Lapointe, Josée : « Shéhérazade du Nouveau Monde », *La Presse* (2 février 2014, section ARTS, écran 4), 2014, en ligne : http://plus.lapresse.ca/screens/46a8-b9a8–52ec18ef-839b-1cf0ac1c6068|_0, 02/09/14.

Lasry, Pierre : *Une Juive en Nouvelle-France*. Montréal : Éditions Midbar 2004 [2000].

– *Esther : A Jewish Odyssey*. Montréal : Éditions Midbar 2004.

McKay, Sharon E. : *Esther*. Toronto : Penguin Canada 2004.

Menton, Seymour : *Latin America's New Historical Novel*. Austin, Univ. of Texas Press 1993.

N.N. : « Jean-Pierre Charland : des histoires au service de l'Histoire ». *Campus Montréal* (30 avril 2014), en ligne : http://www.campus-montreal.ca/2014/04/30/jean-pierre-charland-des-histoires-au-service-de-lhistoire/, (04/09/14).

Poliakov, Léon : *Histoire de l'antisémitisme. Du Christ aux Juifs de cour*, Paris : Calmann-Lévy 1955.

Robinson, Ira : « Le judaïsme à Montréal ». Dans : Pierre Anctil/Ira Robinson (dir.) : *Les communautés juives de Montréal. Histoire et enjeux contemporains*. Sillery, QC : Septentrion 2010, 23–37.

Sack, Benjamin : *History of the Jews in Canada [Geshikhte fun Yidn in Kanade]*. Trad. Ralph Novek. Montreal : Harvest House 1965 [1945].

Steinberg, Sylvie : « L'Histoire du travestissement féminin à l'épreuve de la pluridisciplinarité ». Dans : Guyonne Leduc (dir.) : *Travestissement féminin et liberté(s)*. Paris : L'Harmattan 2006, 27–38.

Tulchinsky, Gerald : *Canada's Jews. A People's Journey.* Toronto : University of Toronto Press 2008.

Vaugeois, Denis : *Les Juifs et la Nouvelle-France.* Trois-Rivières : Boréal 1968.

Wellenreuther, Hermann : *Niedergang und Aufstieg : Geschichte Nordamerikas vom Beginn der Besiedlung bis zum Ausgang des 17. Jahrhunderts.* Münster [et al.] : LIT 2000.

Zink, Anne : « Une niche juridique. L'installation des Juifs à Saint-Esprit-lès-Bayonne au XVIIe siècle ». *Annales. Histoire, Sciences Sociales* 49 (1994), 639–669.

Jean-Paul Dufiet
(Trente)

La *Création* dans le théâtre de Jean-Claude Grumberg

Problématique

Le projet dramaturgique de Jean-Claude Grumberg est de raconter dans le registre comique les conséquences longues des persécutions qu'ont subies les Juifs en France, durant la Seconde Guerre mondiale. Son père (Zacharie Grumberg), ainsi que son grand père (Naphtali)[1] furent déportés à Auschwitz. Pour Jean-Claude Grumberg, comme pour beaucoup de Juifs, le Génocide imprègne désormais l'identité juive.

Jean-Claude Grumberg se reconnaît comme juif en dehors de toute caractéristique religieuse. D'ailleurs, et de manière plus générale, il ne définit pas la collectivité juive à partir du récit biblique : la sortie d'Égypte, l'exode, les deux grandes théophanies et la révélation de l'alliance avec Dieu[2]. Appartenir au judaïsme n'implique pas pour lui de croire en Dieu, ni même de respecter formellement des pratiques religieuses ou des coutumes à caractère sacré et symbolique. Jean-Claude Grumberg est un Juif athée, complétement, qui considère que le mot *athée* est encore bien trop religieux. Aucune de ses pièces n'instaure de lien entre la foi, le prophétisme religieux et l'histoire humaine. La notion de *Terre promise* n'apparaît que dans deux pièces (sur une trentaine), et dans des contextes très politiques. Pour Jean-Claude Grumberg, l'État d'Israël est la nation des Juifs sionistes, elle n'est pas la terre confiée aux Juifs par Dieu, et elle n'est certainement pas la seule terre où peuvent vivre les Juifs. Il se sent d'ailleurs français et citoyen républicain, autant que juif. Ses pièces ne contiennent pas de personnages de la religion juive, comme les rabbins, et jamais aucune référence n'est faite aux étapes de la vie humaine telles qu'elles sont définies par la tradition religieuse. Sa dramaturgie, essentiellement de facture réaliste (certains critiques parlent de naturalisme), est fortement fondée sur des situations familiales, envisagées d'un point de vue très laïque, historique et social.

---

1 Grumberg 2003.
2 Wigoder 1996, 278.

Pourtant, sans jamais mettre la foi au centre de sa dramaturgie, Jean-Claude Grumberg ne peut pas éliminer la dimension religieuse de tous ses personnages juifs, sauf à créer un monde très éloigné des Juifs réels. Les références et les renvois au religieux apparaissent même dans les titres de quatre pièces : *Job* (1964), *Adam et Ève* (1997), *Un nouveau Job* (2000), *Vers toi Terre promise* (2006). De plus, « dieu » est un personnage dramatique dans trois pièces : *Maman revient pauvre orphelin* (1994) *Job* (1964), *Un nouveau Job* (2000). On rencontre donc au fil des dialogues plusieurs questions en relation avec la religion, comme l'observance de certaines pratiques coutumières (la circoncision ou l'alimentation), les conversions, l'existence et la puissance de Dieu, la définition du Juif, et surtout l'origine et la nature de la *création*, qui concerne directement Jean-Claude Grumberg en tant qu'auteur dramatique. La question du *créateur* et de sa *création*, qu'elle vise une divinité et l'univers ou un dramaturge et ses œuvres, est ici centrale.

Comme on le verra, de nombreuses raisons poussent Jean-Claude Grumberg à s'interroger sur la notion de *création*. Mais déjà en elle-même, l'idée de Génocide éveille indiscutablement une volonté de puissance illimitée que l'homme, à l'instar d'un *dieu*, se donne sur la totalité du monde et de la civilisation. De plus, en convoquant la notion de *création*, à la fois religieuse et littéraire, Jean-Claude Grumberg met en scène la force et les limites des *créateurs*. En somme, à travers Dieu et l'univers, l'écrivain définit sa propre posture et sa conception de l'écriture dramatique. Comme on le verra, ceci prend forme tout particulièrement dans la pièce *Maman revient pauvre orphelin* (1994), qui se révèle être un véritable manifeste de poétique théâtrale.

Avant de mettre en évidence la nature de la création dramatique pour Jean-Claude Grumberg, on analysera, dans un premier temps, comment il représente un monde désenchanté et désacralisé, puis, dans un second temps, la relation entre le créateur et sa création.

Le monde désacralisé

Les pièces les plus célèbres de Jean-Claude Grumberg reposent le plus souvent sur une construction fictionnelle réaliste, encadrée et nourrie de références historiques, et sur un dialogue imitant la conversation ou les échanges verbaux sociaux. Le milieu juif n'y est pas présenté selon une autoréférentialité obsessionnelle et exclusive. Ce milieu est éprouvé par l'histoire, mais ce malheur s'avère comique en même temps. La souffrance du monde juif, l'affaiblissement de la religion et la disparition des références de la tradition sont ici essentiellement dus au processus d'émancipation et à la cruauté sans bornes de l'histoire humaine.

La désacralisation et la laïcisation du monde juif se manifestent chez Jean-Claude Grumberg de plusieurs manières.

Il faut d'abord remarquer que de nombreux Juifs résistent à l'affaiblissement du sacré ; reconnaissons que c'est sans grands effets sur la caractérisation de la dramaturgie. Ces réactions expriment un combat en faveur de la défense de la transmission religieuse. Elles réaffirment fortement les règles de la judéité et les personnages se comportent en gardien de l'orthodoxie, au moins en paroles. Dans *Dreyfus*, le fait que le personnage de Dreyfus[3] soit un capitaine de l'armée française, donc un militaire et un patriote, est considéré par de nombreux Juifs polonais[4] comme une transgression inconcevable de l'identité et des règle juives. Dreyfus ne peut être, de ce point de vue, qu'un mauvais Juif, voire un *faux* Juif, dont l'existence est même mise en doute. Certes, cette réaction n'est pas dominante, mais on y reconnaît aisément une résistance au processus d'émancipation citoyenne des Juifs qui advint dans toute l'Europe au XIXe et au XXe siècles.

Dans d'autres cas, les traditions qui désignent les Juifs aux yeux des nazis sont mises brutalement en discussion, en raison des dangers qu'elles font objectivement courir. Dans *Zone libre*, c'est la très solide tradition de la circoncision qui est contestée par Simon, pour le futur enfant de sa belle-sœur. Ce motif, et d'autres, sont mis en débat dans des scènes d'argumentation entre les personnages. Ces scènes ne débouchent généralement sur aucune position légitimée par le texte. C'est très souvent l'histoire ou les circonstances qui tranchent : dans le cas de la circoncision, la nature a la très bonne idée de faire naître une fille. Il n'en reste pas moins que la communauté juive est divisée et que les croyances et les traditions ne s'imposent pas à tous, ou pas avec la même évidence et la même intensité.

Il en va de même dans *Vers toi Terre promise* à propos de la tradition *cacher*5, marqueur très sensible et très connu de l'identité juive. Les personnages de Max et de Mauricette apportent du vin *cacher* pour dîner chez Clara et Charles. Cette attention attire les sarcasmes de Charles[6]. Mais puisque la scène se déroule au moment de la Pâque juive, Max utilise un vocabulaire religieux et propose de célébrer la cérémonie familiale du *seder*[7]. Tout ceci exaspère Charles, qui rejette la religion juive. En fait, même Max et Mauricette reconnaissent bien volontiers

---

3   Grumberg 1990, 44, 60, 61, 63.
4   La pièce se déroule en Pologne, même si elle parle de l'Affaire Dreyfus.
5   Wigoder 1996, 163.
6   Grumberg 2006, 30–33.
7   Wigoder 1996, 933–935.

qu'ils conservent ces *habitus* sans ressentir aucune foi intérieure : « Croyants, nous ? Non »[8].

L'absence de foi a pour conséquence que la religion devient une simple routine festive, ou une pratique opportuniste, ce qui peut provoquer des conflits à l'intérieur des unités familiales. Le cas le plus aigu se trouve sans aucun doute encore dans *Vers toi Terre promise*. Clara y envisage, au moins dans un moment de faiblesse, de se convertir au catholicisme pour avoir une chance de revoir sa fille qui est devenue une nonne catholique après avoir été confiée à un couvent au début de la guerre. Charles ne connaît pas ce moment de faiblesse, même pour cette très bonne cause, et il rejette de manière véhémente une telle idée. Mais les contradictions ne l'épargnent pas lui non plus, puisque les arguments qu'il oppose à son épouse se fondent malgré tout sur une tradition biblique et une identité qu'il ne manque pas de contester en d'autres occasions :

> Non mais tu t'es entendue, tu t'es entendue, tu m'as proposé de me convertir, de me convertir, moi ! Tu crois que parce qu'on ne croit pas en un Dieu quelconque on peut renier comme ça ses convictions ? Changer vite fait bien fait l'Ancien Testament contre leur Nouveau ? Personne dans ma famille, personne ne s'est converti, jamais[9].

L'absence de spiritualité authentique s'accompagne, très logiquement, du rejet de toutes les pratiques et de toutes les attitudes religieuses. D'ailleurs, les deux parents juifs protestent avec virulence contre le couvent en termes de généalogie et de droit parental, et non pas en termes de religion et de foi, contrairement à la mère supérieure qui leur répond et qui parle au nom de l'Église catholique. Les parents ne revendiquent aucune spécificité de la foi juive, alors que la sœur supérieure fait de claires allusions théologiques au fait qu'elle considère que les Juifs « vivent dans les ténèbres » parce qu'ils ne reconnaissent pas le Messie. Dans une lettre, c'est également ce qu'affirme la fille de Charles et de Clara, en tant que récente nonne. Remarquons cependant, que Jean-Claude Grumberg ne relie pas la position antijudaïque de la Mère supérieure à la problématique plus large de la compromission de l'Église catholique avec le nazisme et le pétainisme.

Le rejet des traditions et l'absence de la foi sont également présentés comme des effets très directs du Génocide. Les personnages de *Adam et Ève* (1997), ex-militants communistes des années 1990 ayant atteint l'âge de la retraite, sont de vieux Juifs dont l'espérance politique fut trahie. Ils reviennent, au moment de Noël, dans le café de leur jeunesse militante. Ils ont connu l'époque où l'enthousiasme politique avait supplanté la foi religieuse. En ce sens, il ne suffit pas de ne

---

8   Grumberg 2006, 32.
9   *Ibid.*, 27.

pas croire en Dieu pour ne pas être religieux. Ils avaient adhéré, dans l'attente du grand soir révolutionnaire, à une autre illusion messianique, mais leur mémoire est plus sensible aux persécutions et à l'extermination qu'à leur espérance politique déçue : « Tout ce qui concerne l'enfance, la guerre Drancy, Gurs... Les camps euh...tout ça me reste gravé, le reste[10] pfft ! Envolé »[11]. Tout comme Jean-Claude Grumberg, les personnages ne peuvent oublier les persécutions et les conséquences encore très présentes du Génocide ; leur mémoire traumatique ne se transforme pas avec le temps.

De ce point de vue, comme on l'a déjà évoqué, la religion n'est pas en mesure d'apaiser la mémoire génocidaire ; elle ne la domine pas, bien au contraire. Le Génocide, de par sa nature et sa finalité mêmes, interroge l'existence et l'action de Dieu, soi-disant créateur de l'humanité une et entière, indivisible. En voulant « *purifier* » l'humanité de ses Juifs, les nazis visaient bel et bien à effectuer une opération de nature divine, qui touchait à la *création* même. Il ne s'agissait pas simplement de tuer le plus grand nombre de Juifs, mais d'éliminer toute présence et toute trace des Juifs de la surface de la terre. Ce projet ne concernait pas l'individu historique mais l'univers et l'unité de l'humanité. Dès lors, la question génocidaire se reformule directement en termes de désacralisation du religieux : comment est-il possible qu'*Auschwitz* ait eu lieu si le monde a une origine divine ? Pourquoi Dieu s'est-il tu ? Et d'un point de vue plus strictement judéo-centriste : pourquoi Dieu a-t-il laissé le peuple élu se faire massacrer ? Lorsque les personnages de *Adam et Ève* sont en proie au désarroi provoqué par l'échec du communisme, et qu'ils se demandent si la croyance religieuse ne leur aurait pas donné plus de satisfaction, ils constatent que le Génocide reste un obstacle radical à la foi :

– On aurait pu croire en Dieu.
– Pas nous Adam, pas nous, pas après ce qu'il nous a fait[12].

Cette réplique souligne même que Dieu n'a pas seulement laissé faire le Génocide, mais que sa complicité est plus haute, car « il *nous* a fait ». D'ailleurs dans *Job* (1964), Dieu, devenu cette fois un personnage, parle en ces termes des déportés : « les numérotés, bien à l'abri derrière leur double rangée de barbelés, bien au chaud tout près des fours... »[13]. Dès que Dieu acquiert un semblant d'existence, il se voit accusé, sans la moindre réserve, de complicité génocidaire

---

10   Il s'agit du militantisme communiste.
11   Grumberg 1997, 39.
12   Grumberg 1997, 24.
13   *Job* (1995), dans : Grumberg 1998, 265.

active. L'absence de foi et l'impossibilité de croire prévalent dans la dramaturgie de Jean-Claude Grumberg, comme si l'Histoire obstruait définitivement l'accès à la transcendance.

C'est d'ailleurs ce qui advient très directement dans *Pour en finir avec la question juive* (2013). À la réplique « une fois dans l'autre monde », un personnage s'interroge comme ébahi : « l'autre monde ? »[14], congédiant ainsi, sans long argumentaire, les conceptions aussi bien théologique que téléologique. Quant à Charles, dans *Vers toi Terre promise*, il explique sa conception irréligieuse de manière affirmative et pour le moins paradoxale :

> On croit qu'on ne croit pas ! Voilà c'est à ça qu'on croit, c'est ça notre foi, notre religion : ne pas croire ! Et tous les jours j'y crois davantage. Et puis qu'est-ce que tu me fais dire ? Qu'est-ce que tu me fais dire ?[15]

De même dans *Adam et Ève*, mais avec plus d'ironie que de paralogisme, plusieurs images réalisent la liquidation de l'au-delà. Par exemple, les deux personnages principaux – (Adam et Ève les bien nommés) – cherchent, sans le retrouver, leur ancien Restaurant de rendez-vous qui s'appelle « L'Eden casher[16] restaurant »[17]. Endroit mythique s'il en est, puisque les deux militants y allaient comme dans un paradis juif, pour écouter quelque littérateur yiddish. Ce paradis de l'Ancien Testament est bel et bien perdu :

> – « L'Eden », vous connaissiez ?
> – Dans le 9ᵉ ?
> – Non, non par ici.
> – Moi mon secteur, c'était plutôt le 9ᵉ et le 18ᵉ …[18].

Ce désenchantement s'accompagne d'un renversement comique du religieux. Bien évidemment, le titre *Adam et Ève*, avec ses noms bibliques de l'origine du monde, respire l'ironie. Adam et Ève n'incarnent pas ici les premiers humains de la création divine du monde. Ou bien alors, suprême paradoxe comique, ils ne l'évoquent que grâce aux notions de chute et de défaite, qui sont, du point de vue religieux, le propre de l'humanité privée de Dieu. Les deux créatures incarnent toutes les misères de l'histoire humaine, tels deux êtres beckettiens : lui, Adam, est en fauteuil roulant ; elle, Ève, le pousse. De manière dégradée et comique, Adam et Ève rejouent en malheur comique, la perte définitive du

---

14 Grumberg 2012, 71.
15 Grumberg 2006, 26.
16 On reprend ici l'orthographe employée par l'auteur.
17 Grumberg 1997, 43.
18 *Ibid.*, 72.

paradis ; dans leur cas, il faut d'ailleurs parler de la perte des paradis, religieux et politique. La question de *croire* est elle même dérisoire, au point qu'elle n'est pas une source de conflit, mais un motif d'incompréhension : « vous croyez encore vous ? »[19], demande un des personnages (Betty) à Adam et à Ève. Mais nul ne sait vraiment à quoi se réfère la question et quel est l'objet de la croyance : s'agit-il d'espérer en Dieu ? De vivre encore pour le communisme ? Ou plus simplement de s'abandonner à la magie profane du Père Noël, qui est *joué* par un autre ancien communiste déguisé. Et, comme pour boucler la boucle de la désacralisation, la dramaturgie couvre de ridicule l'idée du ré-enchantement religieux du monde. *Pour en finir avec la question juive* (2013) raconte l'histoire d'un antisémite, voisin d'un Juif, et qui se convertit à la religion juive, sous la pression de son épouse, adepte d'internet. Le nouveau judaïsme religieux des convertis ne s'avère pas moins ridicule que leur antisémitisme précédent puisque ces nouveaux adeptes reprochent à leur voisin, Juif de naissance, de ne pas être assez observant. En fait, ils ne sont pas seulement ridicules : ils pourraient bien être dangereux et se transformer en extrémiste religieux ! La religion n'offre aucune voie spirituelle dans la dramaturgie de Jean-Claude Grumberg, mais en revanche elle donne accès à une importante voie comique.

Dieu, la Création, le Dramaturge

Pourtant, comme on l'a déjà dit et entrevu, à plusieurs reprises, Dieu est présent dans le théâtre de Jean-Claude Grumberg, avec ce nom, et au moins en tant que voix. L'auteur Jean-Claude Grumberg, ou un de ses semblants, dialogue avec lui, et conformément à l'athéisme qu'il professe, on ne s'étonnera pas si ce Dieu (faudrait-il dire ce signifiant /dieu/) ne rappelle à aucun moment l'Alliance du mont Sinaï : ce Dieu scénique parle avec l'auteur, mais sans renouveler aucune Révélation. Dieu apparaît textuellement sans les attributs surnaturels que lui donne la théologie[20]. Bien plus, à l'instar de ce que avons vu avec la croyance religieuse, l'humour et l'ironie de Jean-Claude Grumberg n'épargne pas ce, soi-disant, créateur de l'univers.

Dans *Maman revient pauvre orphelin* (1994), le personnage de Jean-Claude Grumberg est sur un lit d'hôpital et il veut revoir ses parents qui sont morts. JCG[21] a tout à la fois 11 ans et 62 ans, et il dépend en même temps de son âge adulte et de sa mémoire d'enfant. Lorsqu'il appelle sa mère, c'est Dieu qui ré-

---

19 *Ibid.*, 51.
20 Wigoder 1996, 278–286.
21 On désignera ainsi le personnage (JCG) distinct de l'auteur Jean-Claude Grumberg.

pond. Tout d'abord sans s'identifier : « ta maman est à ma droite » ; puis il ajoute, comme pour justifier son intervention : « je suis Dieu ». S'engage alors un bref dialogue aux allures d'histoire à la fois talmudique et comique, c'est-à-dire philosophique et légère, et dont aucune conclusion ne peut être inférée :

> – Alors tu existes ?
> – Comme tu vois.
> – J'ai cru que tu n'existais pas[22].

Ce à quoi Dieu réagit, sans s'offenser et avec esprit, en utilisant une phraséologie bien connue des authentiques croyants : « l'important c'était de croire ». Cet échange n'est pas sans rappeler la position de Charles que nous avons vue dans *Vers toi Terre promise*. Mais ici c'est Dieu lui-même qui est indifférent à *ce que* l'on croit, pourvu qu'on *croie*. Dieu semble lui aussi avoir fait des progrès notables vers l'athéisme. Au plan scénique toutefois, cet échange, qui fait aussi écho à celui d'*Adam et Ève*, et qui donne une forte unité à la dramaturgie de Jean-Claude Grumberg, crée aussi un effet perlocutoire contraire à son contenu sémantique : celui qui parle existe ! mais, comble de la désacralisation, son existence est celle d'un homme de très petite force.

Ce dialogue se rit ainsi de toute tentation et de toute tentative d'argumenter, en scène, et ailleurs, sur l'existence de Dieu. Il se résout d'ailleurs en parodiant une autre phraséologie, beaucoup plus humaine. À la question de JCG « Quel genre de Dieu tu es ? », Dieu répond « Un Dieu parmi les dieux qui tente de faire de son mieux mais qui peut peu et hélas fait moins encore »[23]. Jean-Claude Grumberg, qui est toujours très indulgent avec tous ses personnages, ne maltraite pas Dieu quand ce dernier avoue, avec une lucidité tout à son honneur, combien il est faible. Dieu rassemble tous ses attributs dans la seule conscience de son impuissance. Jean-Claude Grumberg procède à un continuel retournement comique de ce Dieu, dont l'existence devient, au bout du compte, une caractéristique plutôt secondaire. Le fait que Dieu existe ou qu'il n'existe pas ne modifie pas foncièrement les données de la situation humaine. À un autre moment, JCG s'inquiète de savoir si « Dieu traîne dans le couloir » de l'hôpital, et il réaffirme combien cette présence divine incontestable ne saurait modifier en rien sa conviction religieuse : « J'y crois pas plus que ça, il est venu me voir c'est tout »[24]. La position de Jean-Claude Grumberg est complétée dans *Job* (1964) où Dieu est un incapable, incohérent, colérique, inconséquent, ridicule et agaçant,

---

22 Grumberg 1994, 7.
23 *Ibid.*, 8.
24 *Ibid.*, 22.

sans projet pour l'humanité. Il ne suffit pas que Dieu existe, encore faut-il qu'il mérite qu'on croie en lui.

Cette existence purement textuelle de Dieu, toujours enroulée autour d'un paradoxe verbal qui la nie en l'affirmant et qui l'affirme en la niant, constitue un dispositif dramaturgique et langagier qui, tout en rappelant les jeux d'illusion de Pirandello, pose le rapport de la dramaturgie de Jean-Claude Grumberg au Dieu créateur. L'entité appelée « Dieu » est totalement dédivinisée, et par sa présence même atteste de sa paralysie. De la divinité ne demeure que le nom, le signifiant. Jean-Claude Grumberg confie à cette entité le soin de démontrer que même si l'univers contient une transcendance, cette dernière est sans aucune importance pour les hommes. Dans ce dispositif dramaturgique, les dialogues, ou plus radicalement, les effets de la parole scénique et des jeux de mots produisent une négation théologique, un retournement du verbe divin. Non pas au sens où le verbe détruirait l'univers après que quelque Tout-Puissant l'aurait créé, mais au sens où le *dire* de ce locuteur théâtral appelé Dieu ne possède aucun pouvoir performatif. On pourrait quasiment parler d'une dé-performation verbale de Dieu. Il n'est donc pas surprenant que dans *Maman revient pauvre orphelin* Dieu soit confondu avec l'anesthésiste de l'hôpital :

> – Vous êtes qui vous ? Dieu ?
> – je suis l'anesthésiste, votre anesthésiste[25].

À défaut de détenir une force performative, Dieu peut endormir. Le théâtre de Jean-Claude Grumberg est une contre-révélation, une dégradation carnavalesque de l'Alliance qui révèle l'état de déficience de Dieu. Et lorsque Dieu réussit à mettre en œuvre une certaine puissance performative le résultat est désastreux. Dans *Job* Dieu déclare :

> – On s'ennuie, on croit bien faire, et hop ! On fait un monde ! Après une chose en entraîne une autre, ou même pas justement, une chose n'entraîne pas [...][26].

> [...]

> – Moi-même quand je me prends à contempler mon œuvre ma création et que j'aperçois ce magma infect, je me dis « Non ce n'est pas possible, ce n'est pas toi qui as commis ça, c'est trop laid, trop laid ! », et pourtant si[27].

---

25 *Ibid.*, 10.
26 Grumberg 1995, 262.
27 *Ibid.*, 263.

Et Dieu ajoute comme pour s'excuser :

> Remarque à ma décharge je n'ai mis que sept jours pour concevoir et fabriquer tout
> ce merdier[28].

On pourrait y ajouter des commentaires dans lesquels Dieu exprime une forte
déception sur les qualités et l'action de son fils, qui ne mérite pas le nom de
Messie (« un incapable qui se prend au sérieux »[29]), et un scepticisme mêlé de
déception à l'égard des êtres humains :

> Décidément, je n'aurais pas dû vous faire à mon image… J'ai manqué d'imagination,
> j'aurais dû inventer, innover, mais j'étais déjà vidé, après la lumière, le soleil, les au-
> rores boréales, je me suis senti vidé, vidé, alors, je me suis mis à malaxer, à malaxer
> machinalement, sans entrain, sans gaieté, sans cette flamme intérieure qui vous pousse
> à créer…[30].

En plus d'exprimer l'athéisme de Jean-Claude Grumberg, ces parodies mettent
la *création* de l'univers en rapport avec la création artistique et plus directement
encore avec la *création* théâtrale. En d'autres termes, la *création* n'est pas seulement l'acte prétendu par lequel les hommes dépendraient de Dieu, mais c'est
l'acte par lequel l'écrivain, pourrait ressembler à un dieu.

L'écrivain, le dramaturge, l'homme de théâtre en particulier s'attribue symboliquement un pouvoir divin, puisqu'il crée, par son verbe, des êtres de parole
qui seront incarnés en scène. Il y a bien une analogie entre le pouvoir de création
du dramaturge et celui d'un Dieu. Dans la préface de *Adam et Ève* (1996), qui est
appelée, là encore non sans ironie, « Genèse », Jean-Claude Grumberg explique
que les noms bibliques des personnages, empruntés à un tableau de Chagall
(*Adam et Ève* – 1910), servent de point de départ à l'écriture de la pièce. Ils lui
donnent l'occasion de se désigner, toujours avec la même autodérision, comme
le « Créateur ». Il expose ses nombreuses difficultés d'auteur[31] et compare son
geste à celui dont parlent la Bible et les textes sacrés :

> Mais qui nous dira si le *Créateur de toutes choses*, le grand *auteur*[32], *celui qui* tira Vava[33]
> de la côte d'Adam, ne fut pas *lui aussi* dépassé par son imagination, submergé par le

---

28 *Ibid.*

29 *Ibid.*, 261.

30 *Ibid.*, 265.

31 Il se décrit comme « patraque », « foutu », avec des « jours vides creux », en proie au
    « désœuvrement ». Dans : Grumberg 1997, 5–6.

32 C'est nous qui soulignons les termes qui concernent aussi bien le divin que l'auteur
    de théâtre.

33 Il s'agit bien évidemment d'Ève.

poids de son désœuvrement ? Peut-être fit-il, *tout comme moi*, tout ça sans y penser, juste pour tromper l'ennui et la peur, qu'importe… Qui parie sur la vie mise toujours juste. Qu'elles soient de *papier*, de glaise, de terre[34], d'eau ou de *mots*, les créatures doivent échapper au Créateur afin de vivre, souffrir et rendre heureux[35].

Et Jean-Claude Grumberg de conclure, toujours dans un registre autant biblique que scénique : « Allez, assez bavardé, que la lumière soit », assimilant ainsi l'éclairage du théâtre à la lumière sur l'univers.

Cette comparaison entre le dramaturge et Dieu n'est certes pas nouvelle, mais son exploitation éclaire une conception de l'écriture dramatique dans le théâtre du Génocide[36]. Jean-Claude Grumberg veut principalement représenter la place que l'anéantissement de son père a prise dans sa vie, et les conséquences des persécutions sur sa mère et sur la communauté juive qu'il connaît. Dans *Maman revient pauvre orphelin*, comme on l'a dit, JCG, personnage de fils et de dramaturge, veut revoir son père et sa mère. Bien évidemment, il appartient à l'auteur Jean-Claude Grumberg qui signe l'œuvre de *créer* ou pas le personnage de son père. Mais il n'a absolument aucun souvenir de ce père, et l'expérience d'Auschwitz est à la lettre inaccessible. C'est donc le pouvoir de *création littéraire* que Jean-Claude Grumberg s'accorde qui est questionné à travers la création du personnage du père. L'écrivain est-il en droit de s'attribuer un pouvoir démiurgique identique à celui d'un Dieu auquel il ne croit pas, et auquel il dénie toute force créatrice ? Si Jean-Claude Grumberg affirme, en se moquant, qu'aucun Dieu n'a créé le monde[37], peut-il s'autoriser, en tant qu'auteur, à créer le personnage de son père mort à Auschwitz ? L'auteur athée qui nie Dieu serait-il dans la même pièce un démiurge sans limite ? Cette question est bien un enjeu textuel de l'œuvre, puisque si Jean-Claude Grumberg fait de sa mère un personnage en plusieurs occasions (*L'Atelier*, *L'Enfant Do*, *Votre maman*), en revanche il ne fait jamais intervenir directement son père déporté dans aucune pièce, sauf, brièvement, dans *Maman revient pauvre orphelin*. Cette pièce a donc bien une valeur et une signification particulières dans la dramaturgie.

---

34 On note ici une référence à autre création : le Golem.

35 « Genèse », introduction datée d'avril 1996. Dans : Grumberg 1997, 5–6.

36 Un autre dramaturge de la Shoah, Gilles Ségal, dans *Le Marionnettiste de Lodz* (1984), rapproche les pouvoirs de l'homme de théâtre, dans ce cas un marionnettiste, de ceux d'un Dieu créateur. Il exprime cette ressemblance en termes de rivalité.

37 *Cahier du judaïsme*, n° 14, 2003.

Les limites de la création théâtrale

Comme on l'a déjà signalé, dans *Maman revient pauvre orphelin* (1994), Jean-Claude Grumberg s'auto-représente comme personnage fictionnel hospitalisé qui entre en contact avec ses parents décédés. Il n'est désigné dans le dialogue par aucun appellatif, pas même par les didascalies de réplique[38]. Cependant, l'anesthésiste de service précise qu'il est « un grand auteur »[39], connu, qui intervient à la télévision, et sa mère lui reproche de gagner sa vie en racontant comment elle a souffert[40]. Avec cette pièce, en entrant en contact avec sa mère, puis avec son père, il reprend le genre littéraire très classique, antique même, du dialogue avec les morts[41]. Ce genre lui permet de rencontrer son père, indépendamment de Dieu et d'établir que toute parole procède du seul pouvoir de l'écriture :

> – Papa c'est bien Lui[42] qui t'a permis de venir non ?
> – C'est toi qui m'as réclamé, non ?
> – C'est moi, oui.
> – Dès que tu m'as réclamé je suis venu. Tu m'aurais réclamé plus tôt je serais venu plus tôt.
> – C'est comme ça que ça marche ?
> – C'est comme ça[43].

C'est le personnage du père qui rappelle au dramaturge qu'il possède une parole performative, capable de création authentique. En quelque sorte, le père autorise par là-même son fils à exploiter ce pouvoir, et à parler avec lui pour la première fois : « … je voudrais voir papa *au moins une fois* »[44], « C'est *la première fois* qu'on se cause papa ». La parole du père est donc un événement fictionnel, comme une sorte d'épiphanie unique réalisée par l'écriture dramatique. Il n'y a en effet aucun autre échange entre le fils-personnage et son père dans tout le corpus théâtral (une trentaine de pièces) publié de Jean-Claude Grumberg. En se passant de Dieu, le scripteur réalise ici son désir de trouver un lieu commun avec son père mort.

Eu égard au projet dramaturgique général de Jean-Claude Grumberg, cet échange pourrait apparaître comme un tournant, une césure. En s'ouvrant

---

38 Il n'y a pas de nom de personnage devant les répliques.
39 Grumberg 1994, 18.
40 *Ibid.*, 17.
41 On pense en particulier au mythe d'Orphée.
42 On note la majuscule de révérence pour désigner Dieu.
43 Grumberg 1994, 28.
44 Grumberg 1994, 23.

l'espace plus qu'humain de l'au-delà, l'auteur oriente la création dramatique vers ce qu'il faut bien appeler une *révélation*, qui se situe dans le domaine de l'Histoire humaine (le Génocide des Juifs) et dans le champ familial (son père). Et si, en tant qu'auteur et en tant que personnage-fils de la pièce, JCG appelle son père de l'au-delà, il est alors évident que l'écriture dramatique exhume de fait un déporté des cendres d'Auschwitz. Mais cette puissance que se donne l'écriture dramatique ouvre alors une question esthétique insoluble. Quelle peut-être en effet la figuration du père, arraché à Auschwitz, sur la scène théâtrale, et non pas seulement dans la scène mentale[45] du fils-personnage hospitalisé ? Le dramaturge Jean-Claude Grumberg peut-il oser donner à son père une incarnation supportable en scène ?

C'est au dialogue fictionnel que l'auteur confie le soin de prendre directement en charge la question et de la résoudre :

– Papa c'est toi ?
– Qui veux-tu que ce soit ?
– Pourquoi je ne te vois pas ?
– Je ne suis pas représentable.
– Pourquoi ?
– Trop abîmé.
– Abîmé ?[46]

Le père, avec une lucidité méta-mimétique et méta-théâtrale, refuse de se présenter à son fils et d'être incarné sur scène. Comme si son corps parmi les morts n'était pas le corps idéal de la personne, celui que tout rêveur attribue à un être cher disparu, mais très exclusivement le corps contingent et historique qui a subi les dégradations, le gazage et la crémation. Par l'intermédiaire d'une intervention indirecte d'auteur, déléguée au personnage du père, c'est l'impossibilité scénique d'incarner le déporté que Jean-Claude Grumberg rappelle dans sa pièce.

En somme, tout en affirmant sa libre toute-puissance d'accéder au royaume des morts, de donner voix aux disparus et d'exhumer le supplicié d'Auschwitz, l'écriture théâtrale de Jean-Claude Grumberg rencontre et reconnaît ses propres limites. Car à l'impossibilité d'incarner scéniquement le supplicié s'ajoute celle de le faire parler. En tant qu'auteur, Jean-Claude Grumberg peut-il *tout* faire dire à son père ? De quelle création verbale, s'autorise-t-il ? Tel Hamlet père qui, revenant sous l'allure d'un spectre, raconte le crime dont il fut victime, le père de JCG, extrait de l'au-delà et d'Auschwitz, pourrait exposer ce qu'il s'est

---

45	« Alors on parle tout seul ». Dans : Grumberg 1994, 22.
46	*Ibid.*, 23.

passé à Drancy et dans le train vers la Pologne, dire le gazage comme horreur subjective, et confier à son fils ce qu'il ne put jamais décrire à personne. Toute l'aporie de l'écriture dramatique du Génocide réapparaît dans l'utilisation du genre du dialogue avec les morts. Le dialogue avec le mort, comme dans *Hamlet*, ne pourrait-il pas être une possibilité pour le fils dramaturge d'écrire la *révélation absolue* de son père ? Le scripteur Jean-Claude Grumberg pourrait tel un démiurge capter la toute-puissance de la fiction grâce au dialogue du vivant avec les morts. C'est tout le contraire qui se produit dans *Maman revient pauvre orphelin*. Le père de JCG contrairement à celui d'Hamlet, ne révèle aucune vérité de sa mort, et ne dévoile nullement l'abomination de l'intérieur. Le scripteur Jean-Claude Grumberg retient son pouvoir de création. Tel Orphée qui ne peut ramener Eurydice des Enfers, il ne rapporte, et en fait il n'attribue, aucune parole de l'enfer d'Auschwitz. Il met en scène un effacement de son verbe, l'impuissance fondamentale de son écriture et de toute écriture face à la porte de la chambre à gaz. Selon une modalité théâtrale très pirandellienne, Jean-Claude Grumberg réalise une scène dans laquelle la fiction du dialogue des morts reste sans forces et contemple, avec ironie mélancolique, l'illusion indéfendable qu'elle serait tentée de produire, c'est-à-dire de raconter les gaz d'Auschwitz. Le sujet d'écriture est ramené aux limites de sa seule scène mentale.

Si le dialogue du fils avec son père n'apporte aucune révélation, il se caractérise en revanche par un mensonge du fils-personnage qui ne peut que frapper le spectateur. Très ingénument, le père demande à son fils quel est l'état du monde eu égard au droit de tous les hommes à vivre dans l'égalité et la paix :

> – Nul être humain n'est discriminé du fait de sa naissance ou de ses origines ?
> – Non papa.
> – Les frontières sont abolies, les nationalismes vaincus ?
> – Oui papa.
> – L'homme n'est résolument plus un loup pour l'homme ?
> – Non papa… Heu… Oui papa[47].
> – Eh bien c'est à nous, à nous que vous le devez. À nous, les dernières victimes de l'aveugle barbarie dont les cendres éparpillées fertilisent les plaines de l'Est, à nous les sacrifiés, les raflés, les brûlés.
> – Oui papa[48].

À l'évidence, le père n'a pas acquis depuis l'au-delà la connaissance du monde d'après-Auschwitz. Le fils-personnage invente le mensonge – ou la fiction – d'un monde idéal et parfait, comme pour donner un sens à la mort du père, et à celle

---

47　On note ici le jeu sur le rapport entre l'interro-négation et la réponse non/oui.
48　Grumberg 1994, 25.

de tous les déportés : « C'est à nous, à nous que vous le devez ». Mais ce sens, dans la communication théâtrale, n'est cru que par le père. Alors que le dialogue de l'au-delà pouvait mettre en lumière la vérité du père, elle produit le mensonge du fils. Le fils personnage est contraint d'offrir à son père une fiction consolatrice en raison même du cours continu de l'histoire génocidaire.

L'enjeu véritable de l'écriture dramatique de Jean-Claude Grumberg, son aporie, n'est donc pas de donner une forme écrite à une résurrection surnaturelle, mais bien plutôt de souligner qu'il est impossible de représenter toute cette part du réel que constitue le territoire inaccessible des suppliciés des camps de la mort. À l'évidence l'écriture avoue qu'elle ne peut toucher à cette terre inconnue. En cela, l'auteur reconnaît qu'il est dans sa création comme le soi-disant Dieu face au monde : impuissant, sans ressources venues de l'esprit et des mots pour ouvrir le réel et l'Histoire à l'oreille et à l'œil du spectateur. Seule, une radicale imposture de l'écriture dramatique pourrait prétendre faire entendre la *parole* du père, qui serait alors in-authentique. Le scripteur athée ne peut se comporter comme un scripteur aux pouvoirs quasi surnaturels qui saurait de l'intérieur ce qui s'est passé à Auschwitz, qui pourrait prononcer ce qu'aurait ressenti le supplicié. Le scripteur créateur n'a pas le pouvoir de pénétrer les Enfers. L'éthique de l'art commande qu'il s'accorde des pouvoirs réduits. Aucune écriture dramatique ne fait pas véritablement re-vivre les morts ; elle n'en donne que le simulacre désincarné, doté d'une parole pauvre. Tout au moins pour Jean-Claude Grumberg, elle ne produit pas de *miracle athée* ; elle est condamnée à la *faiblesse* de la fiction. Au mieux, le fils-personnage JCG invente pour son père la fiction heureuse du monde parfait après Auschwitz, un invraisemblable conte de fée, sans rapport avec la vie des hommes. Le vécu du réel et de l'Histoire qu'elle peut dire et montrer dépend aussi des contingences du scripteur, et pas seulement de la force de création du langage dramatique.

La pièce *Maman revient pauvre orphelin* est un paradoxe dramaturgique : le scripteur Jean-Claude Grumberg, rescapé des persécutions antisémites, introduit son père déporté à Auschwitz sur la page écrite et sur la scène, pour nous montrer qu'il ne pourra pas lui faire dire ce qui s'est passé dans le camp. Ce dialogue avec les morts signe l'échec ou la faiblesse de la fiction théâtrale. L'écriture dramatique, que l'on pourrait considérer comme l'antichambre de l'incarnation, ne ramène pas les persécutés du royaume des morts, elle ne repeint même pas leur image.

De même que la révélation divine annoncée dans le texte biblique de L'Ancien Testament n'est pas venue, la révélation, c'est-à-dire la confidence du père sur sa mort, ne vient pas ; de même que Dieu fut absent face à Auschwitz, le dramaturge est impuissant à écrire les mots du camp. En ce sens, l'écriture dramatique de Jean-Claude Grumberg se préserve d'être une imposture : elle ne peut combler le réel par un au-delà du réel qui surgirait des mots. Le langage littéraire et dramatique n'est pas une force infinie, et le dramaturge athée ne se donne pas des pouvoirs supérieurs à ceux d'un Dieu dont il nie l'existence. Le père de JCG n'est qu'une évanescente oralisation sans incarnation.

Et s'il y a une analogie évidente entre l'impuissance de Dieu et celle du dramaturge, il y a également une analogie entre le père de JCG et Dieu[49] : l'un et l'autre sont absents et existants. Le théâtre leur donne cette double position contraire et impossible. En d'autres termes, ils ont en commun le fait que *leur absence même est une Histoire, est leur histoire.* Dans des termes qui ne sont pas sans rappeler Pirandello, Dieu et le père ont une inexistence effective et productrice de langage.

Mais bien évidemment, l'impuissance de l'écriture dramatique se mesure constamment avec le désir de posséder la puissance qui lui échappe. En cela, *Maman revient pauvre orphelin* est une sorte de manifeste dramaturgique qui met en scène que l'idée même d'une *révélation*, à savoir représenter l'inaccessible, est une illusion. Le dramaturge fait œuvre avec cette limite : la figure du père dit expressément à son fils personnage que la voie du dialogue avec les morts est sans issue et qu'il faut *jouer* dans le monde : « Alors écoute : oublie le passé, jette ton pyjama, lève-toi et marche pauvre orphelin maman et papa ne reviendront jamais »[50].

Bibliographie

Dufiet, Jean-Paul : *Le premier théâtre de la Shoah.* Udine : Forum 2012.

– *Approches linguistiques des textes dramatiques.* Paris : Classiques Garnier 2013.

Grumberg, Jean-Claude : *Dreyfus.* Paris : Babel 1998 [1990] 7–123.

– *L'Atelier.* Paris : Babel 1998 [1985], 125–242.

– *Zone libre.* Paris : Babel 1998 [1990], 243–359.

– « Job » [1964]. Dans : *Les courtes.* Paris : Babel 1998, 247–266.

– *Maman revient pauvre orphelin.* Paris : Actes Sud-Papiers 1994.

– *Adam et Ève.* Paris : Actes Sud-Papiers, 1997.

– *Un nouveau Job.* In : *Sortie de théâtre* : Paris : Actes Sud-Papiers 2000.

– *Mon père inventaire.* Paris : Seuil 2003.

---

49 Grumberg 1994, 28.
50 C'est la dernière réplique de la pièce : Grumberg 1994, 28.

– *Vers toi Terre promise*. Paris : Actes Sud-Papiers 2006.

– *Pleurnichard*. Paris : Seuil 2010.

– *Votre maman*. Paris : Actes Sud 2012.

– *Pour en finir avec la question juive*. Paris : Actes Sud 2013.

LALLIAS, Jean-Claude : « Jean-Claude Grumberg ». *Théâtre aujourd'hui*, 14, 2012.

LIPSYC, Sonia-Sarah : « Un théâtre juif ? », *Cahier du judaïsme*, n°14, 2003.

WIGODER, Geoffrey (dir.) : *Dictionnaire encyclopédique du judaïsme*. Paris : CERF/Robert Laffont 1996.

Auteurs

Kirsten Dickhaut est professeure en lettres françaises et italiennes à l'Université de Koblenz-Landau, et professeure invitée à l'université de Graz. Ses recherches actuelles se concentrent sur le théâtre de l'Ancien Régime et sur la magie dans les temps prémodernes. Ses publications récentes sont une coédition avec Alain Viala sur « Les discours artistiques de l'amour à l'âge classique », *Littératures classiques* 69 (2009), une coédition du volume *Les stratégies de la représentation et les arts du pouvoir* (Kiel 2014), une édition sur « Kunst der Täuschung. Art of deception. Über Status und Bedeutung von ästhetischer und dämonischer Illusion in der Frühen Neuzeit (1400–1700) in Italien und Frankreich » (Wiesbaden, Harrassowitz 2016). Elle collabore actuellement aussi avec le Forum allemand d'Histoire de l'art pour une coédition sur « La vraisemblance ou les enjeux de la représentation. Le théâtre et la peinture dans les discours académiques (1650–1730) » (Paris, Garnier 2017). Elle coédite la Revue *Comparatio* et la série de livres chez Harrassowitz « Culturae ».

Jean-Paul Dufiet enseigne à l'Université de Trente (Italie), dans le Département de lettres et de philosophie. Il étudie plus particulièrement les médiations de l'objet d'art et le texte de théâtre français. Il a fait paraître de très nombreux articles, publié et dirigé plusieurs ouvrages. Ses dernières publications : *Charlotte Delbo. Un témoin écrivain et dramaturge*, en collaboration avec Catherine Douzou (Università di Trento, coll. Labirinti, 2016) ; « Le traumatisme du génocide des Juifs dans le théâtre de Jean-Claude Grumberg », *Recherches Textuelles* 12 (2016), pp. 169–201 ; « L'humour et la Shoah dans le théâtre de Jean-Claude Grumberg », éd. Paola Paissa, Françoise Rigat, Marie-Berthe Vittoz, *Dans l'amour des mots. Chorale(s) pour Mariagrazia* (Alessandria, Edizioni dell'Orso 2015, pp. 667–680) ; en collaboration avec Élisabeth Nardout-Lafarge (éd.), *Polygraphies. Les frontières du littéraire* (Paris, Garnier 2015).

Gilles Dupuis est professeur au Département des littératures de langue française de l'Université de Montréal, membre du CRILCQ et de l'école doctorale transatlantique IRTG (Montréal, Trèves, La Sarre) sur la diversité culturelle. Ses recherches portent sur le roman et l'essai québécois contemporains, les littératures migrantes et les identités transmigrantes, et plus récemment sur la parodie et le pastiche. Il a fait paraître de nombreux articles dans des revues spécialisées, littéraires et culturelles, ainsi que dans des ouvrages collectifs. Il a publié, en collaboration avec Dominique Garand, *Italie-Québec. Croisements et coïncidences littéraires* (Québec, Nota bene 2009), et en collaboration avec Klaus-Dieter Ertler, *À la carte. Le roman québécois (2000–2005), (2005–2010)* et *(2010–2015)* (Frankfurt am Main, Peter Lang 2007, 2011 et 2017). Autre ouvrage paru : *Transmédiations. Traversées culturelles de la modernité tardive* (Mélanges offerts à Walter Moser), en collaboration avec Jean-François Vallée et Jean Klucinskas (Montréal, PUM 2012).

Klaus-Dieter Ertler est professeur au Département de littératures romanes de l'Université de Graz (Autriche). Ses recherches portent sur le roman francophone, les Relations des Jésuites dans les Amériques, la presse moraliste des Lumières et la théorie des systèmes comme modèle épistémologique. Publications récentes : *À la carte. Le roman québécois (2000–2005), (2005–2010)* et *(2010–2015)* (Frankfurt am Main, Peter Lang 2007, 2011 et 2017) ; *Cultural Constructions of Migration in Canada / Constructions culturelles de la migration au Canada*, éd. avec Martin Löschnigg und Yvonne Völkl (Frankfurt am Main, Peter Lang 2011) ; *Canadian Studies : The State of the Art / Études canadiennes : Questions de recherche*, éd. avec Stewart Gill, Susan Hodgett et Patrick James (Frankfurt am Main, Peter Lang 2011).

Alessandra Ferraro enseigne la littérature française et les littératures francophones à l'Université d'Udine (Italie). Spécialiste de l'autobiographie, elle a publié deux volumes sur Raymond Queneau et Marie de l'Incarnation : *Raymond Queneau. L'autobiografia impossibile* (Udine, Forum 2001) ; *Una voce attraverso il velo. L'alterità del linguaggio mistico e missionario di Marie de l'Incarnation* (Venise, La Toletta 2014). Co-fondatrice en 1998 du Centro di Cultura Canadese, depuis 2014 elle co-dirige aux Classiques Garnier avec Élisabeth Nardout-Lafarge la série « Littérature québécoise » (Bibliothèques francophones). Éditrice de plusieurs collectifs sur la littérature québécoise, elle est l'auteure de l'ouvrage *Écriture migrante et translinguisme au Québec* (Venise, La Toletta 2014). Elle a publié avec Rainier Grutman *L'autotraduction littéraire : perspectives théoriques* (Paris, Garnier 2016).

Nicola Gasbarro enseigne l'histoire des religions et l'anthropologie culturelle à l'Université d'Udine (Italie). Ses recherches portent principalement sur l'anthropologie des sociétés complexes qu'il analyse dans une perspective historique et religieuse comparatiste qui ramène tout imaginaire transcendant au plan humain. Il considère l'histoire des missions comme une anthropologie des pratiques interculturelles qui tendent à généraliser la notion chrétienne de religion et son ordre du monde. En 2006, il a organisé à Udine le Colloque international « Lingue e culture dei missionari » dont il a édité les actes (vol. I : *Le culture dei missionari* ; vol. II : *Le lingue dei missionari*, Rome, Bulzoni 2009). Il a consacré au jésuite Lafitau le volume *Joseph-François Lafitau. Il viaggio della vita* (Milan, Il Sole 24 ore 2014).

Pierre Glaudes est professeur de littérature française à l'Université Paris-Sorbonne et appartient au Centre d'étude de la langue et des littératures françaises (CELLF) du CNRS. Ses recherches portent sur le roman et l'essai au XIXe siècle en France. Parmi ses publications, on notera : *L'Essai* (Paris, Hachette 1999, en coll. avec Jean-François Louette. 2e éd. revue et augmentée : Paris, Armand Colin, Lettres sup, 2011). Il est aussi l'auteur de nombreuses éditions de texte : Léon Bloy, *Le Désespéré* (Paris, Garnier-Flammarion 2010) ; Octave Mirbeau, *Le Journal d'une femme de chambre* (Paris, Le Livre de Poche 2012) ; Villiers de l'Isle-Adam, *Contes cruels – Nouveaux contes cruels* (éd. Pierre-Georges Castex, revue, corrigée et introduite par Pierre Glaudes, Paris, Garnier 2012) ; *Barbey d'Aurevilly journaliste*. Articles et chroniques choisis et présentés par Pierre Glaudes (Paris, Flammarion, « GF », 2016).

Petr Kyloušek est professeur à l'Institut de langues et littératures romanes de l'Université Masaryk de Brno (République tchèque). Ses recherches portent sur le roman français et québécois (hussards, roman mythologique, Tournier, Le Clézio, Yourcenar, Ferron, Tremblay, Audet). Il a publié, ces dernières années, *Imaginaire du roman québécois contemporain*, en collaboration avec Max Roy et Józef Kwaterko (Brno / Montréal, Masarykova univerzita / UQAM, Figura 2006) ; *Dějiny francouzsko-kanadské a quebecké literatury. Histoire de la littérature canadienne-française et québécoise* (Brno, Host 2005). – « La poétique baroquisante de Marie-Claire Blais » (*Voix et images*, vol. 37/1, 2011) ; « Interkulturelle Kompetenzen bei der Dramaübersetzung. Zentrum-Peripherie-Probleme am Beispiel des Joual von Quebec », éd. Camilla Badstübner-Kizik, Zbynek Fišer, Raijka Hauck : *Übersetzung als Kulturvermittlung. Translatorisches Handeln. Neue Strategien. Didaktische Innovation* (Frankfurt am Main, Peter Lang 2015).

Martine-Emmanuelle Lapointe est professeure agrégée au Département des littératures de langue française de l'Université de Montréal et directrice du CRILCQ/Université de Montréal. Sa thèse de doctorat a paru en 2008 sous le titre *Emblèmes d'une littérature. Le libraire, Prochain épisode et L'avalée des avalés* (Prix Jean-Éthier Blais 2009). Elle a également codirigé *Transmission et héritages de la littérature québécoise* (Montréal, PUM 2011) et *Le printemps québécois. Une* *anthologie* (Montréal, Écosociété 2013). Elle s'intéresse plus particulièrement aux rapports entre histoire et mémoire dans les œuvres littéraires contemporaines.

Hans-Jürgen Lüsebrink est professeur à l'Université de la Sarre (Allemagne), doctorat en philologie romane (Bayreuth 1981) et en histoire (Paris 1984), doctorat d'État en philologie romane (Bayreuth, 1987). Professeur invité e.a. dans les Universités de Dakar (Sénégal), Dschang (Cameroun) et Ouagadougou (Burkina-Faso), à Université de Montréal et à l'Université Laval à Québec (Canada), à l'Université Northwestern à Chicago et à l'Université de Californie à Los Angeles (UCLA) aux États-Unis, et Directeur d'Études invité à l'École des Hautes Études en Sciences Sociales, à l'ENS, à la Maison des Sciences de l'Homme (MSH) et à l'École Pratique des Hautes Études (Paris). Diefenbaker-Award du Conseil des Arts du Canada en 2001, Officier dans l'Ordre des Palmes Académiques en 2005. Champs de recherche principaux : littératures francophones, en particulier du Québec et de l'Afrique subsaharienne ; transferts culturels ; perception littéraires et médiatiques du monde colonial, 18e-20e siècles ; théorie et méthodologie de la communication interculturelle. Derniers livres : *Einführung in die Landeskunde Frankreichs* (2001, 4e éd. 2017) ; *Interkulturelle Kommunikation* (2005, 4e éd. 2016); *'Le livre aimé du peuple'. Les almanachs québécois de 1777 à nos jours* (2014) ; *Jesuit Accounts on the Colonial Americas,* dir. avec Marc-André Bernier et Clorinda Donato (2014) ; *Villes coloniales / métropoles postcoloniales. Représentations littéraires, images médiatiques et regards croisés,* dir. avec Sylvaire Mbondobari (2015) ; *Transferts de savoirs sur l'Afrique,* dir. avec Michel Espagne (2015) ; *Romain Rolland. Ein transkultureller Denker – Netzwerke, Schlüsselkategorien, Rezeptionsformen,* dir. avec Manfred Schmeling (2016).

Élisabeth Nardout-Lafarge est professeure titulaire à l'Université de Montréal et dirige la revue *Études françaises* depuis 2014. Parmi ses publications : *Histoire de la littérature québécoise* avec Michel Biron, François Dumont et la collaboration de Martine-Emmanuelle Lapointe (Montréal, Boréal 2007 et 2009) ; *Interférences. Autour de Pierre L'Hérault* avec Alessandra Ferraro, (Udine, Forum 2010) ; *Nom propre et écriture de soi* (Montréal, PUM 2011) avec Yves Baudelle, *L'hiver de force à pas perdus* (Paris, Les Éditions du Passage 2013) avec Gilles Lapointe et Sylvie Readman, et *Polygraphies. Les frontières du littéraire* (Paris, Garnier 2015) avec Jean-Paul Dufiet.

Piotr Sadkowski est docteur habilité à l'Université Nicolas Copernic de Toruń (Pologne). Ses recherches concernent, entre autres, l'écriture migrante au Québec et en France, la thématique juive, la mémoire et la post-mémoire, l'intertextualité.

Il est l'auteur du livre *Récits odysséens. Le thème du retour d'exil dans l'écriture migrante au Québec et en France* (Toruń, 2011) et d'articles parus dans des revues universitaires et ouvrages collectifs en Pologne et à l'étranger. Il a aussi coédité, avec Anna Branach-Kallas, *Dialogues with Traditions in Canadian Literatures. Dialogues des traditions dans les littératures du Canada* (Toruń, 2005).

Valeria Sperti enseigne les littératures française et francophones au Département des Sciences Humaines de l'Université de Naples « Federico II ». Elle est l'auteure d'ouvrages sur l'espace autobiographique dans *Le Labyrinthe du monde* de Marguerite Yourcenar (*Écriture et mémoire*, Napoli, 1999), sur la représentation du dictateur dans les romans subsahariens francophones des postindépendances (*La parola esautorata*, Napoli, 2000) et sur le statut de la reproduction photographique dans le roman de l'extrême contemporain (*Fotografia e romanzo*, Napoli, 2005). Elle s'intéresse actuellement aux nouveaux régimes de regard mis en place dans la prose contemporaine française et francophone (Nelly Arcan, J.-M.G. Le Clézio, Patrick Modiano) et aux écrivains expatriés qui s'auto-traduisent (Nancy Huston, Vassilis Alexakis), enquêtant aussi sur les rapports de collaboration entre auteur et traducteur.

Sylvie Vignes est professeur des universités, directrice du master « Création littéraire » à l'Université Toulouse-Jean Jaurès, de la revue *Littératures* aux Presses Universitaires du Midi et de la revue *Francophonies d'aujourd'hui* aux éditions Garnier. Elle a soutenu une thèse sur Julien Gracq et une thèse sur Jean Giono. Ses travaux portent essentiellement sur ces deux auteurs, sur Jean Proal et sur la littérature narrative française et francophone des années 1980 à nos jours (Anne Hébert, Claude Pujade-Renaud, Roland Bourneuf, Pierre Michon, Pierre Bergounioux, Vassilis Alexakis, Sylvie Germain, Jean Rouaud, Aude, Monique Proulx, Robert Lalonde, Hubert Mingarelli, Marie-Hélène Lafon, Marie Nimier, Louis Hamelin, Wajdi Mouawad, Laurent Mauvignier, Maylis de Kerangal)

Yvonne Völkl est assistante au Département de langues et littératures romanes de l'Université de Graz (Autriche). Ses recherches portent sur les écritures migrantes au Québec, notamment sur le roman juif d'expression française, l'espace culturel francophone, la communication interculturelle et la presse périodique du 18ᵉ siècle. Publications récentes : « Juifs et Canadiens français de la première moitié du XXᵉ siècle. Écrits et perceptions », *Histoire sociale / Social History* 48, 97 (2015), pp. 556–560 ; « L'arrivée en ville. La découverte de Montréal dans la littérature migrante juive au Québec », éd. Anne Brüske, Herle-Christin Jessen, *Dialogues transculturels dans les Amériques. Nouvelles littératures romanes à*

Montréal et à New York (Tübingen : Narr 2013, pp. 185–198) ; « (D)écrire la vie en tant qu'enfants rescapés. La représentation du trauma dans les écritures migrantes juives au féminin du Québec », éd. Klaus-Dieter Ertler, Patrick Imbert, *Cultural* Challenges *of Migration in Canada / Les défis culturels de la migration au Canada* (Frankfurt am Main : Peter Lang 2013, pp. 195–208).

Canadiana
Literaturen / Kulturen, Literatures / Cultures, Littératures / Cultures

Herausgegeben von: Klaus-Dieter Ertler und Wolfgang Klooß

Band 1 Klaus-Dieter Ertler / Martin Löschnigg (eds.): Canada in the Sign of Migration and Trans-Culturalism. Le Canada sous le signe de la migration et du transculturalisme. From Multi- to Trans-Culturalism. Du multiculturalisme au transculturalisme. 2004.

Band 2 Klaus-Dieter Ertler / Andrea Maria Humpl / Daniela Maly: *Ave Maris Stella*. Eine kulturwissenschaftliche Einführung in die Acadie. 2005.

Band 3 Iris Gruber: Konstruktion und Dekonstruktion narrativer Identität in zeitgenössischen Romanen aus Québec und Österreich. 2006.

Band 4 Gudrun Föttinger: Das Bild Frankreichs und der Franzosen in der neueren québecer Literatur (1941–1982) und seine identitätsbildende Funktion. 2006.

Band 5 Adriana Kolar: La dimension politique de l'histoire. L. Groulx (Québec) et N. Iorga (Roumanie) entre les deux guerres mondiales. 2008.

Band 6 Klaus-Dieter Ertler / Martin Löschnigg (eds. / éd.): Inventing Canada – Inventer le Canada. 2008.

Band 7 Klaus-Dieter Ertler / Hartmut Lutz (eds. / éds): Canada in Grainau / Le Canada à Grainau. A Multidisciplinary Survey of Canadian Studies after 30 Years. Tour d'horizon multisciplinaire d'Études canadiennes, 30 ans après. 2009.

Band 8 Eugen Banauch / Elisabeth Damböck / Anca-Raluca Radu / Nora Tunkel / Daniel Winkler (Hrsg. / eds.): Apropos Canada / À propos du Canada. Fünf Jahre Graduiertentagung der Kanada-Studien. 2010.

Band 9 Klaus-Dieter Ertler / Martin Löschnigg / Yvonne Völkl (eds. / ed.): Cultural Constructions of Migration in Canada / Constructions culturelles de la migration au Canada. 2011.

Band 10 Klaus-Dieter Ertler / Stewart Gill / Susan Hodgett / Patrick James (eds. / éds.): Canadian Studies: The State of the Art. Études canadiennes: Questions de recherche. 1981-2011: International Council for Canadian Studies (ICCS). 1981-2011: Conseil international d'études canadiennes (CIEC). 2011.

Band 11 Christian J. Krampe: The Past is Present. The African-Canadian Experience in Lawrence Hill´s Fiction. 2012.

Band 12 Klaus-Dieter Ertler / Patrick Imbert (eds. / éds.): Cultural Challenges of Migration in Canada / Les défis culturels de la migration au Canada. 2013.

Band 13 Linda Weiland: "Unravelling" – C.G. Jungs Individuations- und Archetypenlehre im Werk Gwendolyn MacEwens. 2013.

Band 14 Klaus-Dieter Ertler / Martin Löschnigg / Yvonne Völkl (eds. / éds.): Europe–Canada. Transcultural Perspectives. Perspectives transculturelles. 2013.

Band 15 Yvonne Völkl: Jüdische Erinnerungsdiskurse in der frankophonen Migrationsliteratur Quebecs. 2013.

Band 16 Petr Vurm : La création et la créativité de Réjean Ducharme. Une redéfinition du roman québécois. 2014.

Band 17 Ingrid Neumann-Holzschuh / Beatrice Bagola (éds.): L'Amérique francophone – Carrefour culturel et linguistique. Actes du 10ème Colloque international "Français du Canada – Français de France" (Trèves, 19 - 21 juin 2014). Avec la collaboration de Julia Mitko. 2016.

Band   18 Gilles Dupuis / Klaus-Dieter Ertler / Alessandra Ferraro (éds.): Présences, résurgences et
oublis du religieux dans les littératures française et québécoise. 2017.

www.peterlang.com

9 783631 660874